# 信息技术支持下
# 乡村教师专业发展

赵 杰　刘陶唐　著

李树平　主审

北　京

冶金工业出版社

2023

# 内 容 提 要

本书共分 7 章，主要对信息技术支持下的教师专业发展进行系统深入的研究，包括乡村教师信息技术能力提升策略、搭建乡村教师服务平台、构建信息技术支持下乡村教师新型教研和培训模式等，具体内容包括核心概念和理论基础、乡村教育信息化现状及案例、乡村教师专业发展现状与对策、黑龙江省乡村教师专业发展现状与对策、乡村教师信息化教学能力提升、信息技术支持下乡村教师专业发展困境、信息技术支持下乡村教师专业发展模式、信息技术支持下乡村教师教研模式和教育信息化技术支持服务平台等。

本书可供从事教育行业的管理、研究、培训人员以及乡村教师等阅读参考。

**图书在版编目（CIP）数据**

信息技术支持下乡村教师专业发展/赵杰，刘陶唐著. —北京：冶金工业出版社，2023.7

ISBN 978-7-5024-9564-0

Ⅰ.①信… Ⅱ.①赵… ②刘… Ⅲ.①农村学校—信息素养—师资培养—研究 Ⅳ.①G451.2-39

中国国家版本馆 CIP 数据核字（2023）第 122884 号

**信息技术支持下乡村教师专业发展**

| | | | |
|---|---|---|---|
| 出版发行 | 冶金工业出版社 | 电　　话 | (010)64027926 |
| 地　　址 | 北京市东城区嵩祝院北巷 39 号 | 邮　　编 | 100009 |
| 网　　址 | www.mip1953.com | 电子信箱 | service@ mip1953.com |

责任编辑　曾　媛　王恬君　美术编辑　燕展疆　版式设计　郑小利
责任校对　梁江凤　责任印制　窦　唯
北京建宏印刷有限公司印刷
2023 年 7 月第 1 版，2023 年 7 月第 1 次印刷
710mm×1000mm　1/16；14.75 印张；286 千字；224 页
定价 69.00 元

投稿电话　(010)64027932　投稿信箱　tougao@cnmip.com.cn
营销中心电话　(010)64044283
冶金工业出版社天猫旗舰店　yjgycbs.tmall.com
（本书如有印装质量问题，本社营销中心负责退换）

# 前　言

　　随着信息技术的快速发展和广泛应用，乡村教育也受到了深刻的影响。乡村教育是我国教育事业中的重要组成部分，而乡村教师则是乡村教育的中坚力量。然而，由于乡村教育资源的匮乏和教师专业发展水平的不足，乡村教育的发展面临着许多困难和挑战。因此，如何提高乡村教师的专业发展水平，促进乡村教育的信息化发展，成为当前教育领域亟待解决的问题。

　　本书旨在探讨乡村教师在信息化时代下的专业发展现状、存在的问题及对策，以及信息技术对乡村教师专业发展的支持和促进作用。在写作过程中，我们深入调研了乡村教育信息化现状和乡村教师专业发展现状，结合相关理论和实践经验，提出了一系列可行的对策和建议，旨在为乡村教师的专业发展和信息化教学提供有益的参考和指导。

　　本书的创新之处在于，它不仅关注乡村教育信息化的发展，更注重乡村教师的专业发展和信息化教学能力的提升。本书提出的信息技术支持下的乡村教师专业发展模式和教育信息化技术支持服务平台，为乡村教育信息化的发展提供了新的思路和途径。

　　本书适合教育学、教育技术学、教育管理学等相关专业的师生教育管理者阅读，也可供从事乡村教育信息化和教师专业发展研究的学者和实践者参考。我们希望本书能够对乡村教师的专业发展和信息化教学提供有益的启示和帮助，也希望读者能够从中获得有益的知识和经验。我们相信，在各方的共同努力下，乡村教育的信息化发展一定会取得更加显著的成果。

　　本书是在全国教育科学规划领导小组办公室国家社会科学基金"十三五"规划2016年度教育学国家一般课题"信息技术支持背景下

乡村教师专业发展研究（BCA160055）"的支持下撰写的。本书主要分为7章。第1章介绍了研究背景、国内外研究现状、研究意义、研究内容、研究思路和方法等。第2章介绍了本书涉及的核心概念和理论基础。第3章介绍了乡村教育信息化现状及案例。第4章介绍了乡村教师专业发展现状与对策。第5章介绍了乡村教师信息化教学能力提升。第6章介绍了信息技术支持下的乡村教师专业发展。第7章介绍了教育信息化技术支持服务平台。第1~4章和第6章由"信息技术支持背景下乡村教师专业发展研究（BCA160055）"课题组主要成员赵杰撰写完成，第5章和第7章由该课题组主要成员刘陶唐撰写完成。全书由该课题组主持人李树平主审。

本书的出版，要感谢牡丹江师范学院教育科学学院于海英教授、"信息技术支持背景下乡村教师专业发展研究（BCA160055）"课题组其他成员的支持和帮助。我们希望本书能够为乡村教育的发展和乡村教师的专业发展做出一定的贡献。

著　者

2022 年 9 月

# 目　　录

# 1 绪 论

## 1.1 研究背景

教育事业发展的核心在于提升教育的质量，提升教育质量的关键在于教师的专业发展。教师的专业发展是指教师作为专业人员，在专业思想、专业知识、专业能力等方面不断发展和完善的过程，即从新入行的专业教师到专家型教师的过程。教师的专业发展要求把教师视为"专业人员"，强调教师是潜力无穷、持续发展的个体，要求教师具有发展的自主性，要求教师成为学习者、研究者和合作者。教师专业发展的结构包括：专业理念、专业知识、专业能力、专业态度与动机等。教师专业发展日趋成为人们关注的焦点和当代教育改革的中心主题之一。当前，教师专业化的重心已转移到以教师内在专业素质的提高和专业实践的改进为特征的教师专业发展上来。

乡村教师是我国中小学教师群体的重要组成部分。随着时代的变迁，乡村教师正面临着前所未有的压力与困惑。乡村教师在追逐与城市教师趋同的专业化过程中，其创造力、判断力与反思力等均在发生全面退化。帮助乡村教师找回内心，融入生活，回归乡土，是帮助乡村教师回归乡村教师知识分子身份与促进乡村教师专业发展的重要力量源泉。

乡村教师的生存和发展问题已经成为社会各界关注的焦点，社会各界正在为改善乡村教师生存状况和促进乡村教师专业发展做出不懈的努力。乡村教师缺少学习机会，国家、政府、社会、学校正努力构建乡村教师专业发展保障体系，为乡村教师专业发展提供支持与援助，为乡村教师创设良好的专业发展条件并提供学习机会，以促进乡村教师的良性发展和整体素质的提升。现在一些政府部门和机构已开始对乡村教师进行系统培训。不仅如此，一些民间组织也加入这个行列，他们出资帮助乡村教师在寒暑假"走出大山看世界"。

我国有 50%以上的中小学生在乡村，乡村教育在我国基础教育体系中占有极其重要的地位，乡村教师的专业化发展水平是衡量我国教师整体专业化发展水平的一个重要指标，对我国教育质量的提升起到重要的作用。在乡村教学条件普遍落后和乡村教师专业化水平不高的现实背景下，2015 年，国务院办公厅印发《乡村教师支持计划（2015—2020)》（简称《支持计划》）及其实施细则，从制度和操作层面为乡村教师的专业发展创造条件。《支持计划》把乡村教师队伍建设摆在优先发展的战略位置，全面提升乡村教师能力素质成为重要课题。贯彻和落实《支持计划》，可以给予乡村教师公平地享有教育资源的机会，可以让每个乡村孩子都公平享有高质量的教育，有利于促进乡村教师专业发展水平的提高，有助于缩小城乡师资水平差距，有助于实现城乡教育公平化，有助于提升乡村学生的综合素养。

随着社会经济和科学技术的迅猛发展，教育发生了翻天覆地的变化，信息化教学已经成为当今教育发展的主要趋势，教育信息化是实现教育现代化的主要途径。在教育信息化不断推进和高速发展的今天，信息化教学能力作为现代教师专业发展的重要组成部分，对现代教育教学质量有着直接的影响。《国家中长期教育改革和发展规划纲要（2010—2020）》明确指出"信息技术对教育发展具有革命性影响，必须予以高度重视"。教师作为教育信息化的践行者，对教育信息化发展起着至关重要的作用，必须具备信息技术教学应用能力，应不断提高信息化教学的能力。2013年10月和2014年5月，教育部分别印发了《教育部关于实施全国中小学教师信息技术应用能力提升工程的意见》和《中小学教师信息技术应用能力标准（试行)》，对学校信息化教学环境、师生信息素养等提出了更高要求，提出应该不断提升中小学教师的信息技术应用能力，促进信息技术与基础教育教学更好地深度融合。2018年4月，教育部颁布了《教育信息化2.0行动计划》，从更高层次对教育信息化发出指令，对信息技术环境下教师信息技术能力提出了更高的要求，指出教师进行信息技术应用能力的培养至关重要。信息技术在教学中的发展和运用越来越广泛，乡村教师也面临更高的挑战，信息技术对于乡村教师而言也成为教学中不可缺少的教学技能之一。由于乡村信息相对闭塞、乡村中小学教师素质参差不齐，乡村教师信息技术的应用能力还有待提高。

信息技术引入教育具有重要意义，运用信息技术进行教学手段多样，可以实现教学资源的共享并提高教学效果。信息技术引发了教育方式的变革，引起了教育模式和教育价值取向的变化，是教师专业发展过程中的必备要素，为教师专业发展创造了更好的信息化支撑环境，同时也提供了更为充分的机会。信息技术已经在乡村普及，现在乡村已经改变教学硬件基础较差的窘境，拥有了更好的数字学习设备，这为乡村教师的专业发展提供了很好的信息技术支持。鼓励乡村教师将信息技术运用到日常教学实践中，可以促进乡村教师提高信息技术应用能力和教学创新能力。通过网络创建教师学习共同体，借助网络进行学习和研讨，有利于促进乡村教师学科知识、教学能力、科研能力等多方面发展。从整个乡村教育的发展现状来看，信息技术在乡村教育的运用上还存在不少问题，应该给予乡村教师更多的支持和帮助。在城乡统筹发展的契机下，在信息技术飞速发展的背景下，提升整个乡村学校的教育信息化水平，促进乡村教师专业化的发展，对于整个乡村教育质量的提升具有格外重要的价值和意义。

# 1.2 国内外研究现状

1966 年，联合国教科文组织和国际劳工组织发表《关于教师地位的建议》，指出教师应被视为一种专门职业。1980 年，《世界教育年鉴》发表的一系列有关教师专业发展的文章，教师专业发展成为一个专门的术语出现。20 世纪 80 年代初期，美国霍姆斯小组发表了系列报告，教师专业发展引起了全世界的关注。1998 年，北京师范大学召开了"面向 21 世纪师范教育国际研讨会"，会议提出师范教育改革的核心是教师专业化问题。21 世纪以来，教育部出台《国家中长期教育改革和发展规划纲要（2010—2020）》《国务院关于加强教师队伍建设的意见》等一系列政策文件，反映以教师专业发展为核心的教师教育改革不断推进。

国外研究者认为：教师的专业发展是一个教师在生活中不断积累经验、更新提升经验、监控调节心理与行为活动、筹划及革新教学行为的过程，在此过程中，教师的专业观念、专业知识、专业技能与能力及职业道德情感不断发生着积极的变化。国内研究者对教师专业内涵的理解与国外研究大体类似，只不过国内研究者更强调教师专业发展对提升教学效率的影响。国外很多研究者利用调查法对教师的专业发展阶段进行研究，分别从不同角度提出了教师专业发展阶段理论，取得了丰硕的成果。

我国对教师专业发展阶段的研究约始于 20 世纪 80 年代，林崇德、申继亮等从认知心理学角度对教师素质结构予以研究的成果和叶澜等从教育学、伦理学研究视角出发构建的教师专业化的理论框架，为我国教师专业发展阶段的研究奠定了理论基础。白益民以"教师自我专业发展意识"为指标，采用思辨的研究方法，把教师专业发展过程划分为"非关注、虚拟关注、生存关注、任务关注、自我更新关注"五个阶段，对教师专业发展阶段做出了明确界定。

国外研究者认为存在不同的教师专业发展范式：一是知识范式，认为教师的专业化就是知识化；二是能力范式，认识到教师不仅要有一般的知识，而且更要有综合的能力，知识范式转向能力范式；三是情感范式，当教师的知识水平达到一定程度时，影响教师教学水平和教学质量的是情感性因素，于是有研究者开始从发展教师的感情方面思考教师专业发展策略；四是建构范式，认为知识是不固定的，不断扩展的，是学习者和教学者通过互动共同建构的，因此强调教师是成长过程中的人，需要不断地建构自己的知识体系，把知识变成完全个人化的而不是外在于自己的东西；五是批判范式，即强调教师不仅要关心书本知识，还要关心学科之外的社会政治、经济和文化的合理性，主张培养教师的独立思考能力；六是反思范式，主张教师的成长应该培养"反思"的意识，不断反思自己的教育教学理念与行为，不断自我调整、自我建构，从而获得持续不断的专业成长，这种培养范式正在逐渐成为国际教师教育的主流。国内研究者认为教师职业具有"双专业性"，教师既应成为教学专家，又应成为教育专家，重点研究教师文化素质的合理结构、研究教师职业情感和品格特征、研究教师职业的行为规范。此外，教师专业化还需法规、政策保障，目前我国与教师专业化有关的教育政策如教师教育的学制、教师选拔和聘任制度、教师资格证书制度、教师的专业进修制度等还有待完善。

提高信息技术课堂教学的有效性是必然的方向和趋势。很多一线教师将信息技术应用于学科，探索基于信息技术的课程改革，在其发表的教学改革论文中强调提高信息技术教学的必要性；强调要跟上时代的发展，加强初中信息技术教学。例如，兰州市第三十一中学范荣的《基于翻转课堂理念的初中信息技术教学模式的应用研究》从探究初中信息技术教学中存在的问题入手，对初中信息技术教学进行分析和探索，提出基于翻转课堂理念的初中信息技术教学策略。①

宁夏师范学院教育科学学院的杨彦栋在他的《教育信息化背景下影响乡村教师专业发展因素探析》中指出乡村教师是教师队伍中的重要组成部分，长期以来受城乡发展不均衡等因素影响，乡村教师专业发展受限。信息化是信息技术广泛应用于人们的生活和生产活动中的必然结果。信息技术的广泛应用不仅改变了人们的生产方式，也改变了教师的教学方式和学生的学习方式，为乡村教师的专业性发展提供了条件，带来了机遇。他在文中对乡村教师专业发展存在问题进行分析，探究教育信息化背景下乡村教师专业发展路径，对教育信息化背景下乡村教育更专业发展具有重要意义。②

田爱香、庞淑慧、孙丽平等人在《乡村教师专业发展现状及支持体系构建》中提出乡村教师是乡村教育的基础支撑，是推进乡村振兴、建成社会主义现代化强国、实现中华民族伟大复兴的重要力量。发展乡村教育关键在于提高乡村教师队伍的整体素质和专业发展水平。面对新形势新要求，乡村教师专业发展现实状况不能满足高质量乡村教育发展需要。要提升乡村教师专业发展水平，就要积极创造条件，为乡村教师专业发展提供强有力的保障和社会支持。③

李上钊、尹丽君、胡啸宇、陆娟等人为信息技术支持背景下的徐昂村教师专业发展做出研究，研究在乡村振兴战略的背景下，利用信息技术促进乡村教师专业发展的策略问题，提出发挥互联网的优势，增强乡村教师的主体责任，加大投

① 范荣. 基于翻转课堂理念的初中信息技术教学模式的应用研究 [J]. 科幻画报, 2022 (2): 243-244.

② 杨彦栋. 教育信息化背景下影响乡村教师专业发展因素探析 [J]. 教育教学论坛, 2021 (44): 38-41.

③ 田爱香, 庞淑慧, 孙丽平. 乡村教师专业发展现状及支持体系构建 [J]. 通化师范学院学报, 2021, 42 (9): 101-108.

入、强化保障，注重专家引领、助力乡村教师成长，支持乡村教师的发展，推进乡村振兴战略的实施。①

谢永朋在《乡村教师信息技术应用能力混合式培训策略研究》中指出，新时代高素质教师应具有信息技术应用能力。混合式培训可以彰显培训优势，消除在线培训的隔阂，符合乡村教师自主导向学习的特征，有效提升乡村教师的自我调节能力，是解决乡村教师信息技术应用能力培训的理想选择。利用混合式培训提升乡村教师信息技术应用能力，可以从层次化的目标设定、个性化的培训指南、差异化的支持环境、灵活化的参与方式、实景化的视频测评等方面加以实施。②

王晓琴作为一名基础教育的教师，对信息技术应用于教师专业发展中的研究产生了自己的想法。她在《信息化环境下乡村教师专业化现状调查与思考》中提出信息化环境为乡村教师专业发展提供了新的平台，同时也为乡村教师专业发展带来了严峻挑战。要想使信息化教学更好地服务于乡村教师的专业发展，必须全面了解信息化环境下乡村教师专业发展存在的突出问题，以问题为导向，为乡村教师专业化探索新的发展策略。③

王杰文在《乡村小学信息技术教师培养探讨》中指出培养乡村教师的乡村情愫是关键。乡村小学信息技术教师培养必须超越传统电教人培养理念，重塑小学信息技术教师新形象，应该强化乡土情感和乡土文化教育，增强网络教育、教学和教研意识与能力——坚定以教育信息化促进城乡教育均衡发展的理想，树立运用信息技术实现自我发展和协同发展的意识，掌握指导学生应用信息技术促进学习的能力，拓展引导村民应用信息技术改善生活和发展生产的能力，提升开发乡村特色数字化教育资源的能力。④

西南大学刘廷哲、刘义兵等在《我国乡村教师教育信息化建设的现实困境与路径选择》一书中提出对乡村教师专业化发展的见解，教育信息化对乡村教师专业化、自主专业发展及自我实现具有重要的价值意蕴，然而在我国乡村教师教育信息化建设过程中却遇到了不少现实问题，如：缺乏顶层设计与政府机构间的协作机制、过度依赖政府的财政投入、学习内容的供给严重缺位以及乡村教师教育信息化项目难以满足实际需求等。乡村教师支持计划"把乡村教师队伍建设摆在优先发展"的战略位置，为乡村教师专业发展提供了重要的发展机遇，并勾勒出了实现乡村教师教育信息化目标及从普遍接入普遍服务的发展路径，即：加强乡

① 李上钊，尹丽君，胡啸宇，等．信息技术促进乡村教师专业发展的策略研究 [J]．科学咨询（教育科研），2020（9）：53-54.

② 谢永朋．乡村教师信息技术应用能力混合式培训策略研究 [J]．教学与管理，2020（9）：52-55.

③ 王晓琴．信息化环境下乡村教师专业化现状调查与思考 [J]．才智，2019（8）：154.

④ 王杰文．乡村小学信息技术教师培养探讨 [J]．湖南第一师范学院学报，2016，16（6）：1-4, 15.

村教师教育信息化建设，制定整体中长期发展战略；开放市场与改变过度依赖政府的发展模式；能力建设与上下结合；最大化移动以实现普遍服务。①

海南师范大学的卓婷婷在《海南省乡村教师专业化发展的校本路径研究》中指出专业化是教师专业发展的必然趋势，校本化则是乡村教师专业化发展的现实要求。近年来，海南省乡村教师队伍建设在党和国家的高度重视下，在地方政府的努力下取得了显著的成绩。但依然存在整体素质有待提高，专业化发展条件尚需优化等现实困境。摆脱当前教师教育对乡村教师缺乏客观认知和合理观照的同质化塑造，引导海南省乡村教师重新审视自己的职业价值，树立专业自信，探寻契合自身专业化发展的突围之路。②

王晓静、孙发利在《教育信息化下乡村中小学教师专业发展》中指出 2020年我国就已实现全面建成小康社会的目标。乡村一直处于贫穷落后状态，已成为重点脱贫对象，为此习近平总书记提出教育扶贫思想。面对教育扶贫，乡村教师必然是先行者，但其专业发展一直处于被动状态。信息时代迅猛发展为乡村教师专业发展带来巨大机遇，可以通过搭建信息平台激发教师专业发展的内在动力，利用信息资源引导教师建设特色课程，运用信息手段整合网络与校本研修，最终构建乡村教师专业发展的引领机制。③

丛玉芹在《信息技术支撑下乡村教师的教学创新与专业发展》中指出在全球进入信息化时代的今天，以电脑、智慧电子黑板等信息技术为主的多媒体教学深入课堂，将此类信息技术从城市普及到农村，使教学硬件基础较差的乡村有了更好的学习设备，为乡村教师教学创新与专业发展提供了更好的支持。同时，乡村教师也将迎接更高的挑战。运用信息技术教学，乡村教师可以从逻辑意识、知识来源、人机交互、学科交叉等方面提高教学创新综合能力，并通过以学校和教师为单位建立网络链接，建立专业知识、创新学科、综合能力等多方面相互交叉的教学共同体。支持乡村教师使用信息技术，使用合理的测评奖励机制，鼓励乡村教师将信息技术运用到日常教学中，有利于实现教育的可持续发展。④

周玲、黄德群在研究中以广东省中小学教师发展中心的"十三五"规划和"互联网+"为背景，对广东省韶关市中小学教师进行了实地访谈、观察和问卷调查。结果显示，广东省韶关市大部分中小学教师实际教学能力的增长与其教龄不同步，其知识面亟待拓宽；乡村教师整体教学水平与岗位需求存在差距，乡村

① 刘廷哲，刘义兵．我国乡村教师教育信息化建设的现实困境与路径选择［J］．四川师范大学学报（社会科学版），2016，43（3）：156-161．

② 卓婷婷．海南省乡村教师专业化发展的校本路径研究［D］．海南师范大学，2021．

③ 王晓静，孙发利．教育信息化下乡村中小学教师专业发展［J］．黑龙江教师发展学院学报，2020，39（10）：24-26．

④ 丛玉芹．信息技术支撑下乡村教师的教学创新与专业发展［J］．科教文汇（中旬刊），2020（8）：137-139．

教师岗位对乡村教师整体能力要求较高；教师职称比例不均衡，职称结构在一定程度上阻碍教师专业发展；教师队伍整体存在教学与科研严重脱离的情况，科研工作不被重视；乡村教师整体信息技术能力不高，在一定程度上限制了其专业发展。"互联网+"背景下中小学教师专业发展的建议包括：分层培训与校本研修、教师轮岗相结合，拓展教师获得优质资源的途径，提高乡村教师的信息技术能力。提高乡村教师的信息技术能力，提高中小学教师的科研与教学能力，加强乡村优质教师队伍建设，建立"互联网+"环境下乡村教师培训档案袋。①

西南大学教育学部、四川开放大学科研处、国家开放大学教育信息管理与信息系统研究中心、西南大学教育学部教育研究院学者王丽娟、汪燕、唐智松就乡村教师队伍建设提出了自己的见解，在《智能时代乡村教师队伍建设的困境与出路》中指出乡村教师是阻断贫困代际传递和实现乡村振兴的重要支撑力量。我国政府高度重视乡村教师队伍建设问题，《乡村教师支持计划（2015—2020）》的实施切实提高了乡村教师的生活待遇，增加了乡村教师数量，改善了乡村师资结构和专业发展途径。但是当前乡村教师还存在总体数量有所增加、但相对数量仍然不足；培训机会增多、但素质提升效果不显；补充渠道拓宽、但年轻和优质教师流失依然严重等问题。人工智能的发展为乡村教师队伍建设提供了新的发展契机。通过打造人工智能教师团队，借助人工智能协同教学、助力研修，有望解决乡村教师师资结构难题，减轻乡村教师工作负荷，提升乡村教师素养。但是落实人工智能助推乡村教师队伍建设，还需要多方评议。完善政策体系，积极发挥政府、学校、教师及研究群体的协同推进作用，加大5G网络建设速度和规模，落实网络及智能体系建设。我们要认真思考与评估利用人工智能助推乡村教师队伍建设的可能与必要，让人工智能真正成为推动教育变革、助力乡村教师发展的重要力量。②

马静在《"互联网+"背景下乡村教师专业发展的理性思考》一文中指出互联网技术的迅速发展为教育的发展带来了巨大的变革，农村地区的教育与乡村教师的发展也受到一定的冲击。在"互联网+"的时代背景下，虽然乡村教师在专业发展的过程中享有互联网带来的便捷。例如互联网为乡村教师专业化发展提供丰富的资源支持，突破了乡村教师专业发展的时空界限，为乡村教师提供了更多的互动机会，促进教师共同体的形成，但是却面临着一系列的挑战，很难短时间内接受、认同新的信息技术带来的变革。③

① 周玲，黄德群．"互联网+"背景下中小学教师专业发展研究——基于韶关市中小学教师的实证分析［J］．教育探索，2016（10）：104-107．

② 王丽娟，汪燕，唐智松．智能时代乡村教师队伍建设的困境与出路［J］．现代远程教育研究，2021，33（6）：103-111．

③ 马静．"互联网+"背景下乡村教师专业发展的理性思考［J］．教育观察，2021，10（11）：22-24．

东北师范大学中国农村教育发展研究院的武芳、刘善槐两位学者对乡村教育发展有自己的见解，并记录于《信息化消弭城乡教育发展鸿沟的空间、障碍与路径》。信息化因覆盖面广、可复制、可共享、低成本的优势，为消弭城乡教育发展鸿沟提供了空间。其主要通过共享课程资源和教师资源、延伸学习空间等方式弥补教师资源的不合理配置，提高弱势地区的教育质量，从而达到消除差距的目的。但在实地调研中发现基本环境建设、教师信息素养、管理体制等因素限制了信息化的应用水平。因此，为最大限度发挥信息化效用，应搭建信息化资源共享平台以优化教育资源供给，建立跨区域师资互动模式以提升教师应用能力，构建多主体协同发展机制以激发微观主体活力。①

玉溪市体育运动学校李仕灵、玉溪市教育局熊晖在《信息技术对农村教师专业发展的意义》中指出农村教师专业发展相对滞后的一个重要原因是现代信息技术的滞后，为了改变这一状况，促进农村教师专业发展，国家和地方政府出台了多项支持政策。论述了想要更好地发展乡村教师的专业化水平，就必须依靠信息技术的想法。②

费朗斯·富勒，美国教育学家，曾在 20 世纪 60 年代做过教师专业发展阶段方面的研究，他最早提出划分教师的专业发展阶段，根据发展内容进行划分，并且对每个阶段的特征进行了详细描述。通过相关实验并进行经验总结，司德菲学者将教师的专业成长分为五个阶段：准备生涯的阶段、专家生涯的阶段、退缩生涯的阶段、更新生涯的阶段、退出生涯的阶段。③

高登认为教师自我发展内容包括自我概念和自我效能、认知的发展、教学技能的发展以及道德的发展等。汤姆普森经过研究得出结论，根据由表层发展到深层的情况来看，提出教师发展应分为三个层次，主要内容是：教学内容的变化和教学活动的改变，教师结构的改变，教师思想的改变，教师的价值、信念、情感和品格的改变。④

美国主要用两种渠道来促进本国教师专业化发展：一是为教师专业发展建立专门学校，二是为教师专业发展开发校本培训。为此，美国建立高等院校大力培养新任教师。教师专业发展专门学校的建立，为在职教师的专业发展提供了便利。因为这种教师发展学校，是一种新型的教师专业发展场所。教师专业发展专

① 武芳，刘善槐. 信息化消弭城乡教育发展鸿沟的空间、障碍与路径 [J]. 中国电化教育，2020 (2)：30-36.

② 李仕灵，熊晖. 信息技术对农村教师专业发展的意义 [J]. 玉溪师范学院学报，2017，33 (9)：70.

③ Siemens, G. Connect I Vism: a learning theory for the digital age [J]. Intructional Technology &Distance Learning, 2005, 46 (1): 3-9.

④ Khan Z, Balch T, Dellaert F. MCMC-based particle filtering for tracking a variable number of interacting targets [J]. IEEE Transactions on Pattern Analysis & Machine Intelligence, 2005, 27 (11): 1805-1819.

门学校和其他大学彼此合作，促进了美国教师专业发展。[①]

英国对教师的专业素质表示高度重视，为促进教师专业发展，英国建立了全国教师联合会以及其他专门组织和机构。目前在英国，校本培训已经作为了促进教师专业发展的一项基本国策，这是对教师专业发展的一大保障。

德国对于教师培训和教师的发展形势方面非常重视，提出了促进教师专业发展的对策，对德国大学课程也进行了调整。并且，德国也建立了教师专业发展中心和校本课程研究中心，重视教学研究和教学理论研究，大力举办教学实践活动，以此加强对师范生的培养。[②]

日本对提升教师的专业素质非常重视，提出了一些较为先进的促进教师专业的发展措施。和美国一样，日本也建立了促进教师专业发展的专门学校，用来提升日本教师的专业素养。

法国高度重视教师培训，曾多次改革师范学校的培训制度。法国对教师培养的要求非常高，培养出了较多高水平教师。并且，法国对教师的职后培训也十分重视，对法国教师的后勤保障予以保证。因此，法国教师是高收入并且稳定的职业。

从国内外的教师专业化研究中可以看出，在过去的许多年里，很多国家都是通过"文化模式"与"能力模式"来促进教师的专业发展的。"文化模式"把文化知识学习放在第一位，对教师进行学历培训，以提高教师的学历层次为主要目标。"能力模式"侧重开展教育与教学研究活动，让教师通过观摩与模仿，提高自己的教育与教学能力。这两种模式有一定的作用，取得了不可否认的成就。但这两种模式都建立在"技术理性"的基础上，不太重视教师专业发展中的"人文关怀"，难以提高教师的综合素质，不利于教师从内在感悟的层面上发展能力，也有需要改进之处。由此可见，教师专业化的重心已转移到以教师内在专业素质的提高和专业实践的改进为特征的教师专业发展上来，并日趋成为人们关注的焦点和当代教育改革的中心主题之一。

信息技术作为一种科学技术引入教育领域，不仅引起了教育理念和方式的变革，而且给传统的教师专业发展赋予了新的使命——教师信息素养必须提升。我国通过多种方式（包括专家引领、校本研究等方式）进行了比较深入和富有成效的教师专业发展的探索和实践，取得了一定的成绩，形成了一定的研究成果。但是，在教师专业发展的过程中，如何充分发挥信息技术的潜力和优势，更好地开展教师培训与研究，仍存在着不少亟待解决的问题。教师专业化发展的意识淡

---

① Picciano A G. The Evolution of Big Data and Learning Analytics in American Higher Education [J]. Journal of Asynchronous Learning Networks, 2012, 16 (4): 9-20.

② Daher T, Lazarevic B. Emerging instructional technologies: Exploring the extent of faculty use of web 2.0 tools at a midwestern community college [J]. Tech Trends, 2014, 58 (6): 42-50.

薄，缺乏科学的信息技术发展观，缺乏必要的信息素养和技术能力，这些制约着信息技术环境中的教师专业发展。

乡村教师出现于 20 世纪 50~60 年代，作为乡村知识分子，具有专业性与公共性的双重属性。他们曾在教书育人、传承文化、引进思想、开启民智、冲破旧制、领导革新等方面发挥过重要作用。但随着时代的变迁，乡村教师群体已然被时代远远甩在身后，成为社会性弱势群体，收入微薄，得不到应有的尊重，乡村教师遭受着前所未有的压力与困惑，他们在追逐与城市教师趋同的专业化过程中，其创造力、判断力与反思力等均在发生全面退化。帮助乡村教师回归内心、融入生活、回归乡土，是回归乡村教师知识分子身份与促进其专业化发展的重要力量源泉。

近两年，我国学者针对乡村教师专业化进行深入研究，为我国乡村教师专业化发展研究提供了一定的理论基础。乡村教师专业发展状况并不乐观，乡村教师还存在专业知识缺乏、专业技能不足、信息化教学水平不高、专业情感淡薄等问题。制约乡村教师专业化发展的原因有历史原因、社会原因、政策原因和体制弊端等宏观原因，也有乡村学校环境因素和乡村教师自身原因。促进乡村教师专业发展的方法策略有校本培训、"师役制"、乡村教师培训等。校本教研是提高乡村教师素质、促进乡村教师专业发展的"治本之策"，完善校本教研过程是乡村教师专业发展的关键。注重乡村教师专业成长个体经验，乡村教师专业化路径如下：首先要转变观念，提升境界；其次要加强学习，与时俱进；再次要积极实践，科研创新；最后要不断反思，日渐提高。

教育界热衷于讨论教师专业化能力提升的问题，使乡村教师专业化能力的提升成为制约乡村教育发展的核心问题之一，同时也是乡村教师自身发展的需要，对我国乡村教育改革和发展产生了重要影响。乡村教师专业发展有助于提升乡村教育质量，推进乡村文化的传承与创新，促进乡村儿童健康成长。世界上许多国家都将信息技术与教师专业发展作为一项新的课题。信息技术在促进教师专业素养提升、加快教师专业发展进程等方面具有重大意义，不仅加快教师专业发展进程，而且促进教师专业发展方式的变革。

# 1.3　研究意义

教师的专业化发展是教师职业生涯必须达到的高度，教师的专业化发展被司德菲学者分为五个阶段：准备生涯的阶段、专家生涯的阶段、退缩生涯的阶段、更新生涯的阶段、退出生涯的阶段。这五个阶段各有各的要求和特点，研究者应从这几处出发，不同的阶段对教师专业发展采取不同的帮助措施，需要学者们更加透彻地研究与阐述。在当今"互联网+"不断发展的背景下，信息技术的应用日益增多,对于人们的生产生活也产生了较大的影响。与此同时,教育作为社会子系统的一个部分,也深受"互联网+"的影响。信息技术的引进促进了教学内容、教学方式等方面的变革,教师的专业化在信息技术的运用中获得了发展。如中小学国家资源库的建成与使用打破了时空限制,为城市教师和乡村教师提供了平等的资源平台,为城乡基础教育差距的缩小作出了新贡献。随着信息技术的发展和教育现代化的推进,教育领域迎来了新局面。信息技术的广泛开发和应用,为乡村教师专业发展带来更多资源和新的学习方式,也为乡村小学教师专业发展带来更多可能。通过研究信息技术支持下的乡村教师专业发展,探索乡村教师信息技术能力提升策略,应用信息技术变革乡村教师校本教研模式,搭建乡村教师服务平台,实现变革乡村教师培训方式具有重要的理论意义和实践意义。

### 1.3.1 理论意义

乡村教师的专业化发展对于乡村教育质量的提升具有重要的意义,但是从时间和空间的方面来看,乡村教师的提升空间相对于城市教师小很多,比如交通不够便利、信息相对闭塞等原因,造成乡村教师专业化发展意识薄弱、愿望较低等情况。但是,信息技术的出现打破了传统乡村教师发展方式的局限,为乡村小学教师专业发展带来了新的机遇。为了促进"互联网+教育"的实现,必须探索出能够有效促进乡村教师的专业发展的途径,提高乡村教师的专业素养和教育教学质量。而目前对"互联网+教育"背景下的乡村教师专业发展的研究并不多,希望此研究能丰富乡村教师专业发展的理论,为"互联网+教育"背景下的乡村教师专业发展提供理论依据。对信息技术支持下的教师专业发展进行系统、深入的研究,提出乡村教师信息技术能力提升策略,搭建一个乡村教师服务平台,构建信息技术支持下乡村教师新型教研和培训模式,能够丰富和发展教师专业发展理论,满足乡村教师专业发展需要,帮助乡村教师实现专业发展,并为此提供理论指导和经验借鉴。该研究具有一定的指导意义。

### 1.3.2 实践意义

信息技术支持下乡村教师专业发展的研究,能够促进乡村教师的教学水平得以提升,帮助乡村教师更好地发展自己,规划自身的职业生涯,强化乡村教师专业化发展意识,将自己的专业化发展当作一件重要的事情,并且帮助乡村教师摆脱时空资源等条件的限制,更好地实现教师专业化发展。在"互联网+教育"的改革背景下,教育领域正在发生巨大的变化,这也对教师专业素养提出了新的要求,为乡村教师专业发展提出建议,使乡村教师成为改革中的有力推手,促进"互联网+教育"的实现。推进乡村教育发展,实现教育均衡、教育现代化关系到中国基础教育发展的整体战略问题,而教师是整个教育发展中的关键因素,教师的发展是乡村教育发展的重中之重。顺应国家政策要求，从教师层面完善我国乡村教育信息化建设，有助于促进乡村教师专业化发展，使乡村教师意识到先进的教育理念，能提高专业发展自觉性，更新和完善自身的专业知识结构，反思和研究自身的教学实践，养成信息化思维习惯并不断地创新自己的教学过程和教学模式，从而改善课堂教学面貌，实现自身专业成长。

针对乡村教师存在专业知识缺乏，专业技能不足，信息化教学水平不高，缺少学习机会等问题，提出乡村教师专业发展新思路与操作实施策略，发挥信息技术的潜力和优势，变革乡村教师专业发展方式，可以改变乡村教师专业发展现状，扩大乡村教师教研范围，提升乡村教师教研效果，促进乡村教师信息技术能力的提升。

# 1.4 研究内容

课题研究对象为信息技术支持下的乡村教师专业化发展。乡村教师指的是山区和边远地区的学校的教师，一般是村属小学或中学教师。乡村教师专业发展指乡村教师作为专业教师，在思想、知识、能力等方面不断发展和完善的过程。在信息技术支持下的乡村教师专业发展的思想方面，例如乡村教师明确自身专业化发展的意义与作用，明确自己在教育改革中的位置，并且清楚地意识到乡村教师的专业化发展关乎乡村教育的改革与发展，能够强化自身的专业化发展意识，明确自身专业化发展的阶段，促进自身的整体提升。在知识方面，如乡村教师利用信息技术支持下研发的资源库来丰富自身的专业化发展，注册乡村教师信息库，在专家的引领下制定乡村教师职业生涯规划、加入乡村教师专业发展共同体、制定乡村教师专业发展方案，通过自主学习、集中培训、教研活动等方式来促进自身的专业化发展，获得专业化发展所需要的资源。在能力方面，通过信息技术支持下的乡村教师专业化发展研究，使教师具备通过资源平台的方式获取资源、交流经验等方式来促进自身的专业化发展。信息技术支持下的乡村教师专业化发展指应用信息技术支持乡村教师专业化发展，为乡村教师搭建一个服务平台，构建一个信息技术支持下乡村教师专业发展模式，以及信息技术支持下乡村教师教研模式，包含一线教师的交流与分享、教育信息化专家的点评与帮助等，在实践的过程中变革乡村教师专业发展方式。

# 1.5 研究思路和方法

## 1.5.1 研究思路

根据研究课题的类型和相关的实际情况，确定了研究的思路与方法。首先，对课题进行文献研究，分别以"信息技术""乡村教师""信息技术 乡村教师""信息技术 乡村教师专业化发展"为主题检索，阅读文献并归纳课题研究背景和国内外研究现状，以了解当前对于这一主题的研究进展与相关情况，撰写其文献综述。其次，对信息技术支持下乡村教师专业化发展的问题开展调查研究，以牡丹江地区的乡村教师为例，对牡丹江地区乡村教师专业能力、教研活动、教学实践和教师培训现状进行调查研究。并且深入牡丹江地区的乡村学校，进行田野研究，在自然情境下考察乡村教师，通过观察、访谈等方式获取第一手关于乡村教师的整体性资料，并将所获数据进行分析与整理。再次，分析信息技术支持下的乡村教师专业发展意义，思考信息技术支持下的乡村教师专业发展模式、方法和途径，并将其思考所获的内容付诸实践，构建信息技术支持乡村教师专业发展所需的模式以及教研模式，探索乡村教师信息技术能力提升策略，变革乡村教师校本教研和专业培训方式，构建信息技术支持下的乡村教师专业发展模式。然后，在牡丹江地区八达村的八达小学和放牛村的放牛小学两个实践基地进行实证研究。最后，在牡丹江地区乡村中小学推广应用，以期待通过信息技术的支持提高乡村教师的专业化发展能力，促进乡村教师的专业化发展，帮助乡村教育质量稳步提升。

## 1.5.2 研究方法

（1）辩证分析方法。运用唯物辩证法的基本原理进行经济研究的方法。辩证分析法是马克思主义理论经济学研究的基本方法。辩证分析是用全面的、联系的、发展的观点来分析问题，反对片面地、孤立地、静止地看问题。用联系的观点、全面的观点、对立统一的观点等来分析乡村教师专业发展的现状、存在的问题及特征，揭示其内在规律。在课题的研究过程中，分析乡村教师专业化发展相对落后的多种原因，从多个角度看待乡村教师专业化发展相对落后的问题，并且在研究中不断地、全面地、深刻地看待问题，在提出建议或意见的同时从多个角度出发，避免孤立片面地开展研究。

（2）文献研究法。在研究之前先深入研读关于信息技术支持教师发展以及乡村教师发展的文献、期刊和其他资料。通过对文献的阅读、理解，对相关研究成果有一定掌握，然后对其进行整理与分析。对现有研究的不足之处进行归纳总结，提供相关理论支持，探寻其未来可能发展方向。在科学理论指导下，根据课题的研究目的，利用各种文献检索工具查阅国内外有关研究的相关文献，并进行整理分析。在课题的研究过程中，分析美国、英国、日本等国家的信息技术支持下的乡村教师专业化发展现状以及建议，并且分析国外学者的观点。将国内学者的观点进行整理分析，归纳当今的研究现状和研究进展，找到研究的不足与优势，归纳总结，促进课题的研究，使信息技术支持下的乡村教师专业化发展成为可能。

（3）调查与实证研究相结合。问卷调查是指用书面形式间接搜集研究素材的一种调查手段。经过研究选定调查目标，为其发放调查问卷，经过调研，整理并分析出乡村教师专业化发展中现存问题，究其原因，为提出改进对策提供依据，为研究进一步提供材料支撑。利用问卷调查和实地调查相结合的方式对乡村教师专业能力、教研活动、教学实践和教师培训现状进行调查研究，对信息技术支持下乡村教师专业发展的理论研究成果进行实证研究。对信息技术支持下乡村教师专业化发展的问题开展调查研究，以牡丹江地区的乡村教师为例，对牡丹江地区乡村教师专业能力、教研活动、教学实践和教师培训现状进行调查研究。并且深入牡丹江地区的乡村学校，进行田野研究，在自然情境下考察自然情境下的乡村教师，通过观察、访谈等方式获取第一手关于乡村教师的整体性的资料，并将所获数据进行分析与整理。

（4）田野研究。田野调查是人类学学科的基本方法论，也是最早的人类学方法论。它是来自文化人类学、考古学的基本研究方法论，即直接观察法的实践与应用，也是研究工作开展之前，为了取得第一手原始资料的前置步骤。田野调查可分为五个阶段，分别是准备阶段、开始阶段、调查阶段、撰写调查研究报告阶段、补充调查阶段。所有实地参与现场的调查研究工作，都可称为田野研究或田野调查。田野调查涉猎的范畴和领域相当广，都可通过田野资料的收集和记录，架构出新的研究体系和理论基础。田野研究要求研究者在研究地居住两年以上，在课题的研究过程中不断收集研究信息，为课题研究服务。深入牡丹江地区乡村学校，在自然情境下考察乡村教师，通过观察、访谈等方式获取第一手关于乡村教师的整体性的资料，使研究的信度和效度得以保障。

## 1.6 研究的创新之处

在信息化高度发展的今天，随着国家对农村教育信息化设施建设的逐渐投入，农村教育环境的信息化将成为必然趋势。信息化的教学环境对农村教师的信息技术操作水平、开展信息化教学的能力，以及教师有效整合信息技术与课程的能力提出了十分严峻的挑战。教师要提高自身的信息素养和各方面的能力才能适应这样的变化与发展。当然，信息时代的快速发展也为农村教师的专业发展提供了诸多机遇。它不仅能够为农村教师提供新颖的教学手段和工具，也为教师获得更广博的知识提供了方便。农村教师可以通过信息化的手段学习之前难以获得的知识和技能，更能够便捷地了解到有关教师专业发展的信息资讯，以便及时掌握相关的制度与政策。在对已有研究进行分析的基础之上，研究尝试借鉴"互联网+

金融""互联网+商业"等的"用户思维"模式，探索"互联网+教育"背景下的乡村教师专业发展网络平台运作模式，并运用基于信息技术的发展性教师评价制度来促进乡村教师专业发展。变革乡村教师专业发展方式，构建信息技术支持下乡村教师发展新模式，提出提升乡村教师信息技术能力的策略，开发针对乡村教师的服务平台。

# 2 核心概念和理论基础

## 2.1 核心概念

### 2.1.1 信息技术

信息技术英文全称为 Information Technology，缩写为 IT。1946 年第一台电子计算机问世，标志着信息技术进步；1971 年第一个微处理芯片的发明，标志着信息技术的发展、深化，人类进入信息社会；20 世纪 90 年代，互联网在全世界范围内普及应用，信息技术给世界带来了革命性的变革，彻底改变了人们的工作、生活和学习。

信息技术是用于信息管理和数据处理所采用的所有技术的总称，主要包括传感技术、计算机与智能技术、通信技术和控制技术。按表现形态，可以将信息技术分为硬技术（物化技术）与软技术（非物化技术）。硬技术（物化技术）指各种信息设备及其功能，软技术（非物化技术）指有关信息获取、传输、存储、加工、表达的各种知识、方法与技能。

信息技术日新月异，发展迅速，对教育产生了巨大的影响，从根本上影响到教育形式和教学方式，日趋成为现代教育改革的关键。人们一直不懈地将信息技术在教育改革中深入应用。信息技术对教育产生的影响主要体现在以下几个方面：

第一，信息技术在教育领域普及和应用，对教师和学生提出了更高的要求，促进了教师和学生教育观念的转变和更新。教师和学生在利用先进的信息技术手段的过程中，培养了教师和学生的教育观念，使教师打破思想束缚，解放思想，不断更新教育观念，具有满足教育发展需求的超前教育思想和教育观念，使学生不断更新学习理念，具有更强的创新意识。

第二，随着信息技术教育应用的深入，传统教学模式发生了根本性变革。传统的教学以教师为中心，枯燥乏味；信息技术的融入教育，与教学深度融合，使得教学模式发生了变化，突出学生的主体地位，采用开放式教学，让学生积极主动地进行学习和探索，教学变得更生动有效。

第三，信息技术融入教学，改变了师生地位，变革了教师和学生的角色。教师的地位由主体变为主导，教师角色由知识的讲授者转变为教学引导者、指导者、管理者；学生不再处于被动地位，而是真正成为课堂主体，学生角色由知识的被动接受者，变为教学活动的主动参与者和知识的主动建构者。

第四，信息技术融入教育丰富了教学环境，为教学提供优质的技术支持和丰富的学习资源。信息化教学环境是指在现代教育理论指导下，运用现代信息技术所创建的教学环境，是支撑信息化教学的各种条件的总和。信息化教学环境综合多媒体技术、网络技术等信息技术，可以为解决教育发展受时空、资源和经费等不足的制约及优质教学资源需求持续增长等矛盾提供支持。信息化教学环境包括教学支撑环境和教学资源环境两个方面。教学支撑环境是实施信息化教学的前提和基础，包括媒体化教学环境和网络化教学环境；教学资源环境包括数字图书馆、电子阅览室、电子备课室等。

现代信息技术是促进教学改革不可缺少的部分，教师们要将其与其他学科进行组合，应用在各学科的教学中。在现代信息技术的基础上，教师无论身处何地、只要有一个能够上网的设备，都可以获取各种教育信息、优秀教育资源等想要学习的内容，通过信息化手段的帮助，能够扩大优秀教学资源的传播范围，供广大教师们参考。同时，教师也需要结合日益完善的技术背景和革新的信息化教育形式，用全新的教学模式改变授课方式与手段，创新课堂。学生也通过信息技术创新实践，学会主动思考、自主操作并且能够应用信息技术，在实践的过程中最大化地增强了学生的创新能力和信息素养，充分体现了学生在课堂中的主体地位。

现代信息技术是信息技术的一个重要组成部分，指的是以数字化、多媒化、网络化、智能化为特征，以计算机技术、多媒体技术、网络与通信技术、人工智能技术、大数据技术、虚拟现实技术等为核心的技术。现代信息技术是教育快速发展的催化剂，充分发挥云计算技术、大数据技术、人工智能技术等现代信息技术的力量，使现代信息技术融入教育教学和管理，能够促进教育理念的转变、教学方法的优化和教育管理的现代化。

### 2.1.2 乡村教师

在地域划分上界定乡村，存在两种观点：一种认为乡村是相对于城镇而言的，另一种认为乡村是相对于城市而言的。根据 2008 年国务院发布的《统计上划分城乡的规定》，以行政区划为基础，以实际建设为依据，我国地域可以划分为城镇（城区、镇区）和乡村。由此，可以认为乡村是相对于城镇而言的，不包括镇区。现有研究中普遍赞同第一种观点，采用第一种观点，认为乡村人口密度低，聚落规模相对较小，以农业生产为主要维持生计方式，社会结构相对单一，居民的生活方式和景观特点都与城市之间存在显著的区别。认为乡村在我国更多地指向县城以下的广泛区域。此外，依据《乡村教师支持计划（2015—2020)》的统计口径，乡村教师可以定义为在乡镇、村完小和教学点从事中小学幼儿园教学工作，领取乡村教师生活补助的教师。由此，可以认为乡村是相对于城市而言的。本研究将乡村界定为与城市地域相对应的县城以下的广泛区域，包括乡（镇）和村。

教师是一种职业，是指从事教学、教育工作的人，会对学生的身心以及个体发展产生影响，其主要任务就是引导、帮助和促进学生健康成长。教师包括正式编制教师和非正式编制教师。

乡村教师指工作在县城以下的广泛区域的小学或中学教师。乡村教师的教育对象是乡村学生，其主要任务就是引导、帮助和促进乡村学生健康成长。乡村教师有着以下特征：

第一，乡村师资力量不足。农村教育中各方面条件的不足与环境的艰苦，导致了优质的教师资源不会流向乡村。乡村教师往往身兼多个学科，还要照顾学生的生活，身上的工作过于繁多。

第二，乡村教师老龄化，年轻教师更乐于在城市寻找条件好的就业岗位，老教师的教学理念和方法比较陈旧，无法跟上教育的发展步伐，学生的学习兴趣得不到充分地激发，教育效果一般。

第三，乡村教师缺乏支持。乡村教学资源分配十分不合理，有时会出现无法满足需求或某资源不均匀的情况，教师较难获得优质的教学资源。

总体来讲，乡村教师的第一要务就是对乡村学生开展教育教学工作，为农业发展和乡村建设培养人才。在这样的大环境下，乡村教师的独特性表现在其身上所蕴含的浓厚的乡土文化。

### 2.1.3　教师专业发展

专业一词有多种解释，可以解释为与学科横向分化、专门化相关的知识领域的分割，也可以解释为高校根据不同学科和社会工作岗位需要而设立的专业，还可以解释为社会分工发展导致职业横向分化形成的某些以高深技能为基础的职业。本研究中专业含义为行业性专业，是社会分工的产物。教师是一种独特社会群体，教师专业的知识和能力有别于其他专业。

虽然教师专业发展研究已经有较长的历史，但是对教师专业发展的界定还没有形成统一的定义。对教师专业发展的研究可分为两类：一类侧重教师专业发展的结果，认为教师专业发展就是包括思想、知识、能力等方面的教师个体成长之路；另一类侧重于过程，认为教师专业发展就是教师由入行到离开这个领域的整个成长过程。

教师专业发展内涵是复杂的，教师专业发展既关注教师个人的独立发展，又关注教师作为独特职业人的发展；教师专业发展关注教师在不断学习、研究和实践活动过程中发展的思想、知识、能力；教师专业发展关注教师由新手教师到专家型教师的过程。

　　教师专业成长不是一个经过时间积累自然发生的过程，教龄一年年增加，专业能力并不一定同步成长。"适应期"是在一定程度上决定教师是否能够成长为名师的关键期。要成为专家型教师，教学新手不仅要对自身的教学经验不断反思改进，还要有意识地向专家型教师学习借鉴。从学习备课开始，到超越文本，开阔视野，再到了解学生，以学定教。整个转换过程中，教师应开展研究，不断提高自身素质，进行教学反思，提高教学能力，学习丰富的组织化的专业知识并有效运用，借鉴他人经验，加快自身发展。

　　本研究对教师专业发展的界定立足于教师群体，指教师作为专业教师，在思想、知识、能力等方面不断发展和完善的过程。教师专业发展覆盖教师整个职业生涯，是教师从新手教师到专家型教师转变的过程。

## 2.1.4　乡村教师专业发展

　　乡村教师工作是乡村义务教育阶段的学校独特教师群体，乡村教师专业发展已经成为当前我国教育政策关注的焦点之一。乡村教师专业发展是乡村教师在思想、知识、能力等方面不断发展和完善的过程，是构建专家型乡村教师的持续过程。对乡村教师专业发展可以从乡村教师身份、乡村教师职业能力和乡村教师持续发展过程三个方面理解。乡村教师的身份是独特的，乡村教师是其专业发展的主体，有其独特的诉求。乡村教师除了要掌握学科知识、教育理论知识和实践性知识，还应掌握任教学校所在地的乡土文化，在实践教学中将乡土文化有机融入。乡村教师专业发展是乡村教师作为完整的生命个体自我完善、自我实践的持续过程。

　　当前，乡村教师专业发展存在许多困境，如培训方式单一，无法满足乡村教师的需求，在培训的过程中，乡村教师受到教育资源和乡村环境的影响，培训的内容和模式相对单一，很难获得有效的、高质量的培训，教师的发展需求被忽视，乡村教师只能被动接受。自身知识陈旧，与实际教学相脱节，由于乡村教育资源的匮乏，导致乡村教师对于新鲜知识的获取与实际所处的乡村教育情景脱节，也缺乏在实际教学中及时应用最新教学理念的能力。

　　信息技术的支持为解决乡村教师专业发展提供了有效帮助。通过信息技术的支持，加强资源倾斜，为乡村教师的发展提供有力的帮助，重视教师的个人发展意愿，做好教育资源的拓展，提高乡村教师培训的质量，帮助农村教师以其发展目的为核心，更有针对性，更高效地提高自身能力和水平。

## 2.1.5　信息技术支持下乡村教师专业发展

　　信息技术的飞速发展引发了教育形式的变革，引起了教育模式和教育价值取向的本质变化，是乡村教师专业发展过程中不可缺少的必要因素，为乡村教师专业发展提供了更为有效的支持。信息技术不仅成为乡村教师专业发展的手段，而且其应用程度也成为评定乡村教师专业发展程度的重要标准之一。

信息技术支持下的乡村教师专业发展是在信息技术的帮助下，应用信息技术变革乡村教师专业发展方式。乡村教师专业发展突出了乡村教师的专业性和独特性，融合于乡村教师学习与教学实践的全过程。功能完善的各大网络教学平台、丰富的网络教学资源、开放的网络公开课为乡村教师专业发展提供丰富的资源和更为广阔的平台支持。《教育信息化 2.0 行动计划》提出大力提升教师信息素养，推动教师主动适应新技术变革，以此推动教师观念更新、角色转变、素养提升和能力增强。将信息技术引入乡村教师教学实践中具有重大意义。在信息技术支持下，乡村教师必须接受更高的挑战，需要不断地学习和更新信息技术知识，并将其应用到乡村教学实践活动中，实现信息技术与乡村教学的融合，以不断促进自身专业发展。

通过信息技术的支持，开展网络教学，促进乡村教师的专业学习和发展，不同水平的教师相互指点，交流讨论，避免教师局限于某一教学问题。利用信息技术，可以实现不同空间、不同时间、不同层次的专业技能提升。同时促进乡村教师特定技能的发展，教师可以了解其他地区的地方课程，其他教师是怎样培养某一技能，不断学习、不断反思，为乡村教师发展搭建不同的平台。

## 2.2　理　论　基　础

### 2.2.1　建构主义学习理论

#### 2.2.1.1　建构主义学习理论的基本观点

20 世纪 90 年代以来，认知学习理论由于本身的局限性，受到来自建构主义学习理论的挑战。建构主义学习理论是教育心理学领域的一场革命，它在吸收认知主义学习理论关于认知加工观点的基础上，提出关于学习过程本质的不同认识。皮亚杰是建构主义学习理论的杰出代表。皮亚杰提出"认识不完全决定于认知者或所知的物体，而是取决于认知者和物体之间（有机体和环境之间）的交流或相互影响。根本的关系不是一种简单的联想，而是同化和顺应；认知者将物体同化到他的动作（或他的运算）的结构之中，同时调节这些结构（通过分化他们），以顺应他在现实生活中所遇到的未预见到的方面"。建构主义学习理论认为，人的认知发展不是简单的累积过程，而是不断地重新建构认知结构的过程。个体的认知结构通过同化和顺应不断发展，以适应新环境。当个体遇到新的刺激时，总把新的对象纳入已有的认知结构之中，认知达到一种平衡，这就是同化。如果已有的认知结构无法同化新的对象，个体就必须对已有的认知结构进行变化以使其与环境相适应，直至达到认识上的新的平衡，这就是顺应。建构主义学习理论强调"情境""协作""会话"和"意义建构"。学习应该在具体的情境中进行，教育者应该给学习者提供真实、趣味的情境；学习离不开协作、交流，学习者在学习中需要与教师和其他学习者协作、会话、彼此分享、相互学习、相互影响、取长补短，碰撞出新的知识火花；学习者是学习的主体，具有主观能动性，学习是学习者在特定环境下，在原有知识经验的基础上，主动构建新的知识的过程。

### 2.2.1.2　建构主义学习理论对本研究的启示

建构主义学习理论认为，学习者是学习的主体，学习是学习者在原有知识经验基础上主动建构新知识的过程。依据建构主义的观点，信息技术支持下乡村教师专业发展突出强调乡村教师是发展的主体，乡村教师专业发展是乡村教师在原有知识经验基础上主动建构知识结构的过程。建构主义学习理论强调情境，提倡为学习者创建真实、有趣的学习情境。信息技术支持下专业发展要以现代信息技术手段为基础，创建真实的乡村教师专业发展情境，让乡村教师在真实的情境中学习、实践、探讨和研究，从而实现思想、知识和能力的发展。

建构主义学习理论强调协作、会话，主张学习过程中师生、生生协作，交流，相互作用。信息技术支持下乡村教师专业发展强调互动，提倡乡村教师之间的分享、协作、交流，创造良好的乡村教师专业发展学习环境。在乡村教师发展的过程中，信息技术起到了重要作用，乡村教师通过信息技术吸收新知识、新技能，通过信息技术平台与其他教师们相互讨论、相互影响，以此来获得最终的发展。乡村教师在一定的学习情境和文化背景下，通过信息技术所提供的社会性互动，自上而下地发展技能，借助不同层次教师的帮助，利用信息技术提供的学习资料，通过有意义的建构，促进教师专业发展。

## 2.2.2　人本主义学习理论

### 2.2.2.1　人本主义学习理论的主要观点

人本主义学习理论是在人本主义心理学的基础之上建立的，马斯洛和罗杰斯是人本主义学习理论的代表人物。人本主义认为每个人都有不断成长和不断提高的愿望和潜能，具有自我实现的倾向，强调个体自我发展中的自主性，个体在自我发展过程中需要依据自己内心感受不断选择。罗杰斯在长期临床心理实践的基础上，创立了非指导性的治疗方法。这个方法将患者置于治疗的中心，医生为患者创设良好的氛围，认真聆听患者，体悟患者的感受，引导患者自我治疗。人本主义学习理论提倡以学生为本，尊重学生实际和个性差异，强调给学生提供自由发展的空间，注重促进学生全面发展。人本主义学习理论对教师角色进行了重新定位，认为教师是学生学习的组织者、促进者，重在引导学生自主学习和自我提升。人本主义学习理论创建了非指导性教学模式，此模式以融洽的师生关系为前提，充分信任学生，强调教师要用真诚、关注、理解、赞美来引导学生健康发展。

### 2.2.2.2 人本主义学习理论对本研究的启示

人本主义学习理论确定以学生为中心的教育观，提倡以学生为本，视学生为学习的真正主人，充分尊重学生的个性特征和个体差异，强调要为学生创造更加适宜的学习氛围，营造自由发展的空间，促进学生的全面发展。在人本主义学习理论的指导下，信息技术支持下乡村教师专业发展突出以乡村教师为中心，充分尊重乡村教师的动机、潜能和独特见解，关注如何为乡村教师营造良好的发展环境和创造良好的自由发展空间，促进乡村教师的全面发展。人本主义学习理论认为促进学生意义学习最有效的方法是"做中学"。信息技术支持下乡村教师专业发展要关注乡村教师实践，让乡村教师直面教学实践中的实际问题，在实践中不断提高自身教学实践能力。人本主义学习理论强调要关注学生的需求，要尽可能将教学内容与生活实际相联系。信息技术支持下乡村教师专业发展要关注乡村教师的实际需求，教师培训和教研活动要尽可能与教师实际需求一致。人本主义学习理论提倡学生进行自我评价，信息技术支持下乡村教师专业发展强调引导乡村教师不断进行自我反思，促进乡村教师持续健康发展。人本主义学习理论强调帮助学生形成健康人格与正确的世界观和人生观，信息技术支持下乡村教师发展不仅强调乡村教师专业知识能力的发展，而且还强调乡村教师高尚道德品质和健康人格的发展。因此，需要乡村教师做到尊重人格需要，发展自身潜能，最终实现自我。根据自身发展的基本目的，自己教育自己，从而达到自我实现。重视意义学习、提倡自由探索，在发展能力的过程中，要注重意义学习的培养，调整心理情境，适应时代变化。重视自我评价，自己制订评分标准，并严格执行，检测自己是否达到了预期的目标，使自身发展更加高效。

## 2.2.3 情境认知理论

### 2.2.3.1 情境认知理论的基本观点

情境认知理论诞生于 20 世纪 80 年代，认为实践不是独立于学习的，而意义也不是与实践和情境脉络相分离的，意义正是在实践和情境脉络中加以协商的。

情境认知理论认为学习具有情境性和社会性，学习的本质是个体参与实践，与他人、环境等相互作用的过程，是与群体之间合作与互动的过程，是形成参与实践活动的能力、提高社会化水平的过程。情境认知理论强调学习的设计要以学习者为主体，内容与活动的安排要与人类社会的具体实践相联通，最好在真实的情景中，通过类似人类真实实践的方式来组织教学，同时把知识和获得与学习者的发展、身份建构等统合在一起。

### 2.2.3.2 情境认知理论对本研究的启示

情境认知理论提倡尽可能在真实的情境中学习，信息技术支持下乡村教师专业发展研究要注意在信息技术支持下为乡村教师创建真实的发展环境，将发展环境与乡村教师教学实践联系起来，使乡村教师从真实的情境中体验知识和技能的真谛。情境认知理论强调参与性学习，信息技术支持下乡村教师专业发展应该鼓励乡村教师在教学实践中应用所学专业的知识和技能，亲身实践的知识和技能，加深对知识和技能实践层面的理解，提高乡村教师专业发展的积极性和参与度。情境认知理论提倡建立实践共同体，在社群实践中构建知识，为信息技术支持下乡村教师专业发展研究提供了有意义学习并促进知识向真实生活情境转化，改正了认知中符号运算方法的失误，忽视了文化和物理背景的认知。关注乡村教师获得的知识、认知和学习，把知识与社会具体情境相联系，积极促进乡村教师同伴学习，加强乡村教师合作、互动，使乡村教师在良好的发展氛围中习得知识，提高能力。

## 2.2.4 混合学习理论

### 2.2.4.1 混合学习理论的基本观点

混合学习（Blending Learning）将线上学习和线下学习有效地整合在一起，优势互补，将教和学中各项资源进行合理的选择和优化组合，从而较好地达到教学目标和获得最优化的教学效果。混合学习的本质是教与学资源的合理选择和优化组合，强调师生之间的地位，关注信息技术的选择运用。信息技术在教学中发挥的作用是有局限性的，所以单纯的信息技术环境下的线上教学不能完全取代线下教学。混合式教学的思想核心是多种教学方式和手段在教学的每个环节中得到恰当应用，将信息技术与其他教学媒体和手段有机优化组合，切实发挥信息技术优势，取长补短。

### 2.2.4.2 混合学习理论对本研究的启示

混合学习理论强调线上线下教学优势互补，有机融合，采用多种教学方式和手段。在混合学习理论指导下，信息技术支持下乡村教师专业发展有效利用信息技术，在信息技术环境支持下合理选择和优化组合乡村教师专业发展线上和线下资源，采用线上与线下相结合的混合式学习，有效促进乡村教师获得最优化的发展。混合学习理论的本质不是将"传统模式"与"线上模式"进行简单叠加，而是要在信息技术的支持下，融合两种方式的优势。乡村教师要对混合式学习环境下的专业发展重新设计，这种设计不是针对如何学习的设计，而是针对如何促进自身专业发展的设计，使其达到最佳的发展效果。这种混合学习要求乡村教师认真探索混合式学习的方法路径。

## 2.2.5 教师专业发展阶段理论

教师的专业发展是一个动态的、不断变化的过程，在每个专业发展的阶段，教师专业知识、技能、情意都在不断地变化着，并且每个阶段都有显著的特征。教师专业发展阶段理论研究不断深入，教师专业发展阶段理论不断地丰富与发展，学者从不同取向出发，形成关于教师专业发展阶段的看法。富勒从"教师关注"取向将教师专业发展阶段分为"教学前关注阶段""早期生存关注阶段""教学情境关注阶段"和"关注学生阶段"。叶澜、白叶眉从"自我更新"取向将教师专业发展阶段分为"非关注阶段""虚拟关注阶段""生存关注阶段""任务关注阶段"和"自我更新"关注阶段。陈永明从"生命周期"取向将教师专业发展阶段分为"适应和发现期""稳定期""适应期或重现评价期""平静和保守期"和"推出教职期"。费斯勒从"职业生涯"取向将教师专业发展阶段分为"职前准备阶段""形成能力阶段""职业受挫阶段"和"职业泄劲阶段"。

　　丰富和不断发展的教师专业发展阶段理论为信息技术支持下乡村教师专业发展提供良好的理论支撑。教师专业发展阶段理论认为任何教师在职业生涯阶段，都需要掌握不同的专业实践所必需的知识和技能，而这些都要教师在每个阶段进行具体的自我规划。信息技术支持下乡村教师专业发展研究要求乡村教师根据职业生涯的每个阶段发展需求，结合自身发展要求和能力，确定自我发展目标，使自身专业素质和综合实力得以提升。乡村教师通过根据发展阶段制定自身发展的短期和长期目标，促进教师个体自觉进行探索性的教育活动，发掘教师的集体智慧，进一步提高教育教学技能，引领教师专业发展。既有助于教师，同时也有利于学校培训对教师专业发展的特点提供促进专业发展的辅助性条件。

### 2.2.6　整合技术的学科教学知识（TPACK）

　　在信息技术飞速发展和教育信息化持续推进的时代背景下，培养信息时代所需要的信息化教师问题引起了广泛关注。尽管信息技术作为教师知识结构的一部分，被整合到学科教学的过程中经历了较长时间的发展，但由于其始终缺少理论框架的支持，发展速度较为缓慢。美国密歇根州立大学学者马修·凯勒（Koehler M J）和庞亚·米什拉（Mishra P）于 2005 年提出了整合技术的学科教学知识（TPACK）作为一种理论框架用以解释教师所需的技术知识，并介绍了如何通过真实情景下的基于设计的活动来发展教师的技术知识。

　　马修·凯勒（Koehler M J）和庞亚·米什拉（Mishra P）给出的 TPACK 的定义为：TPACK 是一种"整合技术的教师知识的理论框架"，这个理论框架建立在 Shulman 教授的学科教学知识（PCK）基础之上，增加了技术知识，是学科内容、教学法和技术三种知识要素之间的复杂互动，是整合了学科内容、教学法和技术三种知识以后而形成的一种新知识形式。教学过程不仅要关注学科内容、教学法和技术这三个知识要素，更要关注学科内容、教学法和技术三者之间的交互，这种交互又形成了学科教学知识、整合技术的学科内容知识、整合技术的教学法知识和整合技术的学科教学知识四种新知识。

学科内容知识（CK）：是教师实际教授或学生实际学习的学科知识，包括概念、理论、观点、组织框架知识、证据等知识，以及为发展这些知识所建立的实践和方法。学科内容知识是十分重要的，是学科教师必须具备的知识，如果学科教师不具备科学、完备的学科内容知识，那么学生必将付出无法估量的惨痛代价。

教学法知识（PK）：即为普通教学法知识，是最基本的，不具备学科内容针对性，普遍适用的教学法知识，指教育和教与学的过程、实践或方法相关的深层次知识。例如，关于学生、教学目标、教学策略、课堂管理和教学评价的知识的深刻理解。拥有深厚教学法知识的教师能够理解学生如何获得知识、技能，知道如何培养学生良好的思维习惯和如何调动学生学习的积极性。

技术知识（TK）：技术知识是 TPACK 框架中的一个非常重要元素，包括传统技术和数字技术。TPACK 框架突出强调技术知识的重要性，突出强调技术知识对学科内容知识和教学法知识包括传统技术和数字技术的影响。技术知识是 TPACK 框架中最灵活和不确定的元素，随着信息技术的飞速发展，技术知识包含的内容在不断丰富，新技术不断被纳入，成为技术知识的重要组成部分。美国研究理事会信息技术素养委员会提出信息技术流畅性，信息技术的流畅性说明教师需要深入地理解信息技术和具备一定的使用信息的能力。技术知识是动态的、不断发展的，教师需要不断适应信息技术发展变化，在教学中应用信息技术。

学科教学知识（PCK）：Shulman 教授对学科教学知识进行了界定，认为学科教学知识是具体学科知识的教学转化（学科内容的表达与阐述方式，如举例、类比、解释等），是在学科教师实施教学过程中，将学科知识转化为学生可接受的学科知识中产生。TPACK 框架中学科教学知识与 Shulman 教授界定类似，涵盖了有关教学、学习、课程、评估和报告的知识。

整合技术的学科知识（TCK）：技术与学科知识之间的关系一直随着数据表征和数据处理新技术的产生而发展。新技术为理解学科内容提供了新的视角，新技术促进学科的发展，揭示了学习的本质，并引起了学科变革。整合技术的学科知识是对技术和学科内容互相影响、互相限制方式的理解。要开发适用于某一学科的技术，必须先理解技术对这一学科的重要作用，所以从某种意义上说，技术开发者最好是学科专家。技术促进学科发展，新技术可以为学科内容表征创造更大的灵活性和提供新的方式，同时，技术也限制学科发展，可能会限制某一学科的表征方式。学科教师只有在对学科内容深入理解的基础上，才能更好地应用技术变革教学方式。学科教师所具备的整合技术的学科知识（TCK）包含具体的技术类型适合讲解哪些学科的知识和学科内容如何主宰或改变技术两个方面的内容。

整合技术的教学法知识（TPK）：是由技术和一般教学法相互作用而产生的，包括了解可以完成某一特定的教学任务的技术手段，选择当前最恰当的技术手段并使用技术手段有效完成教学活动等。

整合技术的学科教学知识（TPACK）：是整个理论框架的核心，是对教师专业成长影响最大的教师知识，是专家级学科教师在学科教学时会随时应用到的知识形式。它超越了学科内容知识、教学法知识和技术知识，是这三个知识的核心。整合技术的学科教学知识（TPACK），不同于学科内容知识、教学法知识和技术知识这三个独立的知识，是实施整合技术的有效教学的根基。整合技术的学科教学知识不仅包含使用技术表征学科教学内容、使用技术实施教与学的技能、使用技术解决教与学中问题的知识，还包含对学生了解程度的知识、对技术掌握程度和技术使用的新理论。学科教师在教学实践中运用整合技术的学科教学知识解决问题时，框架中学科内容知识、教学法知识和技术知识三个核心要素不是独立存在，而是协同作用，任意一个核心要素发生改变，另外两个要素会同时进行改变来进行协同补偿。新技术出现时，为了适应新技术的应用，学科教师不得不去思考教学法，重新构建学科内容知识、教学法知识和技术知识三个核心要素的平衡。技术对教学法、学科内容的影响并不是简单的单向作用，学校的教育教学情境同时也限制了技术的应用。

整合技术的学科教学知识（TPACK）定义可以看出 TPACK 内涵具有以下三方面的特征：第一，TPACK 是教师应当具备且必须具备的全新知识，它的贯彻、实施离不开教师，所以在推广、应用 TPACK 过程中，必须强调教师是教学改革的积极参与者，课堂教学的设计者、实施者；在教学过程中教师应起引导和监控作用。这种观点对教师教育和教师专业发展具有重要指导意义。第二，TPACK 涉及学科内容、教学法和技术等三种知识要素，但并非这三种知识的简单组合或叠加，而是要将技术"整合"到具体学科内容教学的教学法知识当中去。这就意味着：对 TPACK 的学习、应用，不能只是单纯地强调技术，而是应当更多地关注信息技术环境下的"教与学理论"及方法（即信息化"教与学"理论及方法）。第三，TPACK 是整合了三种知识要素以后形成的新知识，由于涉及的条件、因素较多，且彼此交互作用，因此 Matthew J Koehler 和 Punya Mishra 认为这是一种"结构不良"知识；这种知识将要解决的问题（即信息技术整合于学科教学过程所遇到的问题），都属于"劣性问题"——这种问题不存在一种适用于每一位教师、每一门课程或每一种教学观念的解决方案（即确定的解决方案）；相反，这种解决方案只能依赖每位教师的认知灵活性在三种知识的结合与交叉中去寻找。

整合技术的学科教学知识（TPACK）对具体学科教师需具备的素质进行规定，主要应用于规范师范生培养，对教师的教学技能进行有效评价，有效引导专业教师的发展。整合技术的学科教学知识对信息技术支持下乡村教师的专业发展提供理论指导，为规定乡村教师需要具备的素质，规范信息技术支持下乡村教师专业发展，有效评价信息技术环境下乡村教师教学技能，有效引导乡村教师专业发展提供理论指导。

# 3 乡村教育信息化现状及案例

## 3.1 乡村教育信息化的意义

《新发现——当代中国少年儿童报告》披露：我国城乡少年儿童存在着显著的差异。其中一项表现为：城市的孩子比乡村的孩子拥有更多的学习资源，如城市的孩子拥有电子设备的数量远远高于乡村孩子；乡村孩子的家庭经济条件相对较差，很多孩子买不起一些必要的课外书籍，这意味着乡村的孩子在选择学习资料时受到了限制，更需要外界资源的补给；加之乡村孩子信息较闭塞，见识不广，知识面较窄，给课堂教学带来了困难。乡村教育是我国教育事业的重点和难点，事关乡村工作的全局。党的十九大提出，要加强教学信息化工作的推进力度，加快建设教育强国。因此，在新形势下加强乡村现代信息技术的普及与运用，是适应信息化社会教育方式根本转变的需要，有利于促进乡村教育的发展与改革。

因此，在乡村课堂教学中，有效地应用有限的信息技术资源更好地进行课程学习，促进课堂教学改革，培养学生的创新精神和实践能力意义重大，具体体现在以下几方面：

（1）运用信息技术，能让生动有趣的问题情境激发学生的求知欲。运用多媒体画面，一开始就能唤起学生的注意力，引起学生的情绪反应，激发学生在情感上的参与，调动他们的学习积极性，给新课教学打下良好的基础。实践证明，最好的教学时机，莫过于学生对学习内容本身产生浓厚的兴趣之时。只有学生形成最理想的学习状态，情境中的问题才容易顺利解决，学生的思维能力也才能得到培养。多媒体计算机以其特有的感染力，通过多种形式对学生形成刺激，吸引其注意力，唤起学生的学习兴趣，使学生产生学习的心理需求，进而主动参与学习活动。

（2）运用信息技术，能通过合作交流的形式提高学生的实践活动能力。现在的孩子，个体意识增强，群体意识减弱，有的孩子很不合群，乡村孩子相对城市孩子来说参加社会活动的机会较少，不善言谈，不善交往，严重影响学期合作学习与相互交流。其实乡村的孩子很渴望参与活动，只是在学习中往往缺少合作的机会与方法，缺少有效的资源，乡村学校购买教学挂图、教具、学具的经费少，引导学生经历"做中学"的过程难，学生的情感、态度、价值观、一般能力等也不能得到很好的培养。这些制约着学生的学习和发展，制约着教师教学方式的改变。信息技术在教学中的运用，拉近了孩子间的距离，为学生提供良好的合作交流机会，使学生更乐于参与其中。

（3）运用信息技术，能让现代化的教学手段突破难点，启迪学生的智慧。其实，许多概念、模型之所以成为学生学习的难点，就是因为太抽象、不具体，如果仅凭教师的描述和讲解，往往是教师花了很大精力，教学效果却事倍功半。将信息技术应用于教学，可以变抽象为具体，调动学生各种感官协同作用，解决教师难以讲清、学生难以听懂的内容，从而有效地实现精讲，突出重点、突破难点，取得传统教学方法无法比拟的教学效果。

（4）运用信息技术，能让生动有趣的评价方式为学生的成长扬帆。新课改提出，关注学生在课堂教学中的表现应成为课堂教学评价的主要内容，包括学生在课堂师生互动、自主学习、同伴合作中的行为表现，参与热情、情感体验和探究、思考的过程等，即关注学生是怎么学的。而学生间的差异是永远存在的，有的上课比较好动，有的自卑感强。教师所要做的，就是让这些具有不同思维特点的学生有机会表达自己的思想，并不断鼓励他们敢于表现"与众不同"、有个性、有创新。

乡村的孩子没有什么优越感，对自己的表现与城市孩子相比往往显得不够自信，甚至自卑，因此他们更需要表扬与鼓励。如果在学习结束后，能采用多种形式给予激励，效果将大不一样。有了信息技术的介入，教师可以根据计算机的反馈系统提供的信息调整教学方案，优化教学程序，学生可以根据反馈的信息了解自己的学习情况，分析自己学习中的成败得失，改进学习方法，调整学习目标。

总之，在乡村学校课堂教学中，一方面要积极推广应用现代信息技术，实现优质教育资源共享，以信息化带动教育现代化；另一方面也要注意对现代信息技术进行合理选择和优化组合，科学而有效地应用它并发挥其优势，以解决教育教学中的问题，提高课堂教学效率。

# 3.2　乡村教育信息化国内外发展现状

### 3.2.1　国外发展现状

乡村教育不仅在我国是一个复杂棘手的社会问题，世界大部分国家或地区的城乡之间、区域之间的教育都存在很大的差异，都存在着教育发展不平衡现象，乡村教育发展水平普遍落后于城市教育发展水平，推进乡村教育是全世界共同的责任。欧美各国在20世纪90年代就已经开始着力研究如何推进偏远乡村的教育信息化，其在实现偏远乡村教育信息化方面的解决方案和具体经验，对于我国有重要的实践指导意义。

美国从 1996 年以来促进教育信息化，到 2000 年已完成教育信息化基础设施建设。据统计，在 2000 年 6 月，美国有 95% 的小学和 72% 的中学有了因特网；平均每五个学生有一台电脑。美国乡村教育也存在着许多问题，如乡村学校办学规模小、乡村学校地理位置偏僻、乡村学校教师数量减少、教育经费投入不足、教育管理和评价监督不到位等。美国促进学校多样化竞争，表现在公立学校内部的多样化和私有的营利性公司或组织运营的教育机构多样化。并于 2003 年，成立美国教育信息化领导力前沿研究中心（CASTLE），以提升美国的教育信息化。

俄罗斯为了推进乡村中小学教育信息化采取了各种策略，重点是在乡村中小学的教育信息化基础设施建设、信息技术教育课程开发、电子教育产品和乡村教师培训等方面。

英国建立国家学习中心网络，鼓励人们在网络中学习。在整个乡村信息化体系中，政府充分意识到乡村教学主体——教师地位的重要性，因此通过提高乡村教师的教育技术能力来促进乡村信息化。政府利用已有的城市网络系统为乡村教师提供相关培训，把网络信息经过整合，变成具有适应乡村特色的学科当中去，采取了有效的措施和策略来加强乡村教师队伍的建设。

法国在消除数字鸿沟方面也做了许多措施，如在全国范围内推行包括纳税等活动在内的行政管理电子化；通过网络向企业和个人发布各种信息；向公众免费提供各类可查阅数据和资料；为各类学校配备电脑，保证学生上网；多次降低电话费，对上网用户提供各种优惠；每年定期举办因特网节，向各阶层人士普及因特网知识等。

日本从第三次教育改革开始，相继做出许多措施促进日本教育信息化发展。如 2000 年日本内阁发布"IT 战略本部"；三项重大发展战略；并提出到 2020 年为止，日本学生要每人一台电子终端设备，师生之间实现双向易懂、生生之间要实现互助学习的教学模式；通过校务信息化减轻教师的工作负担；充实电子教科书和电子教材等教学材料；提高教师的信息化和增强学校信息化、数字化学习体系。

### 3.2.2 国内发展现状

乡村教育信息化是一项复杂的系统工程，要取得有效的建设、可持续发展还存在许多要研究的问题，特别是在中国这样一个地域辽阔，大多数人口在乡村的发展中国家更是如此。目前，我国的基础教育发展十分不平衡，城市与乡村之间、东部和西部之间的差距非常大，而且近年来甚至有加大的趋势。我国已把乡村和西部的基础教育放在整个教育工作的首位，并且借助信息化来带动基础教育的现代化。

美国学者诺兰（Nolan）和埃德加·斯凯恩（Edgar Schein）曾经提出，学校信息化建设是具有阶段性特点的。所有的组织和机构，要想发展信息化建设，那么它必然会经历以下三个阶段：第一阶段，基础设施建设阶段；第二阶段，技术学习和系统应用阶段；第三阶段，管理控制阶段。相应地，乡村教育信息化的投入分为三个方面：基础设施建设、信息资源建设和人员培训。正常来讲这三方面的投入应该是4：3：3，但是在中国却不是。国内的信息化建设投入主要以基础建设为主，占了总投资的50%，而信息资源建设和人员培训方面的投入分别占30%和20%。下面将分别从这三个方面来描述中国乡村教育信息化建设的现状。

### 3.2.2.1 基础设施建设

中国的教育信息化建设起步比较晚，发展也不是很快，跟国外很多发达国家比起来，在先天上就已经落后了一大截。不过好在国内醒悟得快，奋起直追。在20世纪90年代以后，中国教育信息化的发展就慢慢走上了轨道，乡村中小学逐渐都建立起了微机室、多媒体教室等基础设施。学校慢慢有了网络，有了和外面接触的条件，教育信息化的基础设施建设就慢慢开始发展起来。但是总的来说，中国教育信息化依然还处于基础建设的初级阶段，具体表现为：

（1）教师计算机普及情况。教师计算机的普及情况并不乐观，到目前为止居然还有接近一半的学科教师没有自己的计算机，那也就是说这一半的乡村教师根本没有机会接触到信息技术，更不用说将信息技术与课程整合了。

（2）学生计算机普及情况。我国曾在全国乡村中小学做过教育信息化的抽样调查，发现乡村学生计算机普及情况还非常的严峻，整个中国只有2%的乡村中小学能够做到每个学生都有一台计算机，而根本没有计算机的学校占到了乡村学校总数的四成。这是一个可怕的比例。

（3）乡村学校校园网的建设情况。现在乡村中小学，学校的校园网建设还是非常匮乏的，仅有35%的乡村中小学建立了校园网络，而且还有29%的乡村中小学居然根本没有建设校园网的计划。

### 3.2.2.2 数字化资源建设

多年来，由于基础设施装备落后、教学资源严重匮乏、学校经费捉襟见肘、教师培训力度欠缺等原因，我国乡村教育信息化发展一直相对滞后。从2001年起，我国开始在全国中小学普及信息技术教育，全面实施"校校通"工程，以信息化带动教育现代化，努力实现基础教育的跨越式发展。2003—2007年，国家实施了乡村中小学现代远程教育工程（以下简称"农远工程"），以"三种模式"搭建了一个乡村现代远程教育网络，实现了优质教育资源共享，提高了乡村教育质量与效益，一定程度上促进了乡村学校义务教育的均衡发展。到2007年底，全国乡村中小学现代远程教育工程按计划如期完成，亿万名乡村中小学生实现了同在蓝天下，共享优质教育资源的梦想。

农远资源主要包括国家配备的硬件和软件资源，硬件资源按学校的类型以三种模式发放，包括光盘播放机、卫星接收机、计算机和电视机等设备，软件资源主要以光盘和天网输送的方式发放，主要包括教育教学软件和光盘教学资源。卫星接收的资源，主要有网页、文本、视频、幻灯片、音频等形式，内容囊括了从小学到初中的各个学科的素材，短期内基本满足了乡村学校教育教学的需求。

近几年随着远程资源的不断更新和利用，乡村中小学的教育教学资源也改变了一穷二白的现象，逐步建成了农远教学资源库，但是教学应用情况却不容乐观。通过部分地区教学应用调查显示，部分学校存在远程教学设备和教学资源闲置的情况，有的学校虽然建立了名义上的教学资源库，实质上却处于荒废状态，并没有真正有效地用于实际的教育教学当中。很多学校虽然按时接收了远程教育教学资源，但由于没有专业的老师对资源进行分类和整理，学科教师使用资源很不方便。

### 3.2.2.3　师资培训

就目前而言，教师的培训已经成为教育信息化这个木桶的一个短板。表现出来的问题就是培训力度不够，在培训过程中采用的方式方法以及培训的内容都跟不上实际教学的需求，而且现在很多师资培训的课程并不包括信息技术培训，属于"思想"到位了，但是没有"技术"。相对于基础设施建设，现在影响教育信息化进程的更多的是因为教师信息技术水平的不足还有相关的信息技术课堂培训的欠缺。

针对教育信息化的发展，我国制定了教师信息化能力标准。在《中小学教师技术能力标准（试行）》（2014年）中依据中小学信息技术实际条件和师生信息技术应用情境的差异性，对教师信息技术的应用能力制定了标准。在2017年，我国又通过实施"农村中小学数字教育资源全覆盖项目"，对英语、音乐、美术等学科的新课标资源进行重新开发和整合。根据学校地理位置和教学进度的差异性，借助卫星和网络等载体，将教学资源发送到全国农村中小学校，以满足乡村学校适龄学生的学习需要，更大程度地实现教育公平。

总体上来看，目前基础设施和资源建设依然是我国教育信息化所取得成就最大的地方。尽管自从我国实行了信息化建设，就一直高度重视信息技术在教育中的应用，并且多次提出，我们之所以要实现教育信息化，就是为了让我们辛苦建设的信息资源以及信息技术能够得到最大程度的应用。但现实中，我国在促进信息技术在教育中的应用时得到的结果却并不那么明显，问题的严重性和紧迫性十分突出，我们还有很长的路要走。

## 3.3　存在的问题、原因及对策

### 3.3.1　乡村教育信息化存在的问题

当前乡村中小学教育信息化过程存在诸多问题，主要表现在以下几个方面：

（1）认识不到位，影响教育信息化的发展。诚然，各教育行政部门、各级各类学校、广大教育工作者以及全体中小学生都已经意识到教育信息化发展的重要性。但是，对教育信息化的认识往往只停留在口头上，或者是书面上，特别是乡村学校，人们仅仅是充满无限期待，却始终不能落实到行动上。对信息技术的使用大部分流于形式：平时不用，只是在公开课、参赛课时才使用，操作不熟练，甚至出现错误操作等现象；即使平时使用，也只是一些简单的口算题或单纯的图片展示，不能够体现信息技术在学科教学中的真正价值。新课标中也强调了信息技术的重要性，也确定了乡村中小学教育信息化的教学方向。但由于信息技术课是一门新兴的学科，各地设备情况不同，教材使用情况也各不相同，没有明确的评价标准，课堂结构、教学模式等还需教师不断探索、研究。广大乡村教师更是普遍认为，由于自身条件的限制，不管教育怎么发展变化，有没有实现信息化，只要教好语文、数学就行了。而几乎所有信息技术教师都肩负打字、计算机教室管理、校园网维护等职责，纯属"打杂匠"，使得信息技术教师工作热情大减。在2004年的一项调查中，虽然已经有接近四成的中国乡村中小学建立了自己的校园网，但是很多中小学的网络管理人员却根本没有将校园网应用起来，仅仅只是校园网保管员。这样，虽然学校有校园网，但是并没有人使用，这和没有建立校园网没有什么区别，而且还造成了资源的浪费。由此导致信息技术在教育中的应用效果普遍较低，管理方法和机制影响了应用的推广与发展。

（2）设备落后，资金不足，制约教育信息化的发展。如前所述，教育信息化的发展需要一定的硬件设施，而且硬件设施的更新与补充都需要大量的资金投入。近年来，随着我国信息化发展的进程越来越快，为我国乡村中小学教育信息化建设基础环境进一步改善提供了很多的帮助。但是，由于我国幅员辽阔，对于大部分乡村中小学来说，计算机的配置都不健全，很多时候上课期间是3~5名学生共用一台机器，有的甚至是十来个学生共用一台；目前乡村学校使用的是多年前购置的少量电脑，且早已过时淘汰，尽管花了一些资金进行更新，但由于资金不足，现有设备远远不能满足教育信息化的发展；从办学单位角度来看，纵使办学单位已认识到教育信息化的重要性，也拿不出钱来投资，乡村中小学资金不足，没有能力满足教学需求；从学生的角度来看，由于生活条件的限制，乡村学生自己拥有计算机也仅限于极少数人，而计算机又是信息技术教育的最基本的设施。没有足够的计算机，开展和普及信息技术教育就只能是一句空话，在网络信息飞速发展的今天，学生自己上网查找资料，收集信息，几乎是纸上谈兵，学生信息化素养的提高也无从谈起。由此可见，硬件落后，资金短缺，是乡村中小学教育信息化的最大制约因素。

（3）教学模式仍落后，依旧以"传递—接受"模式为主。在乡村课堂信息技术应用的过程中往往都是教师在上面演示，学生在下面观看，大多数学生都没有自己动手的机会，无法成为课堂的主体，而是被老师"牵着鼻子走"。学生虽然在课堂上接触到了信息技术的魅力，但是更多的是知识观摩，没有学到其中的实质。

乡村学校中、老年教师偏多，青年教师偏少，部分教师思想落后，接受新事物和新知识慢，加上乡村中小学设备落后、实践机会少等原因，阻碍了乡村教师整体信息素养的提高。许多教师对信息技术教育中的基础工具的操作应用知之甚少，甚至有的教师还对计算机的使用产生畏惧，进而排斥在教学中运用计算机。有的乡村教师也想利用先进的教学资源，但由于专业知识的限制和设备的缺乏，不能把有限的信息资源用于自己的教学实践，提高自己的信息化教学水平，越不用就越不会用，形成了一个恶性循环。因此，很多教师还停留在"一支粉笔、一块黑板、一张嘴"的旧教学模式上，这是乡村中小学在教育信息化进程中面临的不容忽视的严峻问题。

（4）教师的信息技术素养偏低，培训教研流于形式。乡村中小学缺少专业信息技术教师，而且普遍存在两个极端：一种是由计算机专业、信息电子专业等相关专业的毕业生任教，他们专业知识扎实，技术熟练，但缺少学科教学以及与其他学科整合的理论、方法等，使学科教学法成了无源之水，缺乏理论深度；另一种是学校缺乏信息技术专业教师，让其他学科教师兼任或转行，他们在教学上只能是现学现卖，自己实践都难，更谈不上对其他教师的培训和指导了。大多数乡村学校都属于后一种情况。

学科教师在运用信息技术的时候，往往只是用来查资料，看新闻，这只是简单的演示。在实际的运作中，并没有人手把手地教他们应该怎样正确充分地应用信息技术来服务课堂，所以学科教师在使用时都比较茫然，大多数的教师对于信息技术的应用都只在于低阶段的课堂演示，并不知道该怎样利用网络来进行互动教学，或者是虚拟教学等，对于教师信息技术素养的培训远远达不到要求，主要体现在以下几点：一是培训一刀切，不能分层次培训，有的教师不学也会，但却规定他们必须跟着学；二是内容简单，评价单一，主要是面对没有基础的教师进行培训和评价，很多教师参加培训，却没有学到新的知识技能；三是不能为信息技术教师提供专业进修和培训的机会，信息技术发展特别快，完全靠自己的摸索，很难适应发展要求；四是教研水平还处于低水平阶段，仅限于知识点、操作方法、模式化软件的使用上。

（5）资源利用低效，使用流于形式。现在，乡村学校虽然也初步拥有了信息技术教育的条件，修建了诸如多媒体教室、计算机教室等硬件设施。但一方面从事信息技术教育的教师不具备维护、管理、升级设备等方面的能力，一段时间后设备损坏或功能降低，使本来就紧张的设备更紧张了；另一方面，学校在课程及时间安排上限制学生使用这些设备，很多乡村学生只能是上信息技术课的时候才可以使用计算机，独立使用计算机的机会很少。由于存在以上原因，这些设备除了上课以外的大部分时间就被闲置起来，没有充分发挥有效作用。

软件方面，虽然我国正在实施中小学生现代远程教育，远程教育资源还算丰富，政府也为学校配备了一些远程教育设备，使学校初步具备了远程教育功能，但是，由于受硬件的影响，这些资源也仅如"花瓶"，束之高阁，没有发挥真正的作用。

（6）课程设置不合理，给信息化发展带来极大困难。受条件的限制，即使有的乡村学校能开设信息技术课，也是作为一种选修课被排入课程表。从学校方面来看，虽然现在实施的是素质教育，但是在对一所学校的办学质量进行评价时，主观上看的还是学生的学习成绩，这样，信息技术课就得不到应有的重视；从学生方面来看，即使想学，也会因担心影响必修课程的成绩，而不得不放弃。凡此种种，给开展和普及信息技术带来了相当的困难。

总之，乡村中小学教育信息化发展存在的问题已严重阻碍了学校教育的发展。

### 3.3.2  原因探究

当前乡村教育信息化的落后，既源于信息化理想需求与乡村学校应试教育的现实冲突，也源于现行教育信息化推行模式及内容等与乡村中小学教育信息化参与主体真实需求的矛盾，这些矛盾和冲突主要表现在以下三个方面：

（1）教育信息化理想需求和乡村中小学现实应试教育状况的冲突。提高中小学教育信息化参与主体的信息素养和信息技能，是全球化、信息化背景下现代公民培养的必然要求，也是提升乡村信息化水平，缩小城乡"数字鸿沟"的必要途径。但是，教育信息化的良好理想不得不向乡村应试教育现实低头。相对于城市教育，乡村教育肩负更为沉重的使命，既要承担提高乡村人口素质任务，又要为高一级学校选拔输送合格人才。乡村人口中大多数处于社会底层，升学成为大多数人上升到高一阶层的唯一出路。后者往往成为主导，甚至需要付出牺牲前者的代价，应试教育思想在乡村地区根深蒂固。由于在日常教学和学习中采用信息技术不能直接带来提高分数的高效益，因此学校很难有意识或教师很难愿意主动使用信息技术。一方面，在全球化和信息化的环境下，乡村教育主体从社会发展压力和自身提升的内在愿望下存在对信息化的迫切需求；另一方面，由于客观环境的制约和主体的知识结构、思维方式、价值观念、情感意志等要素影响，这种需求被掩盖或被转移。

（2）教育信息化参与主体需求的特殊性与教育信息化城市倾向的矛盾。乡村中小学由于受到各种条件限制，教育信息化过程中参与主体的客观需求与城市中小学相比较存在显著差异，与当前的教育信息化城市倾向发生矛盾，具体体现在：

1) 信息技术应用意识与能力上的先天不足。乡村在经济、文化等方面与城市存在巨大差距。首先是文化资本先天匮缺。布尔迪厄认为，一个人的文化水平和修养被视作具体的文化资本，它以"肉体化""身体化"的形式存在，或被社会另一种作为学历和文凭成为制度化的文化资本。文化资本通过家庭生活和社会生活可以让下一代在无形中得到继承。乡村家庭普遍受教育程度低，知识文化水平不高，家庭电脑普及率极低。乡村教育主体缺少良好的现代信息文化氛围，和城市相比显得先天不足。这种信息技术应用意识和应用能力的先天不足成为教育信息化设施使用低效的重要原因。

2) 教育信息化内容存在城市倾向。一是学校信息化教育内容具有城市优越性的价值取向。信息技术代表现代生活、现代文明，而乡村预示着自然、过去与落后。这种本源性认识削弱乡村教育主体作为乡村人的自信心和自豪感，因而坚固教育的城市化倾向。二是信息化教育内容中存在许多乡村教育主体不熟悉的内容，如网页、博客、App 等，对于长期处于封闭状态的乡村中小学，它们是全新事物，是远离乡村教育主体生活的东西。三是信息化教育内容的表达方式也是乡村教育主体完全陌生的符号系统，它来自现代城市的文化传承，是一种现代信息语言，这与乡村环境中长大的教育主体使用的当地语言是两套完全不同的符号。

3) 推行模式城市化特点无法照顾到乡村学校信息技术应用上的特殊需求。首先，当前乡村中小学教育信息化通常是一步到位的硬件建设模式。乡村地区经济不发达，资金后期投入不足，技术设备无法及时更新。再加上软件建设跟不上，大量硬件设施闲置，这势必影响信息化教育效果。其次，教师信息技术培训没有适应乡村参与主体在信息技术应用上的特殊性，培训内容、方法、方式等缺乏乡村教师针对性，形式化严重，培训效果不甚如意。最后，信息化教育资源的开发和运用上也具有城市特点，对乡村参与主体特殊需求考虑不足。一方面是现成的信息技术教育资源不适用于乡村，另一方面是无视乡村丰富的尚待开发的教育资源。

(3) 教育信息化参与主体需求层次性与现行中小学信息技术教育目标层次单一化的矛盾。由于社会经济发展水平的层次性，教育信息化参与主体的需求在水平上也具有多层次性。一定程度上说，社会发展水平层次决定了主体真实需求的水平层次。在欠发达乡村地区的中小学，基本的信息技术知识和技能是参与主体需求的主要内容，由于条件限制这一层次需求的满足也较为困难。但是在发达地区乡村中小学，除基本性的信息技术知识和技能以外，有效应用的效果和频率，有效应用的主动意识、态度及动机，信息处理分析的基本能力，学习过程中遇到问题的解决技能与策略等高层次信息技术能力，是信息化参与主体的需求重点。因为社会经济水平发展的层次性决定了参与主体的需求水平的层次性。

作为具有指向、激励、聚合功能的信息化教育目标的制定，既取决于国家与社会对培养对象的要求，也取决于培养对象自身真实需求的水平。地域发展的不均衡性，带来教育信息化发展的不均衡，学校差距进一步拉大。然而，当下整齐划一的信息化教育目标没有关照到城乡之间和乡村内部发展的差异性，一味按照城市统一标准加以实施。许多乡村中小学由于不具备实施的保障条件，使得现行信息技术教育目标流于形式。这种缺乏层次性的信息技术教育目标在乡村难以实现，必然影响到参与主体的积极性。

### 3.3.3 加快乡村教育信息化发展的对策

解决乡村教育信息化有效性的关键在于采用换位思维，站在教育信息化参与主体发展的立场上，在尊重乡村教育信息化参与主体的真实需求的基础上，对乡村中小学教育信息化的目标、内容、模式进行改革调整：

（1）构建乡村中小学信息技术教育目标体系，尊重参与主体的层次性发展需求。建议构建适用于乡村的中小学信息教育目标体系。依照美国课程学家泰勒的观点，教育目标的确立依据三个因素：社会、学生和课程。乡村中小学信息技术教育目标应既要体现对基于地域文化差异、地域经济差异以及乡村教育发展不平衡差异性的尊重，又要体现对乡村教育信息化参与主体发展需求层次性的尊重。差异并不意味着差距，而是总体目标水平不变的前提下，将目标层次化、具体化、操作化，形成一个灵活性、多样性、体系化的乡村中小学信息技术教育目标体系。首先，细化信息技术目标在各学段实现的目标过程，缩小各层级之间梯度，给乡村学校以适度的"宽容"。其次，形成良好的目标选择机制，具体措施是制定一个与基本环境条件相匹配的目标选择范本体系，给予学校适合自己条件的目标选择。允许不同地区学校具有不同层次的目标选择权利，以照顾到各个发展水平层次的学校。目的在于发挥地区优势，保证不同地区处于不同发展层次的参与主体都取得进步和发展，最终消除差距。

（2）采用因地制宜的多样化推进模式，满足参与主体需求的具体性和特殊性。当前乡村教育信息化推行模式大致是，先是硬件资源一步到位，然后教师培训普及信息知识和技能。实际推广过程中，后者往往难以有效保证，加上技术更新跟不上，造成投入资源无法得到有效利用。单一推进的模式无法照顾到乡村现实差异性。我们认为乡村教育信息技术推进过程要针对不同的地区差异，采用不同的推进模式。例如资金投入模式由一次性投入改为分期分批投入，保证乡村教育信息化后继硬件设备技术更新能力。信息技术资源的应用开发模式转变以往城市化倾向，注重乡村本土教育资源的开发，注意当地乡土教育资源与信息技术整合，以及先进科技文化与当地优良传统文化的结合。推行过程中侧重点应有所不同。在偏远地区，重点在于信息知识的普及和信息技术使用技能的培训，硬件投入和教师培训同时进行。在条件稍好的地区，可以把重点放在教育观念和学习观念的变革、信息技术与课程的整合上。同一区域，充分发挥学校之间合作功能，整合信息技术资源，加强资源共享，提高资源利用率。总之，在调查分析基础上，制定出切合实际的推进模式。

（3）改善乡村教师信息技术培训，激发参与主体的内在动机需求。培养一支高素质的乡村中小学教师队伍是乡村教育信息化发展的关键。教师自身信息素养和信息技术能力关系到教育模式、方法、内容等改革的成败。针对当前乡村教师培训形式化、低水平现状，有必要对其培训目标、模式、手段、内容等进行改革。培训目标上，注重实际运用，注重利用信息技术与各学科的整合，能够利用信息技术优化学科教学；培训模式上力求多样化，集中培训和分散培训相结合，本着"缺什么，补什么"的原则，从学校和教师的实际需求出发，注重实际教学需要，达到"所学即所用"的目的，提高教师对信息技术的应用能力；培训时间上，专题培训和假期轮训相结合；培训手段上，面对面传授和远程教育相结合；培训内容上，从以往的技术培训转移到以信息化教学设计与实施为主的方面上来；关注培训对象的层次性和差异性，切合乡村教育实际状况，针对不同人群、不同学校、不同学科具体需求采取不同培训重点。

（4）继续深化乡村教育改革，推行素质教育，推广信息文化，创设参与主体对信息技术应用需求的浓厚氛围。乡村教育信息化有效推进的一个关键是要消解信息化与应试教育的悖论，大力推行素质教育，为推进乡村中小学教育信息化创造有利的应用氛围。信息技术带来教学方式和学习方式的革命，带来教学的优化和教育质量的提升。因此教育信息化和素质教育本质上是一致的。乡村教育信息化是加快乡村教育现代化，提高乡村教育质量的有效途径。乡村学校沉重的应试压力剥夺了教师和学生的学习兴趣和发展动力，反过来又阻碍了信息技术的应用推广和信息文化的传播。所以，必须继续推进教育改革，为乡村学校教师和学生松绑。同时积极推广信息文化，培植浓厚的信息技术应用氛围，为他们创造一个自由发展的天空。一方面，加快信息技术与课程的整合，尤其是与乡土课程的整合，有利于调动师生积极性，培养师生浓厚乡土热爱之情，体会到信息技术应用的乐趣；另一方面，利用可用资源，加快教育管理、学习、工作的信息化环境建设，为参与主体提供一个广阔的信息化实践平台，让师生在实践中培养信息意识、掌握信息技能、提高信息素养。

（5）推行三网合一，全面促进乡村教育信息化发展。三网合一，就是指远程教育资源和校本资源、校际资源的有机整合，是提高教学质量的手段。教师在授课前，首先要对互联网资源、远程教育网资源及校本资源进行筛选和加工，根据教学内容，结合学生实际和教师自身，整合三种教学资源，形成自己的教学风格和特色。本校资源和远程教育资源的整合是对本校资源的扩展，是取其长而补本校之短。学校可结合卫星接收资源，开展校本培训与教研活动，促进教师信息素养的提高，进而推进学校教学方式的改革。学校大部分都通过建立校园网，把本校自制资源上传到网站，或者通过从互联网下载资源，扩充本校资源库，突破时空地域的限制，实现资源的整合与共享。

　　教育信息化的发展是一个非常复杂的过程，它并不是一成不变的，就像蝴蝶效应一样，一个细微的因素的变化就可能导致整个大方向的改变。从教育信息化建设的三个方面来说，我国的教育信息化建设的前两个要素，即基础设施建设和资源建设相对来说已经进入了稳定发展的时期，所以下阶段的工作目标或者说是要攻克的难题就在于教育信息化的应用。

　　乡村教育信息化发展不是一朝一夕的事情，但我们要抓住信息化发展的契机，努力推进乡村教育信息化进程，使乡村教育信息化的触角深入乡村教育教学的各个角落，力求做到和城市中小学一样，实现"校校通"、完善"班班通"、争取"人人通"，真正实现教学资源"时时用"、优质资源"堂堂用"、教学知识"人人用"。

# 3.4　乡村教育信息化案例

　　为了科学地建构信息技术在教学中的应用模式，在乡村中小学教学过程中，必须结合乡村中小学现有的信息化教学环境、教学内容的特点和学生的学情，综合运用多种信息技术教学方法，开展形式多样的教学活动，以提高教学的质效。

## 3.4.1　教学光盘播放点下的教学模式

### 3.4.1.1　设备与资源

　　教学光盘播放点下的教学模式（以下简称"教学光盘模式"）配备有寸彩色电视机、播放机和成套教学光盘，通过播放教学光盘对学生授课和辅导。配备对象主要是乡村学校布局调整确需保留的教学点。按照我国乡村基础教育学校布局及农远工程计划，为全国约万个乡村小学教学点配备教学光盘播放设备和成套教学光盘。图3-1所示为教学光盘播放点系统结构图。

图 3-1　教学光盘播放点系统结构

由图 3-1 可知，该模式设备运行的要求比较低，对技术要求不高，只要保证设备完好和稳定的供电条件，并及时补充、更新教学光盘，就可以开展教学。同时，该模式的设施及资源实际上在其他模式中同时存在，并有较高的使用价值。

该模式配备的资源主要是光盘资源，主要类型有小班教学、教学情景素材、专题教育、教师培训四种。资源涵盖了小学语文、数学、英语、科学、美术及音乐等六门学科。

### 3.4.1.2 教学功能

教学光盘播放点通过播放教学光盘对学生授课和辅导，国家已为其配发了初中和小学英语、语文、中学生电脑课堂和其他学科的教学光盘。它的教学功能有：

（1）在课堂上播放刻录好的教学片、教学课件等内容的光盘，以播放光盘为主，教师进行教学组织和穿插必要的辅导；

（2）以教师授课为主，播放光盘为辅，例如在讲解的过程中播放实验演示的光盘；

（3）教师可观看优秀教师教学过程的光盘，进行借鉴和学习，从而帮助教师备课。

从以上可以看出，该模式的教学应用特点是通过光碟播放，实现把名校的名师请到乡村课堂中来，弥补教师教学中的一些不足，从而缩小城乡差别，让老师学到新的教学理念、教学方法，让学生与大中城市的学生进行对比学习，使学生学会学习、学会评价、学会欣赏、增强信心。因此，在应用过程中，教师要熟悉光盘资源中教师的教学过程，选取自己所需的过程资源，再结合本班的教学实际，即学生实际、教师实际来设计自己的教学环节，力求在教学中有自己的创新。教师备课时既要备教材、备学生，还要备光盘，更要备操作，这也给教师提出了更高的素质要求。

教学光盘的播放，有些课程可以在课堂上反复播放光盘，教师进行教学组织和穿插必要的辅导；有些课程可以以教师授课为主，播放光盘为辅。在教学过程中，光盘教学片中的教师与学生、教室中的教师与学生四者之间可以形成有效互动。这种模式很适合乡村中小学和教学点的实际需要，特别是对乡村边远、贫困地区中小学及教学点的教学。

### 3.4.1.3 教学应用模式

教学光盘模式是乡村教育信息化建设中最为简单、最容易操作及最容易普及的一种教学环境。随着教学光盘资源的不断丰富和完善，教师们很好地掌握这种教学模式的应用是非常有必要的。

教学光盘模式的应用对象可以是教师，也可以是学生。应用于教师方面主要表现在备课活动、教学活动、教师自我教育等；应用于学生方面主要表现在丰富学生学习资源，并作为学生课外拓展活动的学习资源。其应用的基本方式及流程见表 3-1。

表 3-1 教学光盘模式应用的基本方式及流程一览表

| 对象 | 类型 | 基本流程 |
|---|---|---|
| 教师 | 备课 | (1) 小班教学：观摩教学—思考过程—理解纳入—制定策略—形成教案；<br>(2) 媒体资源：选择资源—阅读资源—确定内容—理解纳入—制定策略—形成教案 |
| | 教学 | (1) 先讲后播式：教师讲授—播放光盘—互动活动—总结反思；<br>(2) 先播后讲式：播放光盘—教师讲授—互动活动—总结反思；<br>(3) 讲播同步式 |
| | 培训 | 播放光盘—理解思考—模仿实践—反思提高 |
| 学生 | 课堂学习 | 流程同教师教学环节 |
| | 课外拓展 | 确定目标—选择资源—小组观摩—讨论交流—教师指导—形成成果 |

　　教学光盘模式课堂在教学应用时要注意把握好光盘资源与课程目标的关系、讲解与播放的关系、光盘中师生与现实师生的关系等，要从课程资源观的角度去考虑其功能，教师不能成为唯一的光盘播放者，而应该成为光盘资源的导播者、学生光盘学习的引导者、光盘虚拟情境与教学现实的沟通者、学生互动活动的组织者和学生学习效果的评价者。

　　根据教师讲解与播放光盘的顺序，可以将教学光盘模式的应用分为三种方式：先讲后播式、先播后讲式和讲播同步式，三种方式在课堂教学应用中的模式如图 3-2 所示。

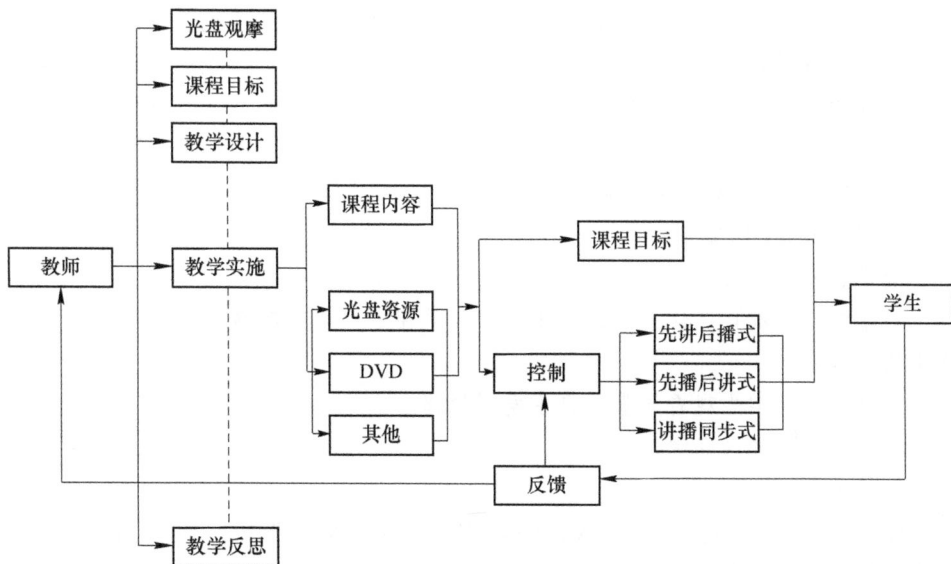

图 3-2 教学光盘模式课堂教学应用模式图

（1）先讲后播式。教师按照课程要求先进行讲解，对课程目标进行语言引导，对主要教学环节和知识要点先进行铺垫然后播放光盘，让学生观摩光盘电视教师的教与学过程中，吸纳好的学习方法，补充有益的知识内容，强化要点，巩固学习效果。其操作步骤见表3-1。先讲后播式要求教师要做好课文学习内容的提示及学习问题的设计，为学生观摩光盘教学过程做好思想和行为准备；播放光盘时，按前一个环节的要求适时少量地通过语言提示予以引导；播放光盘结束时，教师可设计一些师生互动活动，回顾光盘学习过程，分析学习收获，总结知识要点。

（2）先播后讲式。教师将光盘内的课堂教学过程完整地播放给学生看，就播放光盘时段的教学环节而言，是"机替代人"，此时教师主要是充当一个助教者及光盘播放者，在播放光盘的前后及中间某些时候，教师可以对学生进行一些辅助性或引导式的解说。因此，播放光盘教学的整个过程主要是教师引导学生跟随光盘里的师生学习的过程。这种方式在乡村师资不足的情况下，对借助他人智慧与策略来提高教学质量大有好处。

（3）讲播同步式。讲播同步式可以分为小班教学资源和互动的多媒体课件资源两种资源教学环境的讲播同步式教学。在小班教学资源的教学环境中，教师要将光盘电视教师的教学过程做筛选，过滤掉一些内容，留下自己需要的片段（一般较少），配合教师的讲授，适时、分段播放，做到讲播同步；在互动的多媒体课件资源的教学环境中，教师只要根据教学需要，依照多媒体课件的画面提示，进行菜单点播，随时可以控制播放时间和速度，并可以重复播放，实现讲播同步。讲播同步式可提升或强化教师现实的课堂教学效果，其光盘资源在较大程度上发挥着辅助教师教学的作用。同时，讲播同步式可以实现光盘中教师与现实教师、光盘中学生与现实学生及现实中师生、生生之间的互动，提高课堂教学效率。

### 3.4.1.4 教学光盘模式案例

课程名称：《找规律》

教学目标：通过教学，让学生发现生活中的规律。

教学重点、难点：让学生设计出一些有规律的图案，丰富自己的生活，开拓学生的思维。

教学方法：学生观看光盘，自主发现规律。

教学媒体：光盘资源。

教学过程：

1. 观看光盘：（1）激趣导入；（2）学生观看光盘，自主发现规律；（3）学生才华展示，教学点拨。

2. 巩固练习：（1）小组互动活动，找规律并汇报；（2）点名汇报找规律。

3. 拓展延伸：小组互动活动——讨论生活中你所知道的规律。

4. 课堂总结。

5. 课堂作业：学生自主设计一组有规律的图案、数字。

本课教学，教师利用光盘创设学习情景，导入新课和利用光盘组织、引导学生学习，采用小组讨论、生生互动等教学组织方式，帮助学生直接利用光盘资源开展丰富多彩的学习活动，并利用光盘提供的素材组织学生自主、合作、探究学习，拓展学生的数学知识。如何把简单的教学内容上活，上出"数学味"，教师在该课中做了一些有益的探索：

（1）注重数学生活化。数学来源于生活，又应用于生活。本课教学紧密联系学生的生活实际。本课一开始，教师以"播放光盘"激情导入，使课堂教学更接近现实生活，在生活化的情景中加强感知，体验到生活处处有"规律"；再如在本课中，教师让学生联系自己的生活找一找生活中哪些是有规律的，让学生欣赏生活中规律的美，进一步地让学生在宽松、愉快的气氛中学习，有助于学生认识到现实生活蕴含大量的数学信息，感受到我们生活的世界是一个充满数学的世界，体会数学在生活中的广泛应用，了解数学的价值，同时培养学生用数学的眼光去生活，发现生活中的数学知识，提高学生运用数学的意识。

（2）注重数学人文性。课堂活动是具有鲜活生命力的活动，是教师和学生之间、学生与学生之间互动的过程。在本节课中，不管是感知规律、认识规律，还是欣赏规律、创造规律，教师总是与学生分享彼此的思考、经验和知识，交流彼此的情感、体验与观念，丰富教学内容，求得新的发现，从而达到共识、共享、共进，实现教学相长和共同发展。如课堂作业，教师让学生自主设计一组有规律的图案、数字，这个作业是有趣味的，并不是单调地应用创造规律，而是给学生工具，让学生根据自己的意愿，选择喜欢的材料，创造自己的规律。这样，既复习巩固了所学的知识，又让学生的个性化思想得以流淌，童心得以分享，使学生感到学习是一种快乐的分享，使课堂成为一片自我心灵倾泻的情感地带。

（3）注重数学思维性。数学是思维的体操，小学数学教学就是一门让学生的思维舞动起来的学科。教师在教学设计中，首先让学生观看光盘，自主发现规律，然后是学生才华展示，让不同的学生表达自己对这一问题的不同看法，之后组织学生分组互动找规律、讨论生活中自己所知道的规律并发表自己的见解，鼓励学生大胆发挥想象力，给学生充足的时间和空间进行自主探索，学生在这种多层次、多角度的合作交流中，进一步强化了规律的内涵，形成了一种简约化的思维品质，变浅表式的认知为深层次的探究，激活了自己的潜能，形成自己独特的体验，思维不断得到升华，同时体验到成功的愉快和合作成果的分享，使课堂教学充满了创造活力。

总之，这节课能把数学学习内容与学生身边的事物相联系，让学生感受到学习的价值，课堂上注意学以致用，让学生用所学的知识按要求创造规律，课中注重学生的相互交流与小组合作。但在教学流程设计中，还有几个细节问题需要注意：

（1）本节课的难点是要让学生发现规律，在教学中学生观看光盘后，要让学生通过具体的操作了解规律，再来展示才华就水到渠成了。

（2）学生学习数学，获得必需的数学知识和技能当然是重要的，但不应是唯一的目的。学习数学要学会用数学的视角看世界，用数学的方法去认识客观世界中各式各样的事物，学会通过数学思考去把握千变万化的现象。

（3）学生是资源的被动接受者和赏析者，教师合理地设计资源展示的方法和顺序，可以实现学生与资源的有效互动和交流，增强学生学习兴趣，扩展学生的知识面，强化学生技能训练。

该模式资源的使用，教师要在分析资源和教学实际的基础上，进行简单的编组加工，利用现有的资源补充自己教学基础技能和教学资源的不足，提高教学效率。教学光盘的应用，教师要发挥主动性，根据教学目标和学生的具体需要，选用和组合适宜的光盘资源，并在课堂教学中创造性地开展教学。教师要尽量发挥教学光盘的优势，多采用分组讨论、师生互动等教学组织方式，帮助学生直接利用光盘资源开展丰富多彩的学习活动。切忌过分依赖光盘播放，放弃教学设计和师生互动，否则极易导致教师丧失自我发展的动力和机会，课堂教学也会因光盘的单纯播放而沦为师生、生生交往的荒漠。

### 3.4.2 卫星教学收视点下的教学模式

#### 3.4.2.1 设备与资源

卫星教学收视点下的教学模式（以下简称"卫星教学模式"）配备有卫星接收系统、计算机、电视机、播放机和教学光盘。通过中国教育卫星宽带传输网，快速大量接收优质教育资源，并同时具有教学光盘播放点的功能。配备对象为乡中心中小学和村完小。图3-3为卫星教学收视点系统结构图。

由图可知，该模式项目校配备有计算机1台（光驱1件，有源音箱1组）、接收天线1套（含高频头）、功分器1台、IP数据接收卡1块、数字卫星接收机1台、电视机2台、调制解调器1台、打印机1台及DVD播放机1台。

该模式运行的基本要求是要有具备一定信息技术能力的教师，稳定的供电和通信条件，才能通过卫星传输下传不断载的数字教学资源。由于该模式配置有卫星接收设备，因此，该模式的资源主要是接收"鑫诺"一号卫星下传的大量优质的卫星数字资源，即农远资源。

农远资源是专门为农远工程项目学校设置的，分为初中版和小学版两种，主要栏目有时事动态、课程资源、学习指导、专题教育、教师发展、少年文化、为

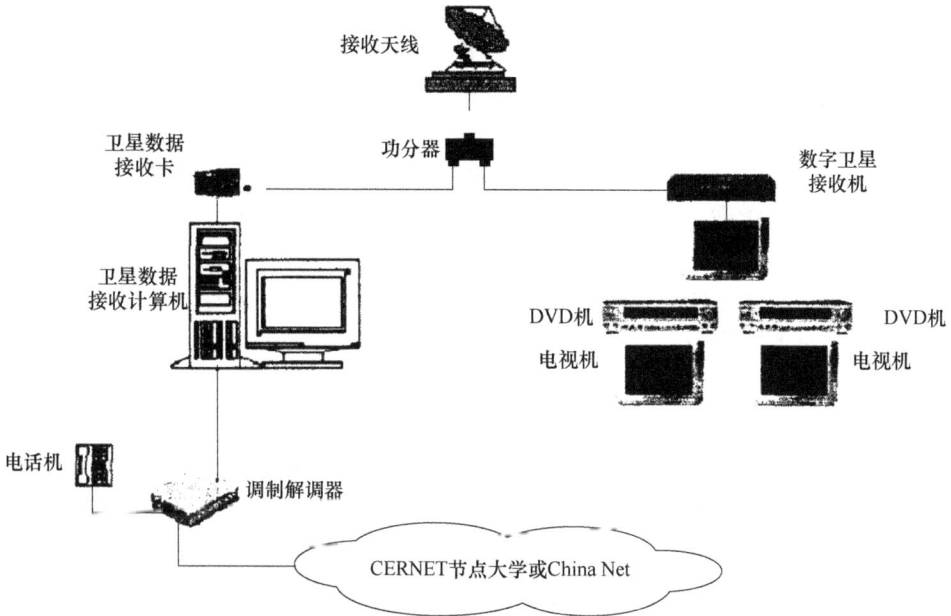

图 3-3　卫星教学收视点系统结构

农服务、使用指南、网站导航等。

农远资源具有多种媒体资源（电视、流媒体、数据信息），可以大量和快速地更新、下载、存储，不受地面网络条件限制的强大优势，为乡村中小学提供了最基本的数字化环境，使乡村中小学师生与城市师生一样，同在一片蓝天下，共享优质教育资源。

### 3.4.2.2　教学功能

卫星教学收视点在光盘播放点的基础上增加了卫星接收系统和计算机，通过连接中国教育卫星宽带传输网，电视和计算机都可以接收和播放卫星远程教育资源，计算机还可以接收和播放来自因特网上的教育资源，也可进一步通过与之相连的电视播放，这样就有效地实现了卫星网和因特网的结合。它的教学功能有：

（1）能够实现"教学光盘模式"的所有功能；

（2）通过卫星天线，可以接收到来自中心主站或区域教育信息中心的网上课程，组织学生进行在线学习；

（3）支持拨号上网、ISDN 或 ADSL 等互联网接入方式；

（4）能够系统完整地接收、播放、存储和回放中国教育卫星宽带网（CEBsat）上广播的远程教育教学节目资源，与因特网连通接收或下载中国教育和科研计算机网站的教育资源，如教学素材、课件、试题、案例等；

（5）可从中国教育电视台空中课堂即时收看空中课堂节目进行同步教学，

可用计算机辅助教学以及进行教师培训；

（6）能够获取和播放多种类型的多媒体教学资源，如卫星电视、卫星语音广播、卫星 IP 数据广播资源，实现了教育资源和教学手段的多样化。

以上的功能特点决定了"卫星教学模式"的教学应用特点是教师要对远程资源进行有效的取舍，充分发挥多媒体的图、文、声并茂的强大功能，在教学中创设情景，激情激趣，变抽象为直观，缩短时间和空间的距离，突破重点和难点，达到教学的预定目标。这就需要教师对远程教育资源进行有效整合、开发和运用，教师要具备更高的信息技术技能。这种模式对乡村中小学的英语和语文教学最能发挥重要的作用。

### 3.4.2.3 教学应用模式

长期以来，学生的主体发展一直是一种理想，是教育工作者追求的目标。但在资源匮乏的条件下很难实现，在乡村学校尤其如此。农远工程丰富的资源，促进了乡村中小学从"教教材"到"用资源教"的转变，使教育以学生发展为本理念走向现实，对学习的个性化、多样化和均衡化将会产生革命性的影响。

现代远程教育资源在教学应用方面主要是帮助教师获得大量的学科教学资源及新的教学方法，有效地开展信息技术与学科教学的整合，高质量完成学科的教学任务。图 3-4 为现代远程教育资源课堂教学应用模式图。

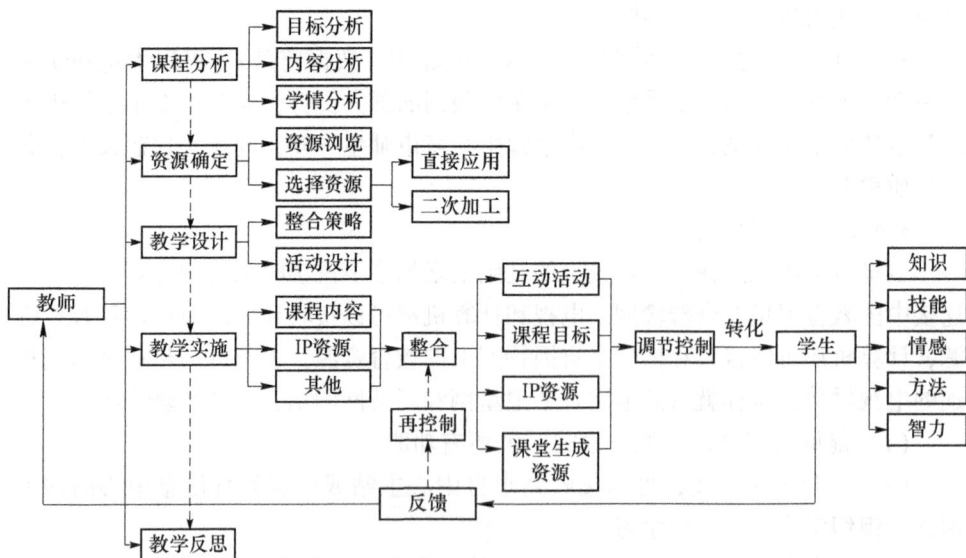

图 3-4 现代远程教育资源课堂教学应用模式图

在"卫星教学模式"的课堂教学实施中，根据资源的整体应用、部分应用、二次加工应用，可以相应得出以下三种应用模式：

（1）借鉴—模仿式。借鉴—模仿式是指在整堂课中直接利用卫星接收端接收的资源，即不经过任何加工整理，整堂课可直接利用的优质卫星教学资源。这种教学应用模式操作简单，教师只要在规定的时间组织学生收看正在直播的同步教学资源或者观看已经下载的教学资源。在偏远山区师资缺乏的情况下，只要教学内容和播放时间吻合，就能够满足其基本的教学需要。

**操作程序**：选定课题—资源（实例）下载—学习模仿—实践应用—实践反思。

**选定课题**：确定要借鉴的科目和相应的课题。

**资源（实例）下载**：在资源库中查找相关讲解内容，并将查找到的教案示例、典型例题、媒体展示、探究活动、习题精选、拓展资料下载，建成所需的教学资料包。其他资源如媒体展示、拓展资料、典型例题、探究活动、习题精选等并不是教学必需的，但对解决乡村教学资源贫乏的现状、丰富教学内容、激发学生的学习兴趣人有帮助。

**学习模仿**：教师认真学习课题中的资源，体会资源中的教学设计、媒体展示、练习设计等内容和要求，内化资源内容。

**实践应用**：将课题的教案示例、媒体展示等资源直接运用到课堂教学中。

**实践反思**：教学后，反思资源应用的得与失，改进原来的教学思路，逐步形成自己的教学新方式。

借鉴—模仿模式的本质是通过模仿和借鉴他人的经验、技能、知识等来提高自己的能力和水平。这种教学模式可以通过光盘刻录等方式进行实现，也可以在课堂教学中采用"教学光盘模式"。教学光盘模式是一种以光盘为载体的教学方式，通过光盘中的教学资源，让学生在自主学习的基础上，进行模仿和借鉴，提高自己的能力和水平。这种教学模式具有灵活性、互动性和个性化等特点，可以满足学生不同的学习需求和兴趣爱好，同时也可以提高学生的自主学习能力和创新能力。但是，在使用教学光盘模式时，需要注意教学资源的质量和有效性，避免学生盲目模仿和借鉴，导致学习效果不佳。

（2）辅助—讲解式。辅助—讲解式是利用远程 IP 资源中的知识点动画或模拟软件，对于抽象的原理和规律进行讲解，突破教学重点、难点，以帮助教师完成教学任务的一种教学模式。辅助—讲解式主要用于以教师讲解为主的课程内容。

**操作程序**：设置情境—资源呈现—讲解展示—情境互动—实践反思。

该模式主要用在以讲解为主的课堂教学中，将多媒体计算机和大屏幕投影系统作为教学媒体和教学手段引入课堂，创设各种故事情景、仿真情境、虚拟情境，同时教师清晰地讲解更有助于学生理解知识。与传统教学手段相比，将 IP 资源中多种媒体元素整合后用于课堂演示有如下特点：一是教学内容形象直观，有利于学生学习；二是教学手段集成化，有利于教师演示；三是教学信息量大，有利于提高教学效率。

另外，要鼓励学生积极地进行学习评价。学习评价既可以是学生的学习成果，也可以提供必要的课堂练习。学习成果可以是口头汇报，也可以是书面材料，有条件的学校还可以让学生提供电子作品。

(3) 对比—反思式。对比—反思式是教师根据自己对课程标准的理解，对学科教学内容的把握，对教学环境、资源的了解和掌握等，选择并组织资源，开展课堂教学活动。该模式是多媒体组合教学的范畴，是卫星资源的高级应用形式。多重组合首先是各种媒体资源的选择和组织，其次才是在这样的资源和资源应用的环境中，进行学科的课堂教学活动。在多重组合教学模式中，卫星教学资源已经不是唯一的资源，还包括光盘资源和其他各种媒体的教学资源，教师要考虑的主要问题是怎样把这些优质资源整合应用到教学中，达到资源为教学和学生服务的目的。多重组合教学模式对教师的综合素质有较高的要求，需要教师有宽广的视野、较好的信息素养和较高的学科教学能力。

**操作程序：**确定课题—自我设计—初次实践—对比分析—重构设计—再次实践—群众评议—归纳提炼—反思提高。

其中，在资源的选择方面要做到四个有利于：

第一，选择的资源要有利于解决传统教学中不能解决的教学问题；

第二，选择的资源要有利于促进学生整体学习素质、知识与能力、情感和态度、过程和方法各方面都得到发展；

第三，选择的资源教学要有利于促进学生自主、探究、合作学习，改变变相的灌输、过于着重呈现知识结论，要积极引导学生在资源中学会发现、学会选择、学会提出问题、学会运用信息化资源开展学习；

第四，选择的资源有利于促进学习的拓展延伸，为学生自主、探究学习开辟丰富的信息化资源，在学好教材同时，提供更宽广的合作学习的渠道和空间，让学生有更多的选择，有利于学生个性发展。

在资源设计开发方面要做到四个同步：

第一，在教学课件及学习资源的设计开发时必须和教学设计同步，体现新课程标准的教学理念；

第二，在教学课件及学习资源的问题设计、元素设计必须与启迪学生的高级思维活动同步；

第三，在教学课件及学习资源的设计开发时必须与学生认知水平和学习水平同步；

第四，在教学课件及学习资源的设计开发时必须做到技术表面形式与教学内容同步，针对学生的年龄特点和认知水平，选择适合的技术的形式，不宜繁杂。

### 3.4.2.4 卫星教学模式案例

对比—反思式以远程教育 IP 资源中的范例为对比物，由教师选择相同课题，以自我教育教学行为与范例进行对比，再通过分析、评议、实践、提炼、反思等过程，让教师从范例中接收新理念、新方法和新知识，促进教师对新信息的理解与迁移，以解决课堂教学存在的问题。

课程名称:《力的测量》

教材版本：人教版

1. 理解课程要求：

教学重点：会使用弹簧测力计；

教学难点：培养学生的观察能力及分析问题的能力。

2. 分析学生知识背景：作为乡村学生，接触面较窄，先进的事物了解较少，可在引入新知识之前出示相关的器材，或用多媒体直接展示图片或动画，增进学生对外界事物的了解，加强学生的学习兴趣，而不局限于书本。

3. 选择媒体资源：

教学活动 1：准备一个拉力器，请男女学生各一名分别拉，由为什么弹簧伸长的长度不同，引出力有大小的区别

学生活动：男女学生各一名分别拉弹簧，引出问题：

(1) 弹簧为什么伸长了?

(2) 两位同学拉弹簧时，弹簧的伸长相同吗，为什么?

(3) 哪位同学的拉力大，怎么知道他的拉力大?

教师活动：协助学生归纳总结实验后的结论，即拉力使弹簧伸长，拉力大小不同，弹簧的伸长不同，拉力越大，弹簧伸长越大，利用弹簧的伸长可以测量力的大小。

教学活动 2：了解 1N 力的大小

教师活动：拿起两个鸡蛋的力是 1N，让学生讨论生活中还有哪些力大小是 1N；

学生活动：相邻同学之间相互讨论，举出力为 1N 的例子。

教学活动 3：弹簧测力计的原理

教师活动：可准备一个弹簧，找学生用不同的力去拉弹簧；

学生活动：用不同的力拉伸或压缩，或力的方向不同。

教学活动 4：弹簧秤的构造

教师活动：展示弹簧测力计的多媒体图片；

学生活动：根据教师的讲解，了解测力计的构造；

IP 资源：略。

教学活动 5：练习使用弹簧秤

教师活动：巡回检查，及时解决问题；

学生活动：认清弹簧测力计的量程、最小分度，测出水平拉木块的力、在斜木板上拉木块的力、拉断头发的力。

4. 备课后记：

整节课老师讲得比较少，大部分时间是学生在动手做，在做中自我总结、自我学习，大大调动学生自学的积极性，而不是被动地被灌输。作为 IP 资源应用于教学，使学生的接触面大大扩宽，不再局限于课本的框架，给学生以很大的思维空间。

"力"在生活中随处可见，但由于过于抽象，学生理解起来有较大难度。因此，在教学设计中，教师坚持从生活中来、到生活中去的原则，放手发动学生利用自身的经验和能力，用自己熟悉的事物进行说明，形成对概念的认知和理解；在学生独立思考、互相讨论和亲身体验的基础上，学会"力的测量"与弹簧测力计的使用，并借此提高学生分析、解决问题的能力。特别是在教学上，教师有效利用 IP 资源，采取师生互动的方式，充分发挥学生的主观能动性和主体地位，大力推行"在做中学"，使学生在独立思考、亲身实验的基础上形成对问题的体验。

值得注意的是，自主探究是对的，小组合作是好的，同时，教师的讲授也是不能丢的。课堂是学生的——学生在课堂上学习知识，锻炼思维，一定程度上也学会交际和培养品质。学生主要是资源的被动接受者和赏析者，同时可以实现部分资源和学生的互动，或者经过教师的演示间接实现互动，学生也可以成为资源的创造者和直接使用者。课堂也是教师的——教学活动的组织与开展由教师安排，并根据需要可以随时干预。教师除了是教学活动的组织者、教学资源的提供者，也应该是教学内容的讲授者——在必要的时候，用恰当的方法。

卫星教学模式资源的使用，教师要在分析的基础上，结合教学实际，在教学过程中或进行直接引用，或进行简单加工后使用，或直接进行创造性开发使用，开展整合研究，提高教学效率。

### 3.4.3 计算机教室下教学模式

#### 3.4.3.1 设备与资源

计算机教室下教学模式（以下简称"计算机教学模式"）配备有卫星接收系统、网络计算机教室、多媒体教室、教学光盘播放设备。其特点是除具备卫星教学模式全部功能外，还能够为学生提供网络条件下的学习环境。配备对象为乡村初中。计算机教学模式使全国 3.75 万所乡村初中基本具备计算机教室，使 3109 万乡村初中在校生能够逐步与 3495 万城镇初中生一样，共享优质教育教学资源。

由图 3-5 可知，计算机教学模式除了具备"卫星教学模式"和"光盘教学模式"的全部功能外，有了两间具有初步网络功能和多媒体教学功能的教室。其中计算机教室主要包括硬件设备及网络教室软件两个部分，硬件设备有计算机、集线器（交换机）、UPS 等，多媒体教室包括了计算机系统、投影显示系统、影音系统、环境设备和集中控制系统。

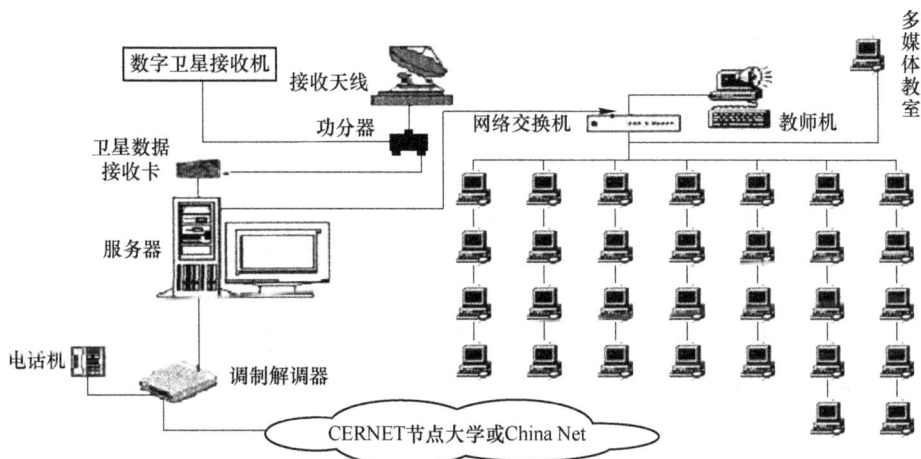

图 3-5　计算机教室系统结构

计算机教室的资源主要除了包含"光盘教学模式"的光盘资源、"卫星教学模式"的 IP 资源、配套的资源库外，连通因特网的学校还可以使用因特网上的网络资源。另外，计算机教室运行基本要求是要具有专职或兼职的教师和技术人员，具有专用教室和网络条件，需要不断地补充和更新教学资源。

### 3.4.3.2　教学功能

计算机教室是在卫星教学收视点的基础上，增加了网络计算机教室和多媒体教室，使师生可以在网络和多媒体环境下进行教与学的活动，是集成度较高的一种模式。它的主要教学功能有：

（1）能够实现"卫星教学模式"和"光盘教学模式"的全部教学功能。

（2）教学示范功能。可以将教师机上的教学内容同步地播放到全体学生机或部分学生机上，也可以将某学生机上的信息同步地播放到其他学生机上。

（3）将计算机教学课件、教学光盘、远程教育 IP 数据资源等通过多媒体教室大屏幕投影或多台电视机组合显示播放，扩大了远程教育节目收视与使用的规模。

（4）实现了网络教室教学方式，可满足多个学生同时学习，为开设信息技术必修课创造了条件，同时把信息技术应用到了教学中。

（5）提供基于互联网的个别化学习。包括利用 WWW 服务，浏览方式访问远程服务器；利用电子邮件网上探索、讨论；利用文件传送下载进行个别化学习；利用远程登录检索资料等。

（6）提供基于互联网的实时交互。将教学内容编制成网络型且可跨越平台运行的 CAI 教学软件，学习者在网上进行交互式学习，在高速互联网上也可进行视频点播和视频会议远程教学。

（7）在乡镇的中心学校建立这样的计算机教室，不仅具有示范和带动作用，而且具有辐射周边学校的功能。

"计算机教学模式"的教学应用最大的特点是具有很强的交互性和可操作性。在网络环境下，学生可以自主探究学习，分组合作学习。通过教师的导引，让学生带着问题，有目的地在网络知识的海洋中去遨游。在教学过程中，教师要做好对课堂的掌控，对学生的学习过程、小组讨论和个体发言的结果，要及时进行信息收集；教师还要注重其主导作用的发挥，不能把一节课仅放在信息的收集上，还要对本节课的重要知识点加以引导和落实。网络教学还体现在交互式学习上，任何课程都有知识点，教师要设计好学生的练习。同时远程教育资源为我们提供了学习指导资源，学生可以自主选择练习，让学生在快乐中学习，在学习中成长。通过计算机教学模式的教学应用，对于提高学生的动手操作能力，信息采集、分析、处理能力，培养学生的信息素养具有非常大的作用，但是对于教师、学生的信息技能提出了更高的要求。

### 3.4.3.3 教学应用模式

**A 问题—探索式**

问题—探索式的具体应用流程如图 3-6 所示。

图 3-6　问题—探究式应用流程

问题—探索式实质上就是教师引导学生开展兴趣性学习和个性化学习。浏览资源就是教师指导学生在远程教育资源中先浏览资源概况，激发学生的网络探究意识；发现问题就是学生在浏览资源的过程中就其感兴趣的事情或事件产生疑问，教师指导学生记录事情或事件，确定疑问点；选择策略则是教师根据确定的疑问点，与学生共同选择探究的方法与步骤、时间与程序等，为学生实施的网络探究活动奠定方法、程序基础；尝试探索就是学生在教师的指导下，根据确定的探究方法与程序，进行个别化或小组探究学习；解决问题则是通过探究学习活动，学生初步解决确定疑问。在解决问题的同时，学生又会发现产生新的问题，进而进行下一轮的探究学习。

B 网站—学习式

网站—学习式的具体应用流程如图3-7所示。

确定专题 → 收集资源 → 分析加工 → 构建网站 → 网站学习

图 3-7 网站—学习式应用流程

学习网站是一个基于网络资源的专题研究、协作式学习系统。师生共建专题型的学习网站，不仅可以学习丰富的知识，同时能提高师生利用信息技术开展学习的能力。确定专题就是教师根据学生情况及已有资源情况，确定学习专题；收集资源主要是在远程教育资源中收集，有条件的学校也可以在互联网资源中收集或制作部分资源；分析加工就是根据课程内容及目标，对收集到的资源进一步分类整理，进行二次加工，形成个性化、本地化的教育学习资源；构建网站就是利用网络工具把整理的资源制作成适合当地学生学习情况的专题学习网站；网站学习就是教师指导学生开展网络化和个别化学习。

C 网络探究式：WebQuest 教学

WebQuest 是西方（特别是美国）实施信息技术与课程整合的主要模式（一种有效的课外整合模式）。但是从下面有关 WebQuest 产生背景、内涵、特征与实施步骤的介绍可以看到，从严格的意义上讲，WebQuest 本身并不是一种教学模式，它只是用于实现"研究性学习"教学模式的一种教学设计流程模板。所以，我们并没有把 WebQuest 作为一种独立的教学模式来看待，而是把它看作"研究性学习"教学模式的某种扩展与补充——在设计流程与实施方式上对"研究性学习"教学模式所做的扩展与补充。

a WebQuest 模式的产生背景

WebQuest 教学模式由美国圣地亚哥州立大学伯尼·道奇（Bernie Dodge）和汤姆·马奇于 1995 年提出。在英语中，"Web"是指"网络"，"Quest"是指"寻求""探究"，组成"WebQuest"以后，可以理解为"基于网络的探究性活动"（大致相当于"研究性学习"活动）。这种教学模式可以有效激发学生到网上查找相关资料并在此基础上开展自主探究活动的积极性。对于 WebQuest 的产生背景，伯尼·道奇教授用下面这段简洁的语言作出了准确的表述：

"美国的权威教育研究机构总结了全美对人类学习的研究，发现教育研究并没有做出人类学习方面的关键性的发现。在研究的过程中，大量的情境被剥离了，人工的成分很多，获得的研究结果对学校教育很难有切实的指导作用……真实的学校环境极其复杂难于控制，教学实验充满开放性和不确定性，往往存在多种合理解释，这就给研究结果的应用造成了很大困难……和学生学习需要支架一样，教师的教学设计能力的发展同样需要支架。在 WebQuest 中，我们给教师们提供了固定的结构、大量的规则和指导，教师们不需要从头开始设计，操作性强，容易去做。我想这是众多教师选择 WebQuest 的原因"——这也正是伯尼·道奇等人研究 WebQuest 的初衷与背景。

b WebQuest 模式的内涵与特征

WebQuest 创始人伯尼·道奇等人为 WebQuest 给出的定义为：一种以探究为取向、利用因特网资源的课程单元教学活动，在这种活动中，学生使用的全部或大部分信息都是从网上获得的。在这类课程计划中，呈现给学生的是一个特定的假想情景或者一项任务（通常是一个需要解决的问题或者一个需要完成的项目）；课程计划中为学生提供了一些网上的信息资源，要求学生通过对信息的分析与综合来得出创造性的解决方案。为了便于开展这种教学活动，WebQuest 还为教师提供了固定的设计模板和有关的规则及指导，使教师们不需要从头学习设计，因而操作性强，容易实施。

由以上定义可以看到 WebQuest 的内涵具有以下三个方面的特征：（1）WebQuest的主题（这类课程计划的主题）是"一个需要解决的问题或者一个需要完成的项目"，即现实生活中的真实任务。这点和"研究性学习"教学模式从自然界或社会生活中选择某个真实问题作为专题去进行研究是完全一致的。（2）在 WebQuest 这种活动中，"学生使用的全部或大部分信息都是从网上获得的"，所以 WebQuest 能有效激发学生上网查找相关资料的积极性，这也是 WebQuest 模式的主要特征之一（而"研究性学习"过程中所需要的各种信息资源却绝不仅仅限于因特网，还要包括通过个别访谈、问卷调查、实际测量等多种其他研究方法与手段所获得的相关资料。正是这个缘故，一般说来，"研究性学习"教学模式在教学上所能达到的深度与广度要比 WebQuest 模式更胜一筹）。（3）由于 WebQuest 为教师提供有固定结构的教学设计流程模板和一系列的指导信息，这就相当于为一线教师提供了一种便于掌握、运用教学设计新理念的脚手架，从而使广大教师易于上手、易于实施。

c Webquest 模式的实施步骤

伯尼·道奇认为 WebQuest 的实施应包含下面七个步骤：

步骤1：设计一个合适的课程单元。设计一个 WebQuest 的课程单元是要费一番思考的，在设计这样的课程单元时需要考虑四个方面：要与课程标准一致、能取代原来令人不满意的课、能有效地利用网络、能促进学生更深层次的理解。为便于进行这四方面的考虑，可参照如图3-8所示的设计流程。

步骤2：选择一个能促进高级认知发展的任务。按照伯尼·道奇的观点，促进高级认知发展的任务可以划分为：复述、汇编、神秘性任务、编写新闻、设计、创造性作品、达成一致、劝说、认识自我、分析、判断和科学任务等十二种类型。任务是 WebQuest 模式中最重要的组成要素之一，它为学生的学习、研究

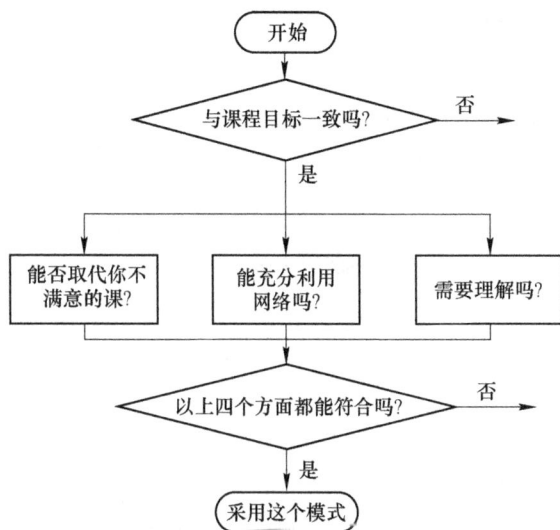

图 3-8　WebQuest 课程单元的设计流程

活动提供了基础。一个好的任务是可操作的、具有吸引力的，并能激发学生的深入思考，而不是死记硬背。为学生制定任务有一些可供参考、借鉴的做法，如表 3-2 所示。

表 3-2　能促进高级认知发展的任务建议

| 任务类型 | 任务描述 |
| --- | --- |
| 复述 | 要求学生获取某种信息，并通过一定的方式表明自己理解了这一信息。学生可采用的复述方式有 PowerPoint、网页、海报、简短的报告等 |
| 汇编 | 让学生从原始资料中收集某类信息后，还要求进行汇编——以一定的形式、结构把这些信息组织起来。学生的成果可以上载到因特网，也可用非数字化的形式展示。通过汇编可以让学生在熟悉材料的同时对相关材料进行选择，并弄清楚之所以做这种选择的根据所在 |
| 神秘性任务 | 对有神秘感的东西人人都会感兴趣，所以有时候激发学生兴趣的最好方式是将学习的主题隐含于一个谜语或侦探故事中。这种方法在小学阶段很有效，并且也可以用于成人学习者 |
| 撰写新闻 | 让学生充当新闻记者，要求他们将搜集到的信息以新闻或特写的形式表达出来。要求学生在表达时应注重真实性和准确性 |
| 设计 | 让学生提出完成某件事或实施某项任务的具体计划 |
| 创造性作品 | 对创造性作品的要求，就是让学生用论文、故事、诗歌或绘画的形式将自己学习和研究过程中的收获、体会展示出来。对这种任务的评价应着重创造性水平和自我表达水平这两个方面 |

| 任务类型 | 任务描述 |
|---|---|
| 达成共识 | 人们因价值观、世界观的不同而往往导致意见、观点不一致。让学生了解人与人之间在意见、观点上经常会有分歧，并尝试去解决这种分歧是非常重要的。达成共识的任务就是要培养学生这一方面的能力。这一任务的核心是要让学生能清楚地表达出自己的观点，进行深入的思考，并能包容别人的观点 |
| 劝说 | 在社会生活中，总是会有人与你的意见不一致，而有时别人的观点又是错误的，这就需要耐心劝说，所以培养学生的劝说技能很重要。"劝说"的情景可以这样创设：出席听讼、审讯或辩论会以搜集自己并不同意的观点，然后以信件、评论、通信、海报、录像等方式去改变他人的观点 |
| 认识自我 | 有时 WebQuest 也可以用于促进对自我的了解与认识。这种了解与认识可以通过教师指导下的基于网络资源的在线或离线探索来得到。但这类例子目前还较少，一个典型的例子是思考"我长大了做什么?"。学生借助网络资源认真分析自身的长处和自己想要追求的目标，然后制订一个实现自己理想的计划 |
| 分析 | 了解事物的基本性质以及事物之间的相互联系是一种重要的认识能力。分析任务就是要发展学生的这种能力。在这一任务中，要求学生密切关注一件或多件事情，分析每件事情的性质、特点，找出它们之间的共性与个性，以及这些共性与个性说明了什么问题。为此，学生可能还要找出变量之间的因果关系并讨论其含义 |
| 判断 | 解决问题的前提是要能够作出正确的判断——对各种不同事物进行辨别、对事物的某种性质进行判定、对所处境遇作出决策、对面临问题确定处理或解决的方案……都是不同情况下要求作出"判断"的表现形式。可见对判断力的培养极为重要。判断任务要求学生能够按照一定的评价指标，对给定的对象进行排序、打分或在一定的范围内作出选择（评价指标应简明扼要） |
| 科学任务 | 科学导致人类的文明与进步。科学已渗透到我们社会生活的每一个角落。培养青少年热爱科学，使他们逐步具有科学意识、了解科学方法、认识科学的作用至关重要。网络可以把历史上的科技发明和最新的科研资料呈现在学生面前，还可以让学生在网上做一些虚拟实验，因而有可能通过设计若干基于网络的科学任务来完成对青少年的上述培养目标 |

步骤 3：开始网页设计。为便于教师设计网页，自 1995 年开始 WebQuest 即向广大教师提供设计模板，为使用该模板可以从 WebQuest 网站（http：//www.spa3. k12. sc. us/WebQuests. html）下载。这种设计模板具有以下特点：包含 WebQuest 的基本结构，模板的每一部分都给出帮助你设计 WebQuest 的具体策略。例如，第一步是草拟任务和标题，并写出一份能引起学习者兴趣的引言。

步骤 4：形成评价。传统的测评方式难以胜任对复杂任务（特别是像 WebQuest 那样需要多维评价的任务）完成情况的评价。在评价的设计环节中，教师应写出评价指标，这有助于厘清思路，同时在考虑评价指标时还有可能对任务作进一步修改。

WebQuest 模板提供的评价文件为教师列出了一些评价指标，参照这些指标教师需完成三个环节的工作：（1）提出若干评价的维度（这是区别于传统评价的重要方面），通过提出这些评价维度，教师可清晰地表达出自己的期望，并使自己对学生行为的反馈更为有效。（2）选择合理的评价维度，上一环节可能提出了一些并不一定需要的评价维度，这一环节则是要去掉那些并不合适的指标（究竟多少指标才是合适的，没有一个定量的标准；不过，可以肯定的是，如果是诊断性或形成性评价则评价的维度应该多一些，如果是总结性评价，则维度可以少一些）。（3）给出评价标准，这是形成评价的最后一项工作。

步骤 5：制定学习活动过程。有一系列因素会影响学生的学习活动。表 3-3 为学习过程检验表，可以帮助教师制定出最适合学生进行学习的活动过程。该检验表既考虑了学习者自主学习和与他人合作学习的经验，也考虑了学习主题的可争论性与多面性。

**表 3-3　学习过程检验表**

（回答下列问题，并检验这些问题在你方案中的呈现情况）

| 如果 | 那么 |
| --- | --- |
| 在你所选择的主题中存在某种冲突，并且能通过网络或资料找到解决方法 | 分配角色，帮助学习者找到有助于他们理解和内化观点的材料 |
| 有一些专家对你所提出的问题持有不同见解 | 就让学生扮演这些专家角色 |
| 学习者善于合作 | 尝试让学生自己分配角色，而不是预先帮他们分配好 |
| 问题有一定的复杂性，并且是学习者所不熟悉的 | 给学习者提供一定的资料，让他们对这一问题的认识与看法有一个共同的起点 |
| 学习者有独立工作的经验——只要能找到合适的资料就能自己解决问题 | 给学习者提供相关的资源 |
| 某个子任务并不为所有学习者所熟悉 | 提供完成该子任务的必要指导 |
| 学习者能在意见不一的情况下进行协商，并最终达成一致 | 将班级成员分成若干组（各组内都包含有不同观点的成员），进行协商式讨论，教师则在各组内巡视，以提供必要的帮助 |
| 你们班的学生在没有教师的帮助下，不能在意见不一的情况下达成一致 | 将班级成员分成若干小组（各组内只包含相同观点成员），每组汇报一种观点，让全班学生一起讨论，然后在教师的指导下完成对不同意见的综合 |

步骤 6：以文字形式记下所有活动内容以供别人借鉴。

步骤 7：检查并改进。

除了伯尼·道奇提出的包含上述七个实施步骤的 WebQuest 模式以外，在多年实际推广应用 WebQuest 的过程中，还形成了其他一些实施步骤或实施环节略有不同的 WebQuest 模式，例如，包含引言、任务、过程、资源、评价、总结等六个步骤的 WebQuest 模式，或者包含引言、任务、过程、评价、结论等五个环节的 WebQuest 模式。下节介绍的实施案例就属于五个环节的这一种。

d　WebQuest 模式的实施案例

一个完整的 WebQuest 模式应包括简明扼要的介绍（引言）、能激发学习兴趣且具有挑战性的任务、实施任务过程的具体描述（包括所需要的学习资源）以及评价与结论等五个环节（有时也把学习资源这部分单独列出，这样的 WebQuest 模式就有六个环节）。在任务实施过程的具体描述中，教师应为学生提供组织信息的指导信息。

图 3-9 为网站首页面截图。由图 3-9 可以看出，《多利》WebQuest 的课程单元选择世界上第一只克隆羊"多利"——紧紧抓住了科技前沿，极具探究性，且探究的问题对学生很有吸引力。这样的 WebQuest 模式是如何展开的？教师应如何切入探究的主题？又应怎样将学生的探究活动引向深入？这里只将该 WebQuest 的基本内容按所包含的五个环节作简要介绍。

Hello Dolly
A WebQuest

简介
任务
过程
克隆高峰会议
表明观点
公诸于世
结论
任务流程一览表
教师工具箱
致谢

"Human cloning will take place, and it will take place in my lifetime," said Sen. Tom Harkin, an Iowa Democrat. "And I don't fear it at all —I welcome it. I think it's right and proper that we continue this kind of inquiry" CNN.com

"我决定首先克隆我自己，以消除外界对我的批评，说我是在利用一些对生活绝望了的妇女，用一种还没有被验证的程序做实验。"(Seed, 1998)

大约60年前人类曾利用两栖动物进行无性繁殖，但在蝌蚪阶段就夭折了。在过去的60年中，克隆哺乳动物仅仅在科学家们的想象中认为是可能的。(克隆的发展历史)

嗨，Dolly! Wilmut, 苏格兰Roslin学院的一名研究人员突然宣布，他的研究小组利用一个成熟的体细胞成功地克隆了一只小羊羔。第二天，教皇指责这项发现是"对生命缺乏尊重"，科学界却欢欣鼓舞，称之为人类的一次突破。

The Task

各国政府目前都在讨论克隆对人类社会的潜在影响。我们这次讨论的目的就是决定如何通过立法来控制克隆。1997年，国会议员，来自密歇根众议院的Ehlers先生建议制定以下立法：

h923号文件
第105次大会第一次会议

禁止克隆人类
国会发言人
1997年3月5日
Mr. EHLERS提交了下面的议案，该议案提交给了商业委员。

图 3-9　网站首页面截图

简介:"我决定首先克隆我自己,以消除外界对我的批评,说我是在利用一些对生活绝望了的妇女,用一种还没有被验证的程序做实验"(点击查看:Seed,1998年的言论)。大约60年前人类曾利用两栖动物进行无性繁殖,但在蝌蚪阶段就夭折了。在过去的60年中,克隆哺乳动物仅仅在科学家们的想象中认为是可能的(点击查看:克隆的发展历史)。嗨,Dolly! Wilmut,苏格兰Roslin学院的一名研究人员突然宣布,他的研究小组利用一个成熟的体细胞成功地克隆了一只小羊羔。第二天,教皇指责这项发现是"对生命缺乏尊重",科学界却欢欣鼓舞,称之为人类的一次突破。

任务:各国政府目前都在讨论克隆对人类社会的潜在影响。我们这次基于WebQuest的讨论目的就是决定如何通过立法来控制克隆。1997年,美国国会议员,来自密歇根州的Ehlers先生建议立法,制定"禁止克隆人类法案",其中包括"任何人利用人体细胞进行人类的克隆都是违法的""任何人违反都将受到不超过5000美元的罚款处罚"等条目,该法案在1997年3月5日由美国的参议院和众议院联合制定并通过。

Ehlers先生的提案虽然只是针对人类的克隆,这种禁止活动也不难做到,但是很可能最终被证明是一种目光短浅的做法。在21世纪,克隆技术的研究将对人类社会产生意义深远的影响,这种影响涉及全球饥荒、动物权益、土地贫瘠、疾病治疗、科学研究、人口过剩……许多方面。

参与本项目的学习者的任务是提出问题,获得最新信息,分析资料的正确性,和你的同伴达成一致意见,然后解释最终结果。所有这些努力都是为了回答一个基本问题:政府应该制定什么样的方针政策来控制克隆?

要保持客观的态度,不要在调查研究结束之前就匆忙下结论。本系统将对你如何处理信息、如何阐明你的观点以及你将如何跟你的同伴进行有效的交流与合作进行评价。祝你好运!

过程:为完成上述学习任务而创设的情景是,美国的国会正在召开一个专家研讨会,研究克隆对美国的社会、经济、政治等方面所具有的广泛意义及影响;每一个专家组将在这一研讨会上阐述他们的研究发现。学习者组成的学习小组的职责是倾听每位专家的观点,形成自己对克隆的认识,然后对已通过的禁止克隆人类法案作出评价。具体步骤如下:

步骤1:访问有关专家。在该专家研讨会上,首先由Salon杂志的执行编辑AndrewRoss,向克隆羊多莉的创造者Ian Wilmut博士提出了几个问题,这些问题主要涉及人们对克隆人类所抱的希望和产生的恐惧。听了这样的提问以后,要求你和你的学习小组成员一起去访问有关专家——利用面对面谈话的方式向专家表达出:对于克隆人类人们存在的三个希望和三种恐惧;要事先草拟好你们小组准备向专家提出的三个问题。需要了解的机构和人物见表3-4。

**表 3-4 需要了解的机构和人物**

| | | |
|---|---|---|
| | 美国农业部 | 一个专家组，将关注克隆对国家的食品供应带来的好处 |
| | 技术和伦理协会 | 不同意识形态的技术专家组成的国际组织 |
| | 美国参议员 | 召集一些著名的参议员共同分析禁止克隆人类法案 |
| | 动物之友协会 | 一个全国性的民间组织，旨在呼吁人类善待动物 |
| | Roslin 学院研究小组 | 克隆多利羊的科学家小组，他们的作用是负责解释有关克隆的一些学术问题 |
| | 生物医学道德研究机构 | 研究生物医学道德方面的教授、学者 |
| | 克隆技术公司 | SanDiego 生物技术公司，目前已经拥有涉及克隆人体器官在内的几项克隆技术专利 |
| | CLN 药学公司 | 负责利用克隆技术促进制药发展的公司，以及最初为克隆多利实验作出主要贡献的人员 |

步骤 2：分组扮演角色。尝试从不同的角度来看克隆——每种角度都有自己的观点，并对克隆产生的复杂问题都有自己独特的解决方案。每一个学习小组都被指定一个角色，要使所有小组成员都完全理解本组所扮演的角色。打开下面的卷宗，在浏览完每一个角色的职责之后，进入你们小组被指定扮演的角色，这时每一个学习小组成员都应清楚地了解本组的职责。然后各小组开始探索。

步骤 3：参加"讨论禁止克隆人类法案"高峰会议这项活动内容是各小组成员共享大家获得的有关克隆的知识。

演示者的任务：你已经成为你所代表的角色方面的专家，参加克隆峰会的人需要了解你对克隆的观点。给你们十分钟的时间解释怎样把提交的禁止克隆人类法案扩展到其他方面还是维持原状，你必须说明你的理由。你所用的图片、视频及音频片段以及对研究报告的引用都只能用来增强你的陈述效果。你们的任务就是要积极有效地阐述你们的观点，如果你们选择使用 PowerPoint，那么应该确保你们的 PowerPoint 演示能顺利进行，如果你们不使用 PowerPoint，那么应该制作一个论文展示板，或者使用录像带（你们可以浏览一下可能的得分标准，它描述了如何制作一个出色的演示，一定要有新的创意）。

听众的职责：每个学习小组中除了有一名代表去执行演示任务以外，其他成员作为听众与会。作为克隆峰会的一名听众，你的任务是仔细倾听每个人的陈述，你将要被邀请参加会议的一个小组委员会，该委员会将决定政府应采取怎样的措施。所以你要一边倾听别人的观点，一边记下别人提出的一些关键问题，并列出你扮演的角色将会支持和反对的观点。

步骤4：达成一致意见。所建立的小组委员会要向政府建议下一步应该采取怎样的措施。这样的委员会应由各方面的专家组成，所以达成一致的意见并不是很容易的事情。有益于克隆研究的事并不一定有益于保障动物权益或宗教信仰。你们必须进行争论，努力说服别人；通过协商、共同出谋划策制订一个行动计划。你们可能不会一致同意陈述行动计划的某种方式，但是你们必须形成共同的行动计划；你们可能会发现为了找到一致同意的共同行动计划，你必须同意自己原来并不同意的观点。这样，一个"通过协商达成一致意见"的活动就完成了。你们的意见获得大多数人的同意以后，就可把你的报告粘贴到在线讨论板的正确位置上。

步骤5：把观点公诸于世。最后一个任务是将你们委员会要向政府建议的报告公诸于众，这将使你有机会得到社会上专家的反馈（该专家不是参与当前WebQuest学习活动的成员）。

为了能将报告公诸于众，首先要找到一个联系地址。这可能是你研究资料中的一个Email地址，或者你可以到网上去查找一个地址，你们小组的成员也有可能想把你们的建议发送到政府机构去。在后面这种情况下，你们可以通过适当的链接找到所需的Email地址，然后给白宫写信、给一位美国参议员写信或给一位众议院议员写信。

在发出这种电子邮件之前，要先为你的Email写一份情况说明，该情况说明应为你的联系对象提供相关的背景知识——他们理解你们的建议时需要这些背景知识；而且一定要告诉你的联系对象你很需要他的反馈；然后把你们的报告粘贴在信中或者是把你们的报告作为一个附件发送出去。

在发出上述电子邮件之前，还应保证你们小组的所有成员都仔细阅读过该邮件的内容。

在发送上述电子邮件时，一定要把它复制一份给指导教师，这样教师就可得到一份你们作品的拷贝。

评价：先由每个学习者对参与此次围绕克隆主题的WebQuest学习活动作出个人评价（评价内容包括主题的选取、任务的制定是否有意义、有价值？这样的主题和任务能否调动学习者的积极性、主动性？对完成任务步骤的划分与设计是否恰当、有效？），然后进行小组评价，最后由教师评价。

结论：克隆可能是20世纪末最重大的一个科学发现，它的深远影响将会在21世纪感受到。

"大多数的人类历史事件都要经历三个成长阶段，首先是恐惧和痛恨；第二阶段是有所容忍、接受，还具有一定的被动性；第三阶段则是热情认可。"
（Dr. Richard Seed）

通过围绕克隆主题的 WebQuest 学习活动，应有助于我们的学生形成对待克隆这一新生事物的正确认识与态度，然后再把这种正确认识与态度公诸于世，将会产生更为良好的社会影响。

### 3.4.4　同步课堂下的教学模式

#### 3.4.4.1　设备与资源

同步课堂是指，在互联网背景下，利用班级多媒体系统和音频视频互交系统，实现城市学校班级和乡村学校班级课堂教学即时互交的组织形式。同步课堂是以互联网软硬件技术为载体，实现城市学校和农村学校的近远端交互。在这个过程中，城市学校的主讲教师和学生作为远端方面处于一个物理教室，农村学校的辅助教师和学生作为近端方面处于一个物理教室，两端通过互联网技术实现文本、课件、图像、音频、视频和问答的近远端交互，使处于不同地域的师生可以取得联系，实现教学互动。同步课堂下的教学模式（以下简称"同步课堂模式"）配备有教具、网速、信号传输、现实设备、网络平台等，主体是城市学校的农村学校的教师和学生。图 3-10 所示为同步课堂示意图。

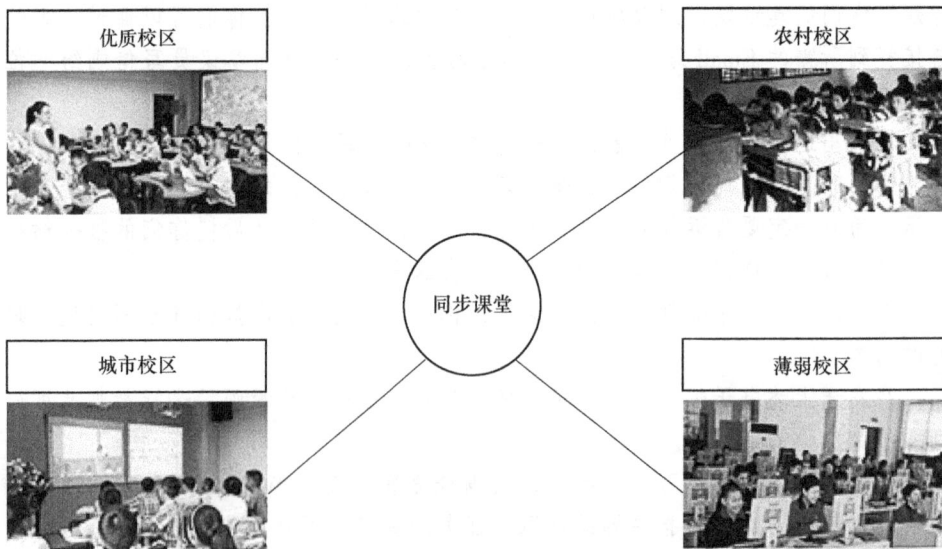

图 3-10　同步课堂示意图

该模式的目的是通过协调互助，促进教育资源的公平，实现对薄弱地区和学校的自我发展，帮扶其开足、开齐、开好国家规定课程。从教师方面看，同步课堂以双师协同教学为主要特征；从学生方面看，同步课堂以本异地师生、生生之间多元互动为主要特征。

### 3.4.4.2 教学功能

同步课堂模式通过借助互联网技术将城市优秀教学资源同步到乡村薄弱学校。它的教学功能有：

（1）对接的学校可以在课堂上同步上课、同步作业、同步接受辅导；

（2）两校教师可以共同备课、共同上课和辅导学生，共同进行质量检测；

（3）乡村薄弱学校的教师可通过在和城市优秀教师同步课堂的教学过程，进行借鉴和学习，从而提升自身的能力。

以上的功能特点决定了"同步课堂模式"，通过互联网技术将城市优秀教学资源进行共享，充分发挥城市学校教学设备先进、师资力量强大、发展水平较高等特点，在教学中缩短空间的距离，共享城市优秀教学资源，使薄弱乡村地区学校达到教学的预定目标。

### 3.4.4.3 教学应用模式

"同步课堂模式"是一种有利于共享区域资源，优质学校带动薄弱学校的教学模式，有利于缩小发达地区与落后地区、城市地区与乡村地区、学校和学校之间的教育资源不公平的现象，有助于促进教育均衡发展。

"同步课堂模式"下有本地主讲教师和异地辅助教师，主讲教师需要同时对两个班级授课，教学任务较大，难度较高，此时需要异地辅助教师做好辅助工作，积极与主讲教师沟通，互相配合，并且维持好课堂秩序。

根据师生互动、师师互动、生生互动三种不同的互动类型，可以将同步课堂模式的应用分为三种方式：活动组织策略式、兼顾两地策略式、异地竞争策略式。三种方式在课堂教学应用中的模式如图 3-11 所示。

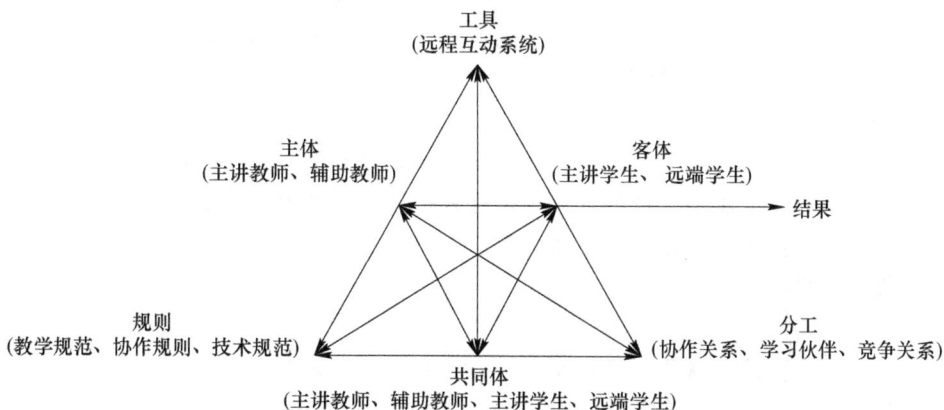

图 3-11　同步课堂模式结构模型

（1）活动组织策略式。在社会大系统中，所有人类活动都是由人和物组成，人类活动是人与社会、文化和物理环境之间的双向交互过程。在活动组织策略式中，教师应该保证同步课堂的教学互动多元化，主讲教师和辅助教师在课前共同设计教学时，应该设计多种互动活动。通过丰富多样的互动活动，提高学生的课堂参与感，进而提高学生的学习兴趣和学习积极性。活动组织策略式中，教师可以丰富同步课堂的讲解活动、提问活动、讨论活动、展示分享活动、游戏活动等各种活动。通过加大互动，在两个班级之间形成良好的竞争关系，提高学生的积极性。

（2）兼顾两地策略式。兼顾两地策略式中，在开展同步课堂时，教师充分考虑两地学情不同，调动学生尤其是教学点的学生全方位参与课堂之中。在同步课堂的教学设计环节和教学实施环节中，主体教师和辅助教师充分考虑学生学情差异，适当调整教学策略以适应两地学生学情的差异。主讲教师和辅助教师在设计问答和课堂活动时，充分考虑，兼顾两地学生水平的差异，尽量使在课堂中，两地的学生都有发言的机会，使两地的学生感受到平等性和公正性，设计两地的学生都可以很快地参与到课堂活动，避免教育薄弱地位学生产生自卑、消极的情绪，关注学生的健康成长。

（3）异地竞争策略式。学生的课堂积极度和参与度对教学效果有着较大的影响，学生的课堂积极度和参与度高，教学效果好；反之则会导致教学效果较差。良好的竞争氛围会提高学生的学习积极性和参与度。在同步课堂中，加强两地学生之间的互动，会拉近学生之间的情感距离，增强学生之间的友谊。在异地竞争策略式中，主讲教师设置多种可以在师生、生生之间展开的活动，不仅仅只是城市之间的学生互动、乡村地区之间的学生互动，而是城市和乡村地区的学生通过互联网设备互动，学生即使身处异地，也可以互动。主讲教师和辅助教师将中心学校和教学点的学生划分为不同的队伍，教师将学生在竞争中的表现记录下来，形成学生的过程性评价，帮助学生成长，促进教师进行教学反思。异地竞争式有利于在课堂中，为学生营造竞争的氛围，提高学生的学习积极性。

### 3.4.4.4  同步课堂模式案例

课程名称：《Travel Around》

教学目标：通过教学，让学生能够模仿动画片人物的语言、语调进行英语配音对话；两端学生能够合理利用旅游话题素材进行口语对话的创作。

教学媒体：光盘资源、多媒体设备。

教学过程：

1. 视频导入：

主讲教师：播放《飞屋环游记》片段，组织学生聆听；

辅助教师：学生观看光盘，熟悉各个角色对话的内容。

2. 练习实践：

主讲教师：向两端的学生介绍活动主题，梳理知识，开展练习；

辅助教师：组织远端的学生梳理知识，开展练习。

3. 创作表演：小组互动活动——根据素材进行口语创作，并进行表演。

4. 评价总结：采用师评、两端学生互评的方式，梳理总结本节学习内容。

本课教学，教师利用光盘播放动画，导入新课；利用光盘组织、引导学生学习，采用小组创作表演、生生互动等教学组织方式，帮助学生直接利用光盘资源开展丰富多彩的学习活动；利用光盘提供的素材组织学生自主、合作、探究学习，拓展学生的数学知识。教师在该课互动过程中分析发现：

（1）主辅教师在同步课堂教学过程中，能够进行良好的协作和交流。在两端的学生在进行口语活动时，主讲教师和辅助教师可以分别组织班级的学生进行口语对话，指导学生开展相应的课堂互动。当远端的学生完成对应的口语活动后，辅助教师对着视频中的主讲教师比出"OK"的手势，辅助教师可以通过各种手势等，帮助主讲教师了解远端教室的情况。

（2）主讲教师在对两端的学生进行教学活动时，可以采取多样的互动活动。如：讲解活动、问答、师生互评等，充分调动两端学生的学习积极性，提高远端学生的课堂参与感。

（3）主讲教师和辅助教师组织实施形式多样、具有深度的生生互动活动。如：小组讨论、角色扮演、创作展示等，提高学生的学习积极性，促进两端学生对知识的理解、掌握和运用。

总之，这节课能把英语对话和生活联系起来，学生根据旅游进行口语创作、展示，并且通过各种形式多样的活动，较高地提高了学生的学习积极性，加强了学生的课堂参与感。但在教学流程设计中，还有几个细节问题需要注意：

（1）由于城市和乡村的学生水平不同，城市的学生英语掌握程度会更好一些，但是在教学过程中，主讲教师采用的是全英语进行教学，乡村学生对部分内容的掌握程度受到一定程度的影响。

（2）同步课堂中，由于学生水平的差异性，相同的教学内容和活动对于远端的学生来说可能较难，在实施活动时，远端的学生可能需要更多的时间完成相应活动。在课堂中，教师给两端学生的活动时间都是一样的，但对于远端学生来说，活动时间可能不足，导致活动的完成度不佳。

该模式资源的使用，教师要针对两端学生的实际水平差异和教学条件差异，进行更加合理充分的协调。主讲教师和辅助教师在共同制定教学设计时，要尽量考虑两端学生的差异，多采用分组讨论、师生互动等教学组织方式，帮助远端学生更加有效地学习优秀的教学资源。切忌主讲教师只关注城市学生，漠视远端学生的课堂参与，否则极易导致远端学生的学习积极性不高，产生自卑的心理，从而抵触学习。

## 3.4.5 专递课堂下的教学模式

### 3.4.5.1 设备与资源

专递课堂下的教学模式（以下简称"专递课堂模式"）是一种利用互联网技

术进行课堂直播教学的一种教学模式，该模式下主讲教师内没有学生，主讲教师根据教学资源薄弱地方的学情进行教学设计，主讲教师直接面对听讲教室的学生进行教学活动。该模式配备有音响、电子白板、黑板、摄像机、多媒体授课讲台、收音话筒、投影仪、摄像头、液晶显示屏、移动话筒。这种模式会更加地有针对性，适应薄弱地区的学生水平，将优秀教育资源传递给教育薄弱地区，促进教育公平。图 3-12 和图 3-13 所示为专递课堂模式的教室平面图。图 3-14 所示为专递课堂模式示意图。

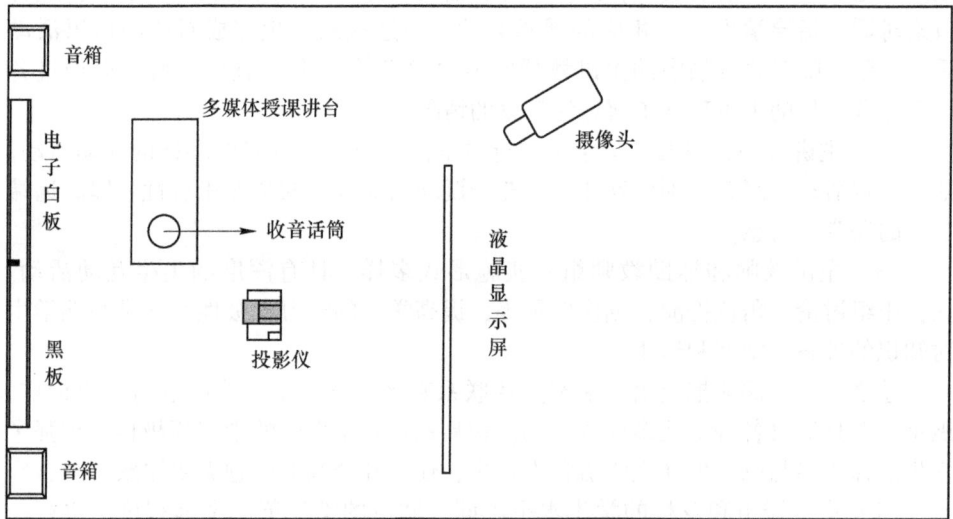

图 3-12 专递课堂模式中心学校教室平面图

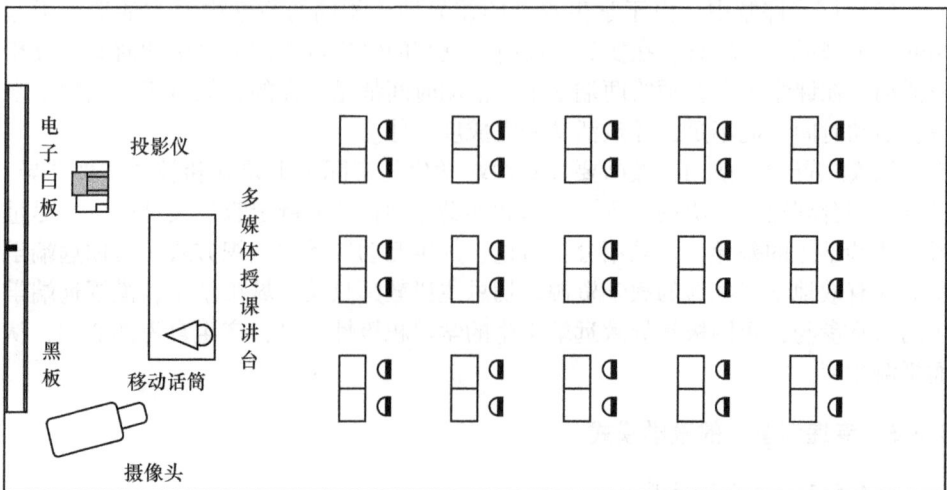

图 3-13 专递课堂模式教学点教室平面图

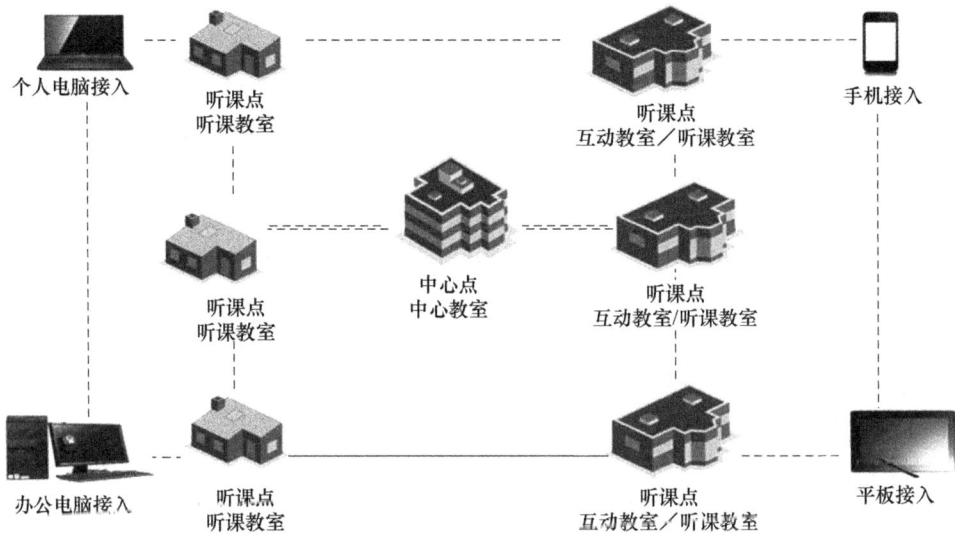

图 3-14 专递课堂模式示意图

由图 3-14 可知, 专递课堂模式下, 听讲教室可以是一个, 也可以同时具备多个, 使得主讲教师同时对多个乡村薄弱地区的教室进行授课, 在课堂中, 主讲教师通过互联网技术与听讲学生进行互动。

该模式配备支持方主讲教师需要根据需求方听课教师需求来进行教学设计, 针对听课教师学校的情况来进行教学。主要类型为教育薄弱地区由于各种原因缺乏的学科, 有英语、音乐、美术、体育、地理等专任教师, 改善区域教学资源不均衡的问题, 使得薄弱地区学生可以和教育资源丰富地区的学生同样享受优质教育资源。

### 3.4.5.2 教学功能

专递课堂模式通过多媒体设备对学生授课和辅导, 主讲教师通过大屏幕与听课点的学生进行教学互动活动, 而教学点的辅助教师指导学生。它的教学功能有:

(1) 专递课堂可以让远隔万里的学生和优秀教师在线授课, 通过主讲教师和辅助教师的合作, 对听课教室的学生进行授课, 打破空间上的界限, 促进教育公平;

(2) 专递课堂是主讲教师进行授课, 辅助教师进行辅助工作, 辅助教师在主讲教师授课的过程中, 学习优秀教师的教学经验, 提高自身的教学能力;

(3) 辅助教师可和主讲教师在课前备课, 进行教学设计环节, 向优秀教师学习。

从以上可以看出, 该模式可以通过互联网技术将优秀教育资源的教师请到薄弱地区的课堂中来，弥补教育资源薄弱地区的一些不足，从而缩小城乡差别，促进教育公平，让听课点教师学到新的教学理念、教学方法。在主讲教师进行教学设计之前，辅助教师要向主讲教师说明要求，结合本班的教学实际，即学生实际、教师实际来设计自己的教学环节，力求符合听课点学生的情况。

### 3.4.5.3　教学应用模式

专递课堂模式是一种可以促进城乡协调发展，改善薄弱地区教育资源匮乏的教学模式。党的十九大明确指出，现阶段我国的主要矛盾是人民日益增长的美好生活需要和不平衡不充分的发展之间的矛盾。经济发展落后的地区学生有对各种课程的需要，落后地区的很多学校因为教育资源不足，导致很多国家要求的课程根本没有条件实现，专递课堂的有效运用，有利于帮助这些地区开齐、开好相关课程，教师们很好地掌握这种教学模式的应用是非常有必要的。

根据听课教室的数量不同，可以将专递课堂模式的应用分为两种方式：一主一辅式、一主多辅式，两种方式在课堂教学应用中的模式如图 3-15 和图 3-16 所示。

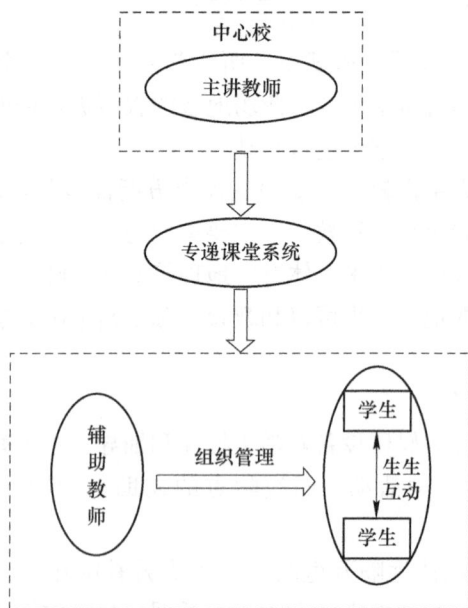

图 3-15　一主一辅式课堂教学应用模式图

（1）一主一辅式。一主一辅式是指在专递课堂模式教学中，一共有一个中心学校对应一个听课点，主讲教师进行教学实施，听课教室只有一个。一主一辅式要求主讲教师与听课点的辅助教师事先联系，针对听课点的教学条件和学生水平专门进行教学设计，使得在课堂中，听课点的学生可以跟上教学进度。该模式

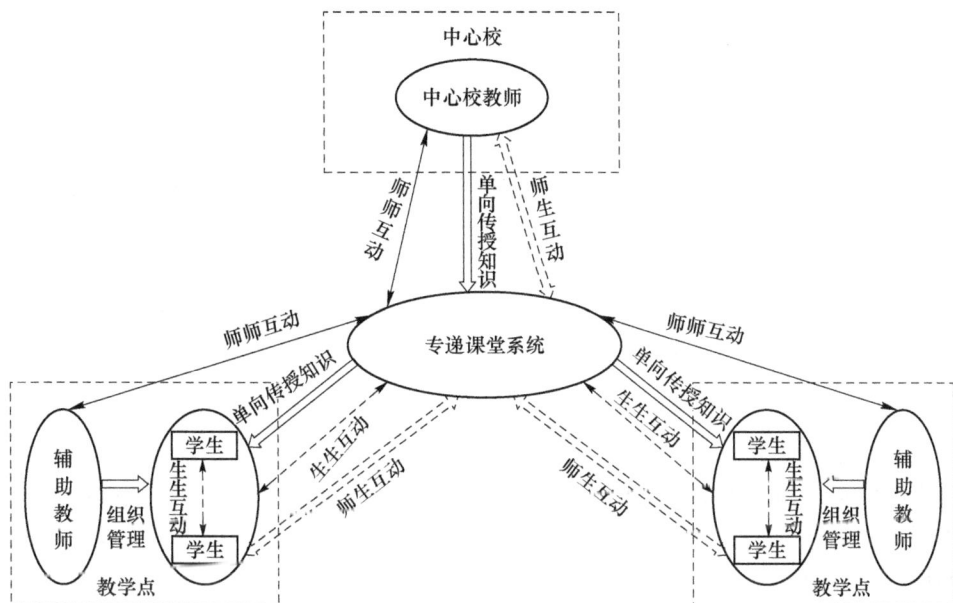

图 3-16 一主多辅式课堂教学应用模式图

可以更有针对性地满足听课点学生的需要，对提高听课点的教学效果具有较高的作用。

（2）一主多辅式。一主多辅式是指在专递课堂模式教学中，一共有一个中心学校对应两个及以上听课点，主讲教师进行教学实施，同时对多个听课点同时进行直播上课。在该模式中，由于几个不同听课点的各个学校的学生水平、学校教学条件和学习环节各不相同，主讲教师要在正式授课之前，与各辅助教师事先联系，了解各班级的情况，做好教学设计，尊重学生主体地位，尽量在教学实施环节做到协调和融合具有不同背景的学生，在课堂中，合理运用师师互动、师生互动、生生互动，实现多课堂之间的多元化互动。

3.4.5.4 专递课堂教学模式案例

课程名称：《粉刷匠》

教学目标：通过教学，培养学生创作意识，进一步培养学生对劳动的热爱之情。

教学重点、难点：用愉快的声音有情感地演唱歌曲，编创舞蹈动作。

教学方法：学生观看光盘，教师教授。

教学媒体：光盘资源。

教学过程：

1. 导入新课：（1）图片导入；（2）提问，引导学生从实际生活中发现劳动、体会劳动；（3）思考和讨论。

2. 讲授新课：（1）教导简单旋律；（2）教师示范和问答；（3）学生练习；（4）播放视频，普及音乐知识。

3. 课堂检测：分组练习，培养合作精神。

4. 课堂巩固：（1）改编《小画家》；（2）学生边唱边跳。

本课教学，教师利用动物的图片创设学习情景，导入新课和利用光盘和教师教授的方式组织、引导学生学习，采用小组讨论、两个听课点学生分组合作、生生互动等教学组织方式，帮助学生提供专递课堂可以开展丰富多彩的学习活动，培养学生的音乐素养和劳动意识。教师在该课中做了一些有益的探索：

（1）教学目标以及学科性质采用不同的教学策略。在教学中，如果教学目标是掌握基础知识，教师可以通过教授法进行教学活动。对于掌握知识技能的目标，教师可以通过演示法、实验法等教学方法进行教学活动。主讲教师在进行教学实践活动之前，需要根据教学目标和学生水平等，做好教学设计。在课堂中，听课点辅助教师也要根据学生反应做好激励，以更好地观察和分析学生在上课时的情况，及时和主讲教师沟通。

（2）根据学习者的特征采取不同的教学策略。主讲教师在正式进行教学活动之前，需要和听课点辅助教师联系，全面了解听课点学生的情况，不同年龄段的学生特征不同，教师通过观察分析学习者的特征，了解学生的基本特点，选择适合的教学策略。在教学中，采取灵活的教学方式，尊重学生的主体地位，调动学生的学习积极性和学习兴趣，促进学生全面发展。

总之，这节课学生通过《粉刷匠》的学习，引导学生使用快乐的、有感情的演奏音乐，培养学生的创作意识，引导学生体会劳动的价值和快乐，使学生爱上劳动。让学生观察生活中的事物，改编音乐，课中注重学生的相互交流与小组合作，培养学生合作精神。但在教学流程设计中，还有几个细节问题需要注意：

（1）本节课包含又唱又跳的部分，主讲教师在进行授课的时候，如果辅助教师配合得不当的情况，可能导致听课点的课堂纪律较乱。

（2）根据辅助教师的反馈，教学设计中涉及的两个听课点的学生合作完成舞蹈表演难度较大。听课点的学生只能看到主讲教师，看不到彼此的动作，很难实现合作，进行共同表演活动。

该模式资源的使用，教师要在分析资源和教学实际的基础上，进行教学设计，实现优秀教学资源的共享，促进教育公平，实现教育薄弱地区学生的全面发展。专递课堂的应用，教师要发挥主动性，根据教学目标和学生的具体需要，设计教学活动，开展形式多样的活动，教师可以采用分组讨论、师生互动等教学组织方式，提升学生的学习兴趣。

### 3.4.6 信息技术与学科课程深度融合课堂下的教学模式

#### 3.4.6.1 设备与资源

信息技术与学科课程深度融合是指，在先进的教学理论与学习理论指导下，运用以计算机为核心的信息技术作为教师知识传递的辅助工具和作为学生知识建构的认知与情感体验工具，把信息技术的多种技术要素有机并有效地渗透各学科教学内容、教学对象、教学资源、教学方法、教学过程、教学评价等方面，以营造新型的信息化教学环境，彻底实现既充分发挥教师主导作用又突出体现学生主体地位的"主导—主体相结合"的教学结构，最终达到培养创新型信息化人才的目的。信息技术与学科课程深度融合课堂下的教学模式可以利用平板、手机、笔记本电脑、交互式电子白板网络互动平台、教育智慧云平台等设备展开。该模式在乡村教学中比较容易展开，使用时间和地点的限制也比较小，有利于乡村教育薄弱地区享受优质的教育资源。

该模式以学生为主体，以学习目标为任务，以小组合作为形式，以共享资源为手段，开发学生思维打破传统教学模式的束缚，使学生转变为主动学习。信息技术与学科课程深度融合课堂是在现代信息技术融合下的教学，学生学习的知识会更加地丰富和有趣。

#### 3.4.6.2 教学功能

信息技术与学科课程深度融合课堂下的教学模式通过现代信息技术对学生授课和辅导，为学生自主探究学习创造平台，打造真正的现代化课堂。它的主要特征有：

（1）信息技术与学科课程深度融合课堂下的教学模式具有多层次的教学目标。该课程的教学目标不仅改变了原有的教学方式和教学模式，还更新了教学系统结构和学生发展目标方面。

（2）信息技术与学科课程深度融合课堂下的教学模式的立足点是课程。在课程教学中，根据课程的目标和属性，进而实施深度融合。

（3）信息技术与学科课程深度融合课堂下的教学模式具有要素多元化。一般来说，信息技术与学科课程深度融合课堂下的教学模式重点关注点有课程理念、教学模式和方法、课程内容与资源、教师能力、实施环境、课程评价。

（4）信息技术与学科课程深度融合课堂下的教学模式的过程具有动态化。课程本身是不断发展的，又具备复杂性，因而其过程具有动态化、长期性和复杂性。

总之，该模式涉及"信息技术"和"课程"两个系统的融合，基本过程是将信息技术融合到课程的各个要素，核心是课程及教学的结构性变革，最终实现学生的素质教育，培养德智体美劳全面发展的时代新人，培养中国特色社会主义可靠接班人和合格建设者。

### 3.4.6.3 教学应用模式

信息技术与学科课程深度融合课堂下的教学模式是一种非常简单，教师自主性比较强的教学方式。随着现代信息技术不断丰富和发展，教师们很好地掌握这种教学模式的应用是非常有必要的。

信息技术与学科课程深度融合课堂下的教学模式的应用对象可以是教师，也可以是学生。可以是教师在备课中学习，在课堂中对所教内容进行补充和扩展；也可以是学生在课后自己进行学习，探索感兴趣的知识。

### 3.4.6.4 信息技术与学科课程深度融合课堂下的教学模式案例

课程名称：《IP 地址及管理》

教学目标：通过教学，让学生了解 IP 地址的概念，IP 地址的管理方法，掌握其格式和分类。

教学重点、难点：根据 IP 地址判断网络类型和主机号。

教学媒体：微课。

教学过程：

1. 课件导入：学生自主学习微课课件，进入学习场。

2. 活动探究：进行 IP 地点名等。

3. 反思总结：(1) 反思微课学习的问题；(2) 关注遇到的困难和解决问题。

4. 获得知识。

本课教学，教师微课导入新课，引导学生学习，通过活动组织学生自主、合作、探究学习，拓展相关知识，进行反思和总结，得出我国 IP 地址短缺的现状和原因。教师在该课中做了一些有益的探索：

(1) 注重学生兴趣。知识来源于生活，又应用于生活。本课通过微课的应用，引导学生自主地发现、探究知识，再找到解决问题的办法。整个过程是学生自主学习的过程，学生的学习动力是内在的，具有较强的学习热情和积极性，能够深刻、牢固地掌握知识。

(2) 注重学生主体性。在传统的课堂教学中，课堂上教什么、怎么教、教到什么程度、用什么教学方法等一系列都是教师决定，学生只是被动地接受一系列的过程。在课堂中，往往是教师提问，学生根据教师的问题思考问题，找到解决问题的办法，这个过程带有一定的被动性。而在信息技术与学科课程深度融合课堂下的教学模式下，实现了差异化教学、分层教学、协调教学，学习评价方式也更加地多元化、多样性，使得很多教学薄弱学校的学生可以根据自身的进度学习，使得学生更加自信，有利于学习效果的提高。

总之，这节课能通过微课引导学生自主思考、探究知识，对知识进行总结，让学生感受到学习的价值，提高学习兴趣。但在教学流程设计中，还有几个细节问题需要注意：

（1）本节课是高中信息技术学科的内容，对于乡村教育薄弱地区的学生来说，其接触到的现代信息技术较少，课堂中仅使用微课对于学生的学习而言较难，在学习过程中，可以加强教师的适度引导。

（2）乡村地区的教育资源较为缺乏，本节课学习的是信息技术，在这个过程中，需要电脑，可以灵活地两到三人共同使用一台电脑，既加强了合作，又解决了设备不足的问题。

该模式资源的使用，教师要在微课等现代信息技术的基础上，进行教学设计，加强现代信息技术和学科课程的高度融合，提高教学效率。该模式的应用，教师要发挥主动性，根据教学目标和学生的具体需要，选用和组合适宜的现代信息技术资源，并在课堂教学中创造性地使用资源，开展教学。

### 3.4.7 学本课堂下的教学模式

#### 3.4.7.1 设备与资源

广义上的学本课堂是指以学习者为中心的课堂，这里的学习者不仅包括学生，还包括教师和参与者。狭义上的学本课堂是指学生在教师的指导下，通过自学、互学、展学等学习方式，达到课时学习目标，并且通过这种学习方式最终养成终身学习能力的一种课堂形态。在学本课堂下的教学模式（以下简称"学本课堂模式"）下，教师可以借助现代教育信息化技术，如极域电子教室2010，引导学生通过互联网技术等手段，学习、探究知识，学会学习，获得能力的提升。图 3-17 为学本课堂教室示意图。

由图 3-17 可知，该模式下，教师可以借助现代互联网技术，其所需要的现代化设备较为简单，比较容易实现。在该模式下，学生可以在教室中，几人为一小组，借助多媒体设备，在教师的引导下，以小组的形式探究知识，达到课时教学目标。

#### 3.4.7.2 教学功能

学本课堂模式通过互联网设备，在教学中，教师以学生为本，组织学生自主学习，对所学知识进行讨论和探究，帮助学生学会学习。它的教学功能有：

（1）教师通过小组合作，提高学生的合作能力和解决问题的能力；

（2）学本课堂模式以问题为核心进行导学，在解决问题的过程中培养学习者的学习能力，促进学习者对知识内化和强化；

（3）学本课堂模式中，教师和学生是平等、合作的关系，有利于促进师生关系的发展。

从以上可以看出，学本课堂模式是"以学生为中心"，课堂形式是学习型课堂，是由学生和教师共同组成的学习体，进行自主学习活动和合作学习活动。课

图 3-17 学本课堂教室示意图

堂更加围绕"怎么学"而展开，教学设计及教学实施主要解决的是学习者如何学的问题，不单单是传统的学什么。在教育资源匮乏的乡村地区，有利于学本课堂模式进行教学，有利于学生获得更好的发展，最终形成终身学习思想。

### 3.4.7.3 教学应用模式

学本课堂模式的教学理念现在被越来越多的教育工作者关注和认可，在该模式下，教师以学生为主体，尊重学生的主体地位，学生通过自主学习，获得知识和技能，发现学习的乐趣，最终实现个人的全面发展。

学本课堂模式可以分为三种方式：先学后导—问题评价模式、学本式卓越课堂模式、六要素学本课堂模式。

**A 先学后导—问题评价模式**

图 3-18 为先学后导—问题评价教学应用模式图，在"创先问题导学型学本课堂"的过程中，韩立福教授提出了一种有效的教学模式，即"先学后导—问题评价"。该模式提倡"先学后导""问题导学""师生合学"等理念。从操作层面上，教与学的过程可以分为"问题发生""问题生成""问题解决"三个阶段，简单概括"问题发现+问题生成+问题解决"教学模式，简称"FFS"教学模式。这种模式适合主题教学和单元教学。教师和学生在学习过程中，借助现代化信息技术，指导教师学会有效教学，智慧导学，也是一种指导学生学会自主合作探究学习的模式。该模式是所有学本课堂教学模式中最具影响力的一种，教师掌握该种模式的教学方式是非常有必要的。

**B 学本式卓越课堂模式**

学本式卓越课堂模式倡导"学生发展为本，学生学习为中心"的价值取向，

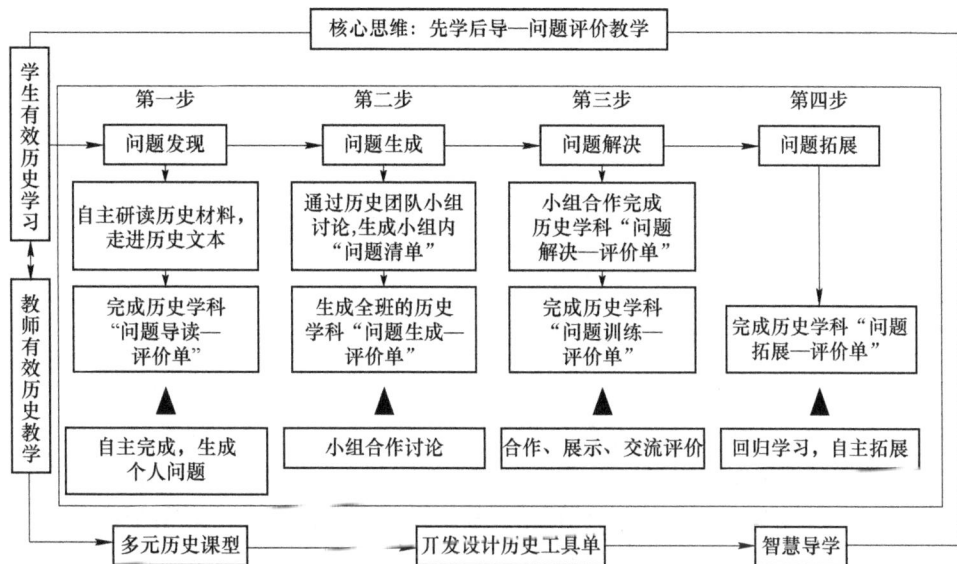

图 3-18　先学后导—问题评价教学应用模式图

坚持"以学论教、先学后教、多学少教、因学活教"。该模式在具体的教学中可以概括为"先学后教、互助展评",突出自学、互学、展学三个环节的发展。该模式在学生的学习中,要求注重自主学习的程度,合作学习的效度和探究学习的深度。在该模式中,鼓励各中小学结合学段、学科、课型、师生不同特点,积极构建自己的教学模式。该模式教师搭建一个区域学本课堂的平台,在平台中进行交流研讨,形成一个区域课堂教学模式群。乡村教师可以在该平台中进行学习,促进乡村教师的发展提高,拉近城乡教育发展的均衡性。

C　六要素学本课堂模式

六要素学本课堂模式最初是广东省南山区在教学改革中提出的一种学本课堂教学模式,该模式可以称为"六学课堂"。其中"六学"指的是,个体自学、同伴助学、互动展学、教师导学、网络拓学、实践研学。六要素学本课堂仅仅规定课堂的基本要素,并没有对教学环节、教学流程、教学时间等要素进行规定。其根本原则是以学定教、以学促教、以学论教,是对课堂多种要素的归纳、提炼和规范。

3.4.7.4　六要素学本课堂模式案例

课程名称:《制作比赛成绩表》

教学目标:学生了解比赛成绩编制的全过程,掌握电子表格中数据排序和筛选的基本操作。

教学重点、难点:数据排序、筛选的操作方法,关键字、主关键词、次关键词的理解和灵活运用。

教学方法：讲解演示法、任务驱动法、讨论法。

教学媒体：多媒体教室、课件。

教学过程：

1. 情境导入：（1）情境导入；（2）各中表展示，教师演示。

2. 学习新知：（1）概念构建；（2）教师演示指导；（3）多条件排序。

3. 拓展延伸：学生练习扩展。

4. 课堂总结。

本课教学，教师创设学习情景，导入新课和利用比赛成绩的文档组织、引导学生学习，采用小组讨论、教师演示等教学组织方式，帮助学生学习本节课的知识。针对小学三年级的学生特点，围绕问题发现、问题生成、问题解决展开教学，并利用文档组织学生自主、合作、探究学习，拓展学生的数学知识。如何把简单的教学内容上活，上出"数学味"，教师在该课中做了一些有益的探索：

（1）创建合作学习小组，明确小组角色分工。小组合作学习是学本课堂开展学习活动的重要形式之一，通过小组合作可以提高学生的学习合作能力和解决问题的能力。学本课堂关注学生学习能力的培养，现在社会个人能力再强始终比不过团队的力量，学生在学习中学会小组合作对学生的个人发展具有重要作用。并且教育薄弱地区的学生大多数基础较差，通过小组合作，可以集思广益，开阔学生思维，提高学习效率。

（2）组织比赛和小组PK。这样的合作学习策略是基于学生情绪变化比较快、比较容易被调动而展开的。组织比赛和小组PK更加容易调动学生的学习积极性和学习热情，学生在比赛中，为了捍卫小组荣誉，会更加地努力。乡村的教育资源较为落后，很多的教学设备不足，导致许多教学活动无法展开。而小组比赛这类活动，是最容易展开、成本最低的一种教学活动。本课时的学习内容比较枯燥，通过小组合作，在原本枯燥的制作表格的课上，学生的学习积极性被充分调动，学习氛围比较热烈。

总之，这节课在小组合作的基础上，展开一系列的教学活动，将枯燥的学习变得有趣，学生在不知不觉中学会制作表格，理解如何对表格进行排序。但在教学流程设计中，还有几个细节问题需要注意：

（1）本节课的难点是较难了解学生是否真的理解排序，会在生活中运用排序。教师可以选择个人进行练习，了解学生知识掌握情况。

（2）本课采用小组合作的形式展开，在分组的时候，学生可能会有不同的想法，有希望合作的伙伴，但是教师在分组的时候需要考虑学生的水平差异。因而教师需要了解学生情况，在考虑学生意愿的同时，做好分组。

该模式的应用，教师要发挥主动性，根据教学目标、学生的具体需要和学校现拥有的教学资源，选用和组合适宜的教学方式，并在课堂教学中创造性地开展教学。教师要多采用分组讨论、竞争等教学组织方式，和学生共同克服教学资源的匮乏，做到以学生为本，尊重学生主体地位，促进学生的发展。

# 3.5 乡村教育信息化展望

《国家中长期教育改革和发展规划纲要（2010—2020)》明确提出了加快教育信息化进程的要求，提出"把教育信息化纳入国家信息化发展整体战略，超前部署教育信息网络。到2020年，基本建成覆盖城乡各级各类学校的数字化教育服务体系，促进教育内容、教学手段和方法现代化"，"重点加强乡村学校信息基础建设，缩小城乡数字化差距"。

党的十九届五中全会指出，到2035年，基本实现社会主义现代化。城镇化是现代化的必经之路，是我国社会主义发展的最大内需潜力和发展动力。习近平总书记强调，新型城镇化发展，要坚持创新、协调、绿色、开放、共享的新发展理念，要实现人的城镇化，提出"四个注重"。习近平总书记的重要讲话，为我国的城镇化发展指明了发展方向。乡村教育发展是我国现代化发展的重要部分，要在城乡教育均衡发展的基础上，推动城乡教育资源的优化、完整、整合，办好人民满意的教育，建设教育强国。

以信息化带动教育的现代化，是实现乡村教育跨越式发展的重要途径。为了缩小与城市的差距，经过十余年的努力，我国乡村教育信息化建设取得了一定的成绩，也存在许多的发展瓶颈。在前述分析的基础上，以下进一步展望乡村教育信息化未来的发展方向和目标：

（1）统筹规划，均衡投资。乡村教育信息化是一项艰巨、复杂的系统工程，涉及不同区域和不同的教育单位，就全国范围而言，必须统筹规划、科学布局、统一标准，充分调动各方面积极性，广泛吸引社会各方面的力量参与建设。在规划乡村教育信息化过程中，必须树立均衡投资的观念，既要建立政府主导的教育信息化经费投入保障机制，又要注意拓宽投资渠道；既要考虑城乡之间教育信息化的投资比例，又要考虑硬件、软件和培训三者的投资比例，尽可能地使硬件、软件和培训的投资比例接近合理。通过政府资助、学校自筹、社会融资等渠道，鼓励多方参与，促进乡村教育信息化的可持续发展。

（2）以人为本，服务应用。教育信息化要始终以促进人的全面发展为目标，把乡村教育改革对信息化的需求作为工作的着力点，强化信息技术在乡村教育中的应用，着实提高管理人员、教师、学生应用信息技术的能力，将教育管理、教育教学等方面的应用作为推进乡村教育信息化的动力，落实到每一所学校、每一个班级，体现在每一位学生的发展之中。提高应用水平是乡村教育信息化的重点和难点。应充分发挥区、县教研室的作用，广泛开展学科信息技术教育教研活动，引导教师从教育观念、学习内容、教学模式等方面探讨如何开展基于信息技术的教育教学改革与实践，促使乡村学校转变教学理念、改革教学手段和方法，形成一批优秀教学研究成果和实践经验，从而提高教育教学质量。

（3）共建共享，整合资源。资源建设是教育信息化的核心，也是教育信息化的灵魂。在国家已经规划的六类资源（知识点资源、探究性资源、自主学习资源、专题教育资源、教师培训资源、少数民族语言资源）建设基础上，应以资源共享为核心，破除资源分散、封闭和垄断等状况，充分利用和整合已有的信息资源，加速基础性数据的标准化改造，防止重复建设。"共建共享"教育资源的联盟机制，即由教育行政部门、学校和教师三级组成，教育行政部门负责投资软硬件、制定方案和标准，学校负责宣传发动和制定激励政策，教师负责上传优质教育资源。学校、教育行政部门和教师共同参与建设区域性教育资源库，解决多教材版本学习内容编排顺序不一致、教材难度不一致和教材内容完全不同三种情况下的资源可用性和选择性问题。让免费、优质的国家教育资源成为乡村学校方便获得的资源。如果教育行政部门将每个教师自己加工改造后的教学资源建立资源中心，在全省范围内共享，就可以避免重复建设，从而节约大量的财力和人力。

（4）加强培训，提高质量。皮亚杰说过："假若没有质量合格而又数量足够的教师，最好的改革方案也只能在实践中夭折。"建立并完善以各级教育学院为依托的继续教育体系，加大县级培训制度建设；提供必要的制度以促进校本培训的开展；加大培训效果的审查力度，避免重复培训、低效率培训。调查显示，在乡村中小学的教师培训中，参加校本培训的比例明显高于其他方式的培训。因此充分发挥学校骨干教师、信息技术教师的力量，将全员培训与骨干培训相结合，采用集中培训和分散培训相结合的方式强化校本培训。让学校的骨干教师培训本校的其他教师，以教师在信息环境下教学科研中遇到的典型案例为主要培训内容，注重针对性、实用性与有效性。在培训中渗透现代教育理念，掌握信息化教育设备与资源的操作方法，掌握信息技术与课程整合的策略，组织教师开展教学研讨、示范观摩、教学设计评比、教学反思等活动，促进教师边学边用。在动机上满足不同教师的教学科研需要，在功能上提高教师的信息化水平和教育教学质量，激活教学实践过程，提高教师的信息技术学习兴趣。

# 4 乡村教师专业发展现状与对策

## 4.1 黑龙江省乡村教师专业发展现状调查

结合当下教育背景，采用随机抽样方法抽取调查对象，从黑龙江省乡村教师基本情况，专业能力现状，专业发展态度，乡村教师学习、教研和培训情况，阻碍乡村教师专业发展的原因及专业发展需求等方面，展开对黑龙江省乡村教师专业发展现状调查研究，整理相关数据并加以分析。针对黑龙江省乡村教师进一步发展的调查结果提出问题解决的对策及方案，有效解决黑龙江省乡村教师专业发展所面临的严峻挑战，并促进其专业长远发展。

### 4.1.1 调查背景

2010 年 5 月，中共中央、国务院印发《国家中长期教育改革和发展规划纲要（2010—2020)》指出"严格教师资质，提升教师素质，努力造就一支师德高尚、业务精湛、结构合理、充满活力的高素质专业化教师队伍"。国家发展和社会进步离不开教育，教育发展关键看教师，教师专业发展关乎教育发展，关乎国家复兴和民族振兴，值得社会和教育界投入更多的关注。随着我国教育改革的深入发展，我国认识到教师在教育改革中的重要作用，提高教师专业发展水平已经成为我国教师教育改革的内在追求。

十八届三中全会通过的《中共中央关于全面深化改革若干重大问题的决定》提出"深化教育领域综合改革，要提高教育的质量"。提高教育质量的关键在于提高学校教育质量，提高学校教育质量的核心是提高课堂教学效果，这就对教师提出更高的要求，要求教师提升自身专业素质，提高自身专业化水平。教师专业发展已经引发学术界和教育界的关注，取得了丰硕的理论和实践研究成果。理论研究成果包括教师信念、教师情感、教师知识、教师能力等各方面的理论研究成果。教师叙事、教师行动、教学研讨、教师培训等方面实践研究，在一定程度上促进了教师专业发展，很大程度上提高了教师的专业素质。

教师在是课堂教学中扮演着主导角色，肩负着培养全面发展学生的重要使命，对课堂教学质量有重要影响，教师专业化水平直接影响着课堂教学目标的实现，所以教师专业发展已经成为社会和教育界关注的焦点，尤其是乡村教师专业发展。相对于城市教师而言，乡村教师所能获得的教育资源是很有限的，乡村教师专业发展还存在教学知识的获得渠道窄、教学知识和教育理论知识不完善等问题。知识的匮乏、能力的不足使乡村教师在教学中感到力不从心，导致逐渐失去了教学信心和对教育事业的热爱。随着课程教学改革的深入和发展，乡村教师接触了各种各样的先进教育理论和教学知识，这些理论和知识在促进乡村教师成长的同时也给乡村教师带来了极大的困惑，还不能清楚认识课程教学改革方向，无法正确把握课程改革目的，不知道如何构建自身的教育教学知识，不知道如何应用现在的教育理论和教学知识更好地实施教学。

虽然我国实现了全面义务教育，但并没有让所有的适龄儿童享受到优质教育，还存在教育不公平的问题，城乡教育质量差距仍然还是比较显著，尤其是偏远地区的乡村学校教育质量与城市学校教育质量的差距更为明显。随着城镇化进程的推进，越来越多的农民到城市务工，大部分城市务工的农民会将自己的孩子送到教学质量较好的城镇学校，乡村学生数量越来越少，在乡村学生数量骤减的驱动下撤点并校，乡村学校教育与城市学校教育的差距越来越大。这些年我国教育政策逐渐倾斜偏远落后的乡村地区，乡村教育硬件设施已经逐步完善，不再是影响乡村教育发展的主要因素，专业性教师的缺乏才是影响和制约乡村教育发展的主要因素。虽然为了促进乡村地区教育的发展，我国制定了乡村特岗教师计划、实施免费师范生教育，骨干教师深入乡村支教等多方面的政策，但是这些政策并不能从根本上解决乡村教师缺乏的问题。要从根本上提高乡村教师专业化水平，重点还是依靠乡村教师自觉实现自身专业持续发展。现在，乡村教育发展的主要矛盾是乡村地区教育发展的需求与乡村教师专业性缺乏之间的矛盾，提高乡村教师专业化水平可以缓解乡村教师工作压力和促进乡村教育质量提高，是亟须我们关注的焦点。

### 4.1.2  调查目的

运用问卷调查研究方法对黑龙江省乡村教师专业发展现状进行调查研究的目的是了解黑龙江乡村教师基本情况，归纳黑龙江省乡村教师专业发展现状，找到黑龙江省乡村教师专业发展存在的问题和分析阻碍乡村教师专业发展的原因，以便有针对性地提出黑龙江省乡村教师进一步发展对策，有效解决黑龙江省乡村教师专业发展存在的问题，有效促进黑龙江省乡村教师专业发展。

### 4.1.3  调查对象和内容

#### 4.1.3.1  调查对象

调查对象总体为我国黑龙江省区域范围内的所有乡村地区中小学教师，为了保证调查样本的代表性，采用随机抽样方法抽取调查研究对象。

#### 4.1.3.2  调查内容

调查内容主要包括以下几个方面：

（1）黑龙江省乡村教师基本情况。从黑龙江省乡村教师性别、年龄、教龄、学历、与学校的关系、所在学校类别、所教学科、所教授的科目是否为所学专业和职称九个方面调查黑龙江省乡村教师的基本情况。

（2）黑龙江省乡村教师专业能力现状。依据教师专业发展定义，乡村教师专业能力的内涵是丰富的，在丰富的内涵中，信息化教学能力、教学能力和教学科研能力是最重要的内容。所以，从黑龙江省乡村教师信息化教学能力、教学能力和科研能力三个方面了解黑龙江省乡村教师专业能力现状。

（3）黑龙江省乡村教师专业发展态度。从黑龙江省乡村教师对教师专业发展重要性的认识、对自己职业发展规划情况、教师专业发展的主要动力和目前的专业发展状态四个方面了解黑龙江省乡村教师专业发展态度。

（4）黑龙江省乡村教师学习、教研和培训情况。从乡村教师工作量、业务学习时间、业务学习资料、学习的主要动因、专业学习手段五方面了解黑龙江省乡村教师学习情况；从教师对教研活动态度、参加教研活动频率和教研活动效果三个方面了解黑龙江省乡村教师教研情况；从接收各级培训频率、培训模式、培训内容和培训效果四个方面了解黑龙江省乡村教师参加培训情况。

（5）阻碍黑龙江省乡村教师专业发展的原因。从教师自身、保障机制、培训、教研等各方面寻找阻碍黑龙江省乡村教师专业发展的原因。

（6）黑龙江省乡村教师专业发展需求。从继续教育、培训进修和自我发展方式三放慢的需求了解黑龙江省乡村教师专业发展需求。

### 4.1.4 调查方式

采用问卷调查法对黑龙江省乡村教师专业发展现状进行调查。

#### 4.1.4.1 问卷内容维度及题号分布

依据教师专业发展的内涵和研究框架，调查问卷内容分为六个部分，具体内容结构及题号分布情况见表4-1。

表4-1 调查问卷内容维度及题号分布

| 调查内容 | 对应问题题号 | 题目数 |
|---|---|---|
| 乡村教师基本情况 | 1~9 | 9 |
| 乡村教师专业能力现状 | 10~22 | 13 |
| 乡村教师专业发展态度 | 36~40 | 5 |
| 乡村教师学习、教研和培训情况 | 23~35 | 13 |
| 阻碍乡村教师专业发展的原因 | 41 | 1 |
| 乡村教师专业发展需求 | 42~45 | 4 |

### 4.1.4.2 调查问卷

## 乡村教师专业发展现状调查问卷

尊敬的老师：

您好！

非常感谢您在百忙之中填写本问卷。本问卷调查的目的是对乡村教师专业发展状况进行了解。本问卷匿名填写，调查结果仅作研究之用，请您根据实际情况如实填写。本问卷要求填写完整。选择题，在选项前面的字母上画"〇"；简答题将答案写在问题下面的空白处。

感谢您的合作与支持！

黑龙江省基础教育信息化研究团队

2019 年 5 月

## 一、选择题

1. 您的性别：

   A. 男 　　　　　　　　 B. 女

2. 您的年龄：

   A. 30 岁以下 　　　 B. 31~40 岁 　　　 C. 41~50 岁 　　　 D. 51 岁以上

3. 您的教龄：

   A. 1~5 年 　　　　　 B. 6~10 年 　　　　 C. 11~20 年 　　　 D. 21 年以上

4. 您的学历：

   A. 研究生 　　　　　 B. 本科 　　　　　　 C. 大专 　　　　　 D. 中专

5. 您与学校关系：

   A. 固定编制 　　　　 B. 人事代理 　　　　 C. 临时聘用

6. 您所在学校类别：

   A. 小学 　　　　　　 B. 初中 　　　　　　 C. 高中

7. 所教学科：

   A. 品德 　　　　　　 B. 数学 　　　　　　 C. 语文 　　　　　 D. 英语

   E. 信息技术 　　　　 F. 科学 　　　　　　 G. 音体美 　　　　 H. 其他

8. 您所教授的科目是否为您的专业：

   A. 是 　　　　　　　 B. 否

9. 您的教师职称为：

   A. 小教一级 　　　　 B. 小教二级 　　　　 C. 小教高级

   D. 中教一级 　　　　 E. 中教二级 　　　　 F. 中教二级

10. 您对信息技术掌握的程度：

    A. 非常熟练                     B. 熟练

    C. 不太熟练                    D. 完全不熟练

11. 你是否经常进行教学设计:

    A. 经常                           B. 偶尔

    C. 有评比、听课检查等活动时进行     D. 从未

12. 您是否进行教学反思:

    A. 经常       B. 偶尔         C. 每天         D. 从未

13. 您对教育基本理论掌握的程度:

    A. 非常熟悉                      B. 熟悉

    C. 比较不熟悉                  D. 完全不熟悉

14. 您上课使用 PPT 的次数:

    A. 每讲都用      B. 常常使用     C. 偶尔使用     D. 基本不用

15. 您在教学研究时主要关注的是:

    A. 课程设计                     B. 教材分析

    C. 学生个性分析              D. 教学环节设计

    E. 板书设计

16. 您在教学中遇到的困难:

    A. 教材的理解                 B. 学生个性与情感的关注

    C. 课堂氛围的营造         D. 对学习困难生的辅导

17. 您最近三年以来开设公开课(研究课、示范课)的情况是:

    A. 无         B. 1 次        C. 2 次         D. 3 次

    E. 4 次         F. 5 次及以上

18. 您的备课方式用得最多的是:

    A. 集体备课                    B. 广泛参考,博采众长

    C. 根据学生实际,自己设计     D. 基本按教参组织教学

19. 一堂课结束后,您通常采取的后续策略是:

    A. 在其他班以同样的方式实施教学

    B. 以教后记的方式提出一些问题并思考

    C. 征求学生对本节课的意见

    D. 在反思和思考的基础上就本堂课重新设计

20. 您最近三年以来发表的论文:

    A. 无         B. 1 篇        C. 2 篇         D. 3 篇

    E. 4~5 篇       F. 6 篇及以上

21. 您主编或参与编写的书籍:

    A. 无         B. 1 本        C. 2 本         D. 3 本

E. 4 本及以上

22. 您最近三年以来负责或参与最高级别的课题：

    A. 国家级          B. 省级          C. 市级          D. 校级

    E. 未参加

23. 您认为平时的工作量：

    A. 很大，每天都非常疲劳          B. 较大，比较疲劳

    C. 适中，能接受          D. 很轻松，无压力

24. 您主动安排业务学习的时间一般是：

    A. 每天 1~2 小时          B. 每周 3~4 小时

    C. 每周 1~2 小时          D. 极少主动安排业务学习时间

25. 您平常业务学习的资料来源主要是：

    A. 教学参考书          B. 自备资料与藏书

    C. 网络资源          D. 专家提供资料

    E. 同事同行提供资料          F. 学校图书馆资料

26. 您平时的主要专业学习手段（可多选）：

    A. 阅览期刊报纸          B. 参加进修活动

    C. 参加教研活动          D. 上网搜索信息

    E. 学校组织的业务学习          F. 其他

27. 您学习的主要动因：

    A. 为备课          B. 为完成任务

    C. 提高素养          D. 爱好消遣

28. 您目前正在参加的培训进修有：

    A. 硕士在职研读          B. 研究生课程班研读

    C. 教师继续教育          D. 业余时间学科专业知识培训

    E. 业余时间其他证书考证培训          F. 其他

29. 您所在教研组（备课组）每月组织研究活动的次数是：

    A. 无          B. 1 次          C. 2 次          D. 3 次

    E. 4 次          F. 5 次及以上

30. 您对参加学科教研活动的态度是：

    A. 希望多参加          B. 是领导要求参加

    C. 尽量不参加          D. 无所谓

31. 参加教研活动对您专业成长的帮助：

    A. 很大          B. 一般

    C. 无作用          D. 没参加不清楚

32. 您最近三年接受各级培训的情况：

| 培训类型 | 没接受过 | 1 次 | 2~3 次 | 4~5 次 | 6 次及以上 |
|---|---|---|---|---|---|
| 校级培训 | | | | | |
| 乡镇级培训 | | | | | |
| 县级培训 | | | | | |
| 市级培训 | | | | | |
| 省级及以上培训 | | | | | |

33. 最近三年，您参加培训的模式（可多选）：

A. 集中面授　　　　　B. 远程培训　　　C. 送培送教　　　D. 校本教研

E. 专家指导　　　　　F. 网络教研

34. 最近三年，您参加培训的内容（可多选）：

A. 师德与法制教育　　　　　　　　B. 课堂教学技能

C. 现代教育理念　　　　　　　　　D. 心理健康教育

E. 信息技术应用　　　　　　　　　F. 教育科研、论文写作方面

35. 参加培训活动对您专业成长的帮助：

A. 很大　　　　　　　　　　　　　B. 一般

C. 无作用　　　　　　　　　　　　D. 没参加不清楚

36. 您认为教师专业发展：

A. 重要　　　　　　　B. 一般　　　　　C. 不重要　　　　D. 无所谓

37. 您对自己的职业发展有规划吗？

A. 有长期的详细规划　　　　　　　B. 有中期规划

C. 有短期规划　　　　　　　　　　D. 没有规划

38. 您专业发展的主要动因：

A. 为备课　　　　　　B. 为完成任务　　C. 提高素养　　　D. 爱好消遣

39. 您认为促进教师专业发展的主要动力是：

A. 更新知识，提高素质　　　　　　B. 使学生获得更好的发展

C. 追求职务职称的提升　　　　　　D. 追求更高的收入

E. 适应教育改革的新要求

40. 您认为自己目前的专业发展状态是：

A. 迅速上升　　　　　B. 平稳发展　　　C. 略有发展　　　D. 停滞不前

E. 有所下降

41. 您认为阻碍乡村教师专业发展的原因是（可多选）：

A. 教师工作压力大、无暇顾及　　　B. 不重视乡村教师

C. 教师个人原因，缺乏动力　　　　D. 缺乏政策与保障机制

    E. 缺乏专项经费支持              F. 教师间缺乏合作、交流的氛围

    G. 参加教研进修机会少           H. 领导不重视

    I. 缺少专家指点

42. 您认为目前自己最需要发展的方面是（可多选）：

    A. 师德与法制教育                 B. 课堂教学技能

    C. 现代教育理念                   D. 心理健康教育

    E. 信息技术应用                  F. 教育科研、论文写作方面

43. 您希望通过下面哪一种形式接受继续教育？

    A. 成人高考（函授）、自学考试、夜大    B. 现代远程开放教育

    C. 骨干教师培训                  D. 在职学历教育

44. 您希望通过哪种形式促进自己教师专业成长：

    A. 教师间的及时交流              B. 自我反思

    C. 外出培训                      D. 专家指导

    E. 专题研讨

45. 您未来准备参加的培训进修有：

    A. 硕士在职研读                  B. 研究生课程班研读

    C. 教师继续教育培训             D. 业余时间学科专业知识培训

    E. 业余时间其他证书考证培训     F. 其他

## 二、简答题

1. 您教师专业发展中的主要困难是什么？希望得到哪些帮助？

2. 对于促进乡村教师专业发展，您有什么建议或意见？

### 4.1.5 调查过程

    2019 年 5—6 月，在黑龙江省教育科学规划处和各级教育机构的支持和帮助下，借助网络手段大范围发放问卷，最后回收有效问卷 15135 份。

### 4.1.6 调查结果

#### 4.1.6.1 黑龙江省乡村教师基本情况

    如表 4-2 所示，黑龙江省乡村教师中性别为"男"的占 28.6%，性别为"女"的占 71.4%，男女比例约为 2∶5，说明黑龙江省乡村教师男女比例不当，女教师占大比例。如表 4-2 所示，黑龙江省乡村教师中"30 岁以下"占 9.8%，"31~40 岁"占 29.5%，"41~50 岁"占 39.4%，"51 岁以上"占 21.3%，年龄都集中在 31~50 岁，说明黑龙江乡村教师年龄结构不合理，年轻教师很少。如表 4-2 所示，黑龙江省乡村教师中"1~5 年"占 11.9%，"6~10 年"占 6.4%，"11~20 年"占 30.6%，"21 年以上"占 51.0%，教龄集中在 11 年以上，说明黑

龙江省乡村教师都是从教 11 年以上的经验型教师。如表 4-2 所示，黑龙江省乡村教师中"研究生学历"占 2.3%，"本科学历"占 69.5%，"大专学历"占 26.5%，"中专学历"占 1.7%，学历集中在本科和大专，说明黑龙江省乡村教师虽然高学历相对较少，但是学历层次较好。如表 4-3 所示，黑龙江省乡村教师中 30 岁以下"研究生学历"占 9.3%，"本科学历"占 80.1%，"大专学历"占 10.2%，"中专学历"占 0.3%，31~40 岁"研究生学历"占 4.0%，"本科学历"占 84.3%，"大专学历"占 10.7%，"中专学历"占 1.0%，41~50 岁"研究生学历"占 0.4%，"本科学历"占 73.1%，"大专学历"占 25.7%，"中专学历"占 0.8%，51 岁以上"研究生学历"占 0.2%，"本科学历"占 37.3%，"大专学历"占 57.4%，"中专学历"占 5.1%，学历层次向着逐渐提高的趋势发展，说明黑龙江省乡村教师学历层次越来越高。如表 4-2 所示，黑龙江省乡村教师中"固定编制"占 93.2%，"人事代理"占 1.1%，"临时聘用"占 5.6%，说明目前大部分黑龙江省乡村教师是固定编制，人事代理和临时聘用比较少。如表 4-4 所示，年龄小的黑龙江省乡村教师中"人事代理"和"临时聘用"比例较大，说明黑龙江省乡村教师中"人事代理"和"临时聘用"有增加的趋势，黑龙江省乡村教师的编制逐渐呈现紧张趋势。如表 4-2 所示，黑龙江省乡村教师中"小学教师"占 50.3%，"初中教师"占 37.4%，"高中教师"占 12.3%，乡村教师集中在小学和初中教师，高中教师相对极少。如表 4-2 所示，黑龙江省乡村教师中"语文学科教师"占 25.0%，"数学学科教师"占 18.6%，"英语学科教师"占 12.2%，"音体美学科教师"占 12.0%，其他学科都不足 10%，尤其是"信息技术学科教师"仅占 2.0%，"科学学科教师"仅占 4.4%，语文、数学教师数量较多，其他学科相对较少，尤其是信息技术与科学两个学科。如表 4-2 所示，黑龙江省乡村教师中"所教学科与所学专业一致"占 73.9%，"所教学科与所学专业不一致"占 26.1%，说明大多数黑龙江省乡村教师所教学科与所学专业相符合。如表 4-5 所示，黑龙江省乡村教师中数学、语文和英语学科教师与所学专业一致性情况很好，其他学科与所学专业一致性情况较差，尤其是品德、信息技术和科学学科教师与所学专业不相符情况比较严重，超过 50%。如表 4-2 所示，黑龙江省乡村教师中"小教一级"占 20.8%，"小教二级"占 11.4%，"小教高级"占 14.3%，"中教一级"占 24.7%，"中教二级"占 14.1%，"中教高级"占 14.7%，黑龙江省乡村教师职称低层次的较多，中高层次相对较少。

表 4-2  黑龙江省乡村教师基本情况的频数分析

| 调查内容 | 选项 | 频率 | 百分比/% | 有效百分比/% | 累积百分比/% |
|---|---|---|---|---|---|
| 性别 | 男 | 4332 | 28.6 | 28.6 | 28.6 |
| | 女 | 10803 | 71.4 | 71.4 | 100.0 |

| 调查内容 | 选项 | 频率 | 百分比/% | 有效百分比/% | 累积百分比/% |
|---|---|---|---|---|---|
| 年龄 | 30 岁以下 | 1487 | 9.8 | 9.8 | 9.8 |
| | 31~40 岁 | 4460 | 29.5 | 29.5 | 39.3 |
| | 41~50 岁 | 5963 | 39.4 | 39.4 | 78.7 |
| | 51 岁以上 | 3225 | 21.3 | 21.3 | 100.0 |
| 教龄 | 1~5 年 | 1807 | 11.9 | 11.9 | 11.9 |
| | 6~10 年 | 964 | 6.4 | 6.4 | 18.3 |
| | 11~20 年 | 4638 | 30.6 | 30.6 | 49.0 |
| | 21 年以上 | 7726 | 51.0 | 51.0 | 100.0 |
| 学历 | 研究生 | 349 | 2.3 | 2.3 | 2.3 |
| | 本科 | 10512 | 69.5 | 69.5 | 71.8 |
| | 大专 | 4012 | 26.5 | 26.5 | 98.3 |
| | 中专 | 262 | 1.7 | 1.7 | 100.0 |
| 职称 | 小教一级 | 3150 | 20.8 | 20.8 | 20.8 |
| | 小教二级 | 1721 | 11.4 | 11.4 | 32.2 |
| | 小教高级 | 2171 | 14.3 | 14.3 | 46.5 |
| | 中教一级 | 3742 | 24.7 | 24.7 | 71.3 |
| | 中教二级 | 2131 | 14.1 | 14.1 | 85.3 |
| | 中教高级 | 2220 | 14.7 | 14.7 | 100.0 |
| 所在学校类别 | 小学 | 7612 | 50.3 | 50.3 | 50.3 |
| | 初中 | 5666 | 37.4 | 37.4 | 87.7 |
| | 高中 | 1857 | 12.3 | 12.3 | 100.0 |
| 聘用性质 | 固定编制 | 14110 | 93.2 | 93.2 | 93.2 |
| | 人事代理 | 174 | 1.1 | 1.1 | 94.4 |
| | 临时聘用 | 851 | 5.6 | 5.6 | 100.0 |
| 所教学科 | 品德 | 957 | 6.3 | 6.3 | 6.3 |
| | 数学 | 2816 | 18.6 | 18.6 | 24.9 |
| | 语文 | 3789 | 25.0 | 25.0 | 50.0 |
| | 英语 | 1848 | 12.2 | 12.2 | 62.2 |
| | 信息技术 | 308 | 2.0 | 2.0 | 64.2 |
| | 科学 | 669 | 4.4 | 4.4 | 68.6 |
| | 音体美 | 1822 | 12.0 | 12.0 | 80.7 |
| | 其他 | 2926 | 19.3 | 19.3 | 100.0 |
| 所教学科与所学专业关系 | 一致 | 11178 | 73.9 | 73.9 | 73.9 |
| | 不一致 | 3957 | 26.1 | 26.1 | 100.0 |

**表 4-3 不同年龄黑龙江省乡村教师学历情况的频数分析**

| 年龄 | 学历 | 频率 | 百分比/% | 有效百分比/% | 累积百分比/% |
|---|---|---|---|---|---|
| 30 岁以下 | 研究生 | 139 | 9.3 | 9.3 | 9.3 |
| | 本科 | 1191 | 80.1 | 80.1 | 89.4 |
| | 大专 | 152 | 10.2 | 10.2 | 99.7 |
| | 中专 | 5 | 0.3 | 0.3 | 100.0 |
| 31~40 岁 | 研究生 | 177 | 4.0 | 4.0 | 4.0 |
| | 本科 | 3759 | 84.3 | 84.3 | 88.3 |
| | 大专 | 479 | 10.7 | 10.7 | 99.0 |
| | 中专 | 45 | 1.0 | 1.0 | 100.0 |
| 41~50 岁 | 研究生 | 26 | 0.4 | 0.4 | 0.4 |
| | 本科 | 4360 | 73.1 | 73.1 | 73.6 |
| | 大专 | 1530 | 25.7 | 25.7 | 99.2 |
| | 中专 | 47 | 0.8 | 0.8 | 100.0 |
| 51 岁以上 | 研究生 | 7 | 0.2 | 0.2 | 0.2 |
| | 本科 | 1202 | 37.3 | 37.3 | 37.5 |
| | 大专 | 1851 | 57.4 | 57.4 | 94.9 |
| | 中专 | 165 | 5.1 | 5.1 | 100.0 |

**表 4-4 不同年龄黑龙江省乡村教师与学校关系情况的频数分析**

| 年龄 | 聘用性质 | 频率 | 百分比/% | 有效百分比/% | 累积百分比/% |
|---|---|---|---|---|---|
| 30 岁以下 | 固定编制 | 863 | 58.0 | 58.0 | 58.0 |
| | 人事代理 | 69 | 4.6 | 4.6 | 62.7 |
| | 临时聘用 | 555 | 37.3 | 37.3 | 100.0 |
| 31~40 岁 | 固定编制 | 4160 | 93.3 | 93.3 | 93.3 |
| | 人事代理 | 75 | 1.7 | 1.7 | 95.0 |
| | 临时聘用 | 225 | 5.0 | 5.0 | 100.0 |
| 41~50 岁 | 固定编制 | 5900 | 98.9 | 98.9 | 98.9 |
| | 人事代理 | 20 | 0.3 | 0.3 | 99.3 |
| | 临时聘用 | 43 | 0.7 | 0.7 | 100.0 |
| 51 岁以上 | 固定编制 | 3187 | 98.8 | 98.8 | 98.8 |
| | 人事代理 | 10 | 0.3 | 0.3 | 99.1 |
| | 临时聘用 | 28 | 0.9 | 0.9 | 100.0 |

表4-5 不同学科教师与所学专业一致性情况的频数分析

| 所教学科 | 与所学专业关系 | 频率 | 百分比/% | 有效百分比/% | 累积百分比/% |
|---|---|---|---|---|---|
| 品德 | 一致 | 441 | 46.1 | 46.1 | 46.1 |
| | 不一致 | 516 | 53.9 | 53.9 | 100.0 |
| 数学 | 一致 | 2168 | 77.0 | 77.0 | 77.0 |
| | 不一致 | 648 | 23.0 | 23.0 | 100.0 |
| 语文 | 一致 | 3297 | 87.0 | 87.0 | 87.0 |
| | 不一致 | 492 | 13.0 | 13.0 | 100.0 |
| 英语 | 一致 | 1598 | 86.5 | 86.5 | 86.5 |
| | 不一致 | 250 | 13.5 | 13.5 | 100.0 |
| 信息技术 | 一致 | 187 | 60.7 | 60.7 | 60.7 |
| | 不一致 | 121 | 39.3 | 39.3 | 100.0 |
| 科学 | 一致 | 283 | 42.3 | 42.3 | 42.3 |
| | 不一致 | 386 | 57.7 | 57.7 | 100.0 |
| 音体美 | 一致 | 1451 | 79.6 | 79.6 | 79.6 |
| | 不一致 | 371 | 20.4 | 20.4 | 100.0 |
| 其他 | 一致 | 1753 | 59.9 | 59.9 | 59.9 |
| | 不一致 | 1173 | 40.1 | 40.1 | 100.0 |

### 4.1.6.2 黑龙江省乡村教师专业能力现状

#### A 信息化教学能力现状

如表4-6所示，黑龙江省乡村教师中信息技术掌握"非常熟练"占16.3%，"熟练"占54.6%，"不太熟练"占28.0%，"完全不熟练"占1.1%，说明黑龙江省乡村教师信息技术掌握情况良好，大部分黑龙江省乡村教师能够熟练掌握信息技术。如表4-7所示，黑龙江省乡村教师学历与信息技术掌握情况的相关系数为0.107，相关系数检验的显著性（双侧）$p$小于0.001，这说明黑龙江省乡村教师的信息技术掌握情况与教师学历有一定的相关，学历越高，信息技术掌握越好。如表4-7所示，黑龙江省乡村教师年龄与信息技术掌握情况的相关系数为0.174，相关系数检验的显著性（双侧）$p$小于0.001，这说明黑龙江省乡村教师的信息技术掌握情况与教师年龄有一定的相关，年龄越小，信息技术掌握越好。如表4-6所示，黑龙江省乡村教师中"每讲都用PPT"占18.4%，"常常使用PPT"占46.9%，"偶尔使用PPT"占27.5%，"基本不用PPT"占7.2%，说明大多数黑龙江省乡村教师能够应用PPT进行教学。如表4-7所示，黑龙江省乡村教师上课使用PPT情况与信息技术掌握情况的相关系数为0.361，相关系数检验的显著性（双侧）$p$小于0.001，这说明黑龙江省乡村教师上课使用PPT情况与信息技术掌握情况有一定的相关，信息技术掌握情况越好，使用 PPT 进行教学的情况越好。

**表 4-6 黑龙江省乡村教师信息化教学能力现状的频数分析**

| 调查内容 | 选项 | 频率 | 百分比/% | 有效百分比/% | 累积百分比/% |
|---|---|---|---|---|---|
| 信息技术掌握情况 | 非常熟练 | 2472 | 16.3 | 16.3 | 16.3 |
| | 熟练 | 8264 | 54.6 | 54.6 | 70.9 |
| | 不太熟练 | 4235 | 28.0 | 28.0 | 98.9 |
| | 完全不熟练 | 164 | 1.1 | 1.1 | 100.0 |
| PPT 课件使用情况 | 每讲都用 | 2781 | 18.4 | 18.4 | 18.4 |
| | 常常使用 | 7097 | 46.9 | 46.9 | 65.3 |
| | 偶尔使用 | 4163 | 27.5 | 27.5 | 92.8 |
| | 基本不用 | 1094 | 7.2 | 7.2 | 100.0 |

**表 4-7 黑龙江省乡村教师信息化教学能力现状的相关性分析**

| 分析内容 | Pearson 相关性 | 显著性（双侧） |
|---|---|---|
| 学历与信息技术掌握情况 | 0.107 ** | 0.000 |
| 年龄与信息技术掌握情况 | 0.174 ** | 0.000 |
| 信息技术掌握情况与 PPT 使用情况 | 0.361 ** | 0.000 |

** 相关性在 0.01 层上显著（双尾）。

**B 乡村教师教学能力现状**

如表 4-8 所示，黑龙江省乡村教师中"非常熟悉"教育基本理论占 19.3%，"熟悉"教育基本理论占 49.4%，"比较不熟悉"教育基本理论占 30.5%，"完全不熟悉"教育基本理论占 0.8%，说明大多数黑龙江省乡村教师熟悉或比较熟悉教育基本理论。如表 4-8 所示，黑龙江省乡村教师中"经常"实施教学设计占 74.6%，"偶尔"实施教学设计占 16.7%，"有评比、听课检查等活动时进行"实施教学设计占 8.2%，"从未"实施教学设计占 0.4%，说明大多数黑龙江省乡村教师具有一定的教学设计能力。如表 4-8 所示，黑龙江省乡村教师中能够"经常"进行教学反思占 82.9%，"偶尔"进行教学反思占 13.2%，"每天"进行教学反思占 3.7%，"从未"进行教学反思占 0.2%，37.3% 黑龙江省乡村教师以教后记的方式提出一些问题并思考，44.8% 黑龙江省乡村教师在反思和思考的基础上就本堂课重新设计，10.2% 黑龙江省乡村教师会征求学生对本节课的意见，仅 7.7% 黑龙江省乡村教师在其他班以同样的方式实施教学，说明大多数黑龙江省乡村教师能够及时进行教学反思。如表 4-8 所示，黑龙江省乡村教师中"集体备课"占22.3%,"根据学生实际,自己设计"占49.5%,"广泛参考,博采众长"占19.4%,"基本按教参组织教学"占8.8%,说明大部分黑龙江省乡村教师能够认真备课,不会直接按照教参组织教学内容。如表4-9所示,黑龙江省乡村教师教学研究的关注点并不一致,66.2%黑龙江省乡村教师选择关注课程设计,69.6%黑龙江省乡村教师选择关注教材分析,72.4%黑龙江省乡村教师选择关注学生个性分析,74.7%选择关注教学环节设计,42.8%黑龙江省乡村教师选择关注板书设计,相对较少。如表4-10所示,66.3%黑龙江省乡村教师遇到"学生个性与情感的关注"方面的困难,66.5%黑龙江省乡村教师遇到"对学习困难学生的辅导"方面的困难,45.7%黑龙江省乡村教师遇到"课堂氛围的营造"方面的困难,27.9%黑龙江省乡村教师遇到"教材的理解"方面的困难,说明黑龙江省乡村教师在教学中遇到的困难也不一致,较为突出的困难是学生个性与情感的关注和对学习困难学生的辅导,在课堂氛围营造和教材理解方面也会有一些乡村教师遇到的困难。如表4-8所示,仅19.0%黑龙江省乡村教师近三年以来没有开设公开课(研究课、示范课),超80%以上的黑龙江省乡村教师近三年以来开设公开课(研究课、示范课)达1次及以上,说明乡村教师具有一定的教学能力,但是有待提高。

**表4-8 黑龙江省乡村教师实施教学设计情况**

| 调查内容 | 选项 | 频率/% | 百分比/% | 有效百分比/% | 累积百分比/% |
|---|---|---|---|---|---|
| 教学设计实施情况 | 经常 | 11296 | 74.6 | 74.6 | 74.6 |
| | 偶尔 | 2530 | 16.7 | 16.7 | 91.4 |
| | 有评比、听课检查等活动时进行 | 1248 | 8.2 | 8.2 | 99.6 |
| | 从未 | 61 | 0.4 | 0.4 | 100.0 |
| 备课方式情况 | 集体备课 | 3378 | 22.3 | 22.3 | 22.3 |
| | 广泛参考,博采众长 | 2929 | 19.4 | 19.4 | 41.7 |
| | 根据学生实际,自己设计 | 7491 | 49.5 | 49.5 | 91.2 |
| | 基本按教参组织教学 | 1337 | 8.8 | 8.8 | 100.0 |
| 教学反思情况 | 经常 | 12540 | 82.9 | 82.9 | 82.9 |
| | 偶尔 | 1998 | 13.2 | 13.2 | 96.1 |
| | 每天 | 561 | 3.7 | 3.7 | 99.8 |
| | 从未 | 36 | 0.2 | 0.2 | 100.0 |

| 调查内容 | 选项 | 频率/% | 百分比/% | 有效百分比/% | 累积百分比/% |
|---|---|---|---|---|---|
| 教育基本理论<br>掌握情况 | 非常熟悉 | 2925 | 19.3 | 19.3 | 19.3 |
| | 熟悉 | 7474 | 49.4 | 49.4 | 68.7 |
| | 比较不熟悉 | 4622 | 30.5 | 30.5 | 99.2 |
| | 完全不熟悉 | 114 | 0.8 | 0.8 | 100.0 |
| 教学后续策略<br>应用情况 | 在其他班以同样的<br>方式实施教学 | 1158 | 7.7 | 7.7 | 7.7 |
| | 以教后记的方式<br>提出一些问题并<br>思考 | 5646 | 37.3 | 37.3 | 45.0 |
| | 征求学生对本节<br>课的意见 | 1543 | 10.2 | 10.2 | 55.2 |
| | 在反思和思考的<br>基础上就本堂课<br>重新设计 | 6788 | 44.8 | 44.8 | 100.0 |
| 近三年以来开设<br>公开课（研究课、<br>示范课）的情况 | 无 | 2874 | 19.0 | 19.0 | 19.0 |
| | 1次 | 2763 | 18.3 | 18.3 | 37.2 |
| | 2次 | 3043 | 20.1 | 20.1 | 57.4 |
| | 3次 | 2975 | 19.7 | 19.7 | 77.0 |
| | 4次 | 799 | 5.3 | 5.3 | 82.3 |
| | 5次及以上 | 2681 | 17.7 | 17.7 | 100.0 |

**表 4-9 黑龙江省乡村教师教学研究关注内容的多重响应分析**

| 教学研究时主要关注内容 | 响应 | | 个案百分比/% |
|---|---|---|---|
| | $N$ | 百分比/% | |
| 课程设计 | 10012 | 20.3 | 66.2 |
| 教材分析 | 10540 | 21.4 | 69.6 |
| 学生个性分析 | 10953 | 22.2 | 72.4 |
| 教学环节设计 | 11313 | 23.0 | 74.7 |
| 板书设计 | 6473 | 13.1 | 42.8 |

表 4-10 黑龙江省乡村教师教学中遇到的困难的多重响应分析

| 教学中遇到的困难 | 响应 | | 个案百分比/% |
|---|---|---|---|
| | N | 百分比/% | |
| 教材的理解 | 4227 | 13.5 | 27.9 |
| 学生个性与情感的关注 | 10029 | 32.1 | 66.3 |
| 课堂氛围的营造 | 6915 | 22.1 | 45.7 |
| 对学习困难学生的辅导 | 10066 | 32.2 | 66.5 |

C 黑龙江省乡村教师科研能力现状

如表 4-11 所示，黑龙江省乡村教师中最近三年没有发表论文占 38.4%，发表 1 篇论文占 22.2%，发表 2 篇论文占 19.0%，发表 3 篇论文占 13.7%，发表 4~5 篇论文占 5.1%，发表 6 篇及以上论文占 1.6%，发表论文数量较少，有较大比例黑龙江省乡村教师三年内没有发表论文。如表 4-11 所示，黑龙江省乡村教师主编和参编书籍情况很不好，85.5%黑龙江省乡村教师没有主编和参编书籍，11.0%黑龙江省乡村教师主编和参编书籍 1 本，仅 3.5%黑龙江省乡村教师主编和参编书籍 2 本及以上。如表 4-11 所示，黑龙江省乡村教师参与课题情况一般，11.2%黑龙江省乡村教师最近三年以来负责和参与最高级别的课题是国家级课题，11.1%黑龙江省乡村教师最近三年以来负责和参与最高级别的课题是省级课题，25.2%黑龙江省乡村教师最近三年以来负责和参与最高级别的课题是市级课题，31.1%黑龙江省乡村教师最近三年以来负责和参与最高级别的课题是校级课题，21.3%黑龙江省乡村教师最近三年以来未参与课题。由此可见，最近三年黑龙江省乡村教师科研业绩不好，说明乡村教师科研意识薄弱，科研能力不高，有待提高。

表 4-11 黑龙江省乡村教师科研能力现状的频数分析

| 调查内容 | 选项 | 频率 | 百分比/% | 有效百分比/% | 累积百分比/% |
|---|---|---|---|---|---|
| 最近三年发表论文篇数 | 无 | 5813 | 38.4 | 38.4 | 38.4 |
| | 1 篇 | 3361 | 22.2 | 22.2 | 60.6 |
| | 2 篇 | 2869 | 19.0 | 19.0 | 79.6 |
| | 3 篇 | 2070 | 13.7 | 13.7 | 93.2 |
| | 4~5 篇 | 778 | 5.1 | 5.1 | 98.4 |
| | 6 篇及以上 | 244 | 1.6 | 1.6 | 100.0 |
| 主编与参编书籍的本数 | 无 | 12936 | 85.5 | 85.5 | 85.5 |
| | 1 本 | 1667 | 11.0 | 11.0 | 96.5 |
| | 2 本 | 362 | 2.4 | 2.4 | 98.9 |
| | 3 本 | 94 | 0.6 | 0.6 | 99.5 |
| | 4 本及以上 | 76 | 0.5 | 0.5 | 100.0 |

| 调查内容 | 选项 | 频率 | 百分比/% | 有效百分比/% | 累积百分比/% |
|---|---|---|---|---|---|
| 最近三年以来负责和参与最高级别的课题情况 | 国家级 | 1697 | 11.2 | 11.2 | 11.2 |
| | 省级 | 1681 | 11.1 | 11.1 | 22.3 |
| | 市级 | 3813 | 25.2 | 25.2 | 47.5 |
| | 校级 | 4714 | 31.1 | 31.1 | 78.7 |
| | 未参与 | 3230 | 21.3 | 21.3 | 100.0 |

#### 4.1.6.3 黑龙江省乡村教师专业发展态度

如表 4-12 所示，91.7%的黑龙江省乡村教师认为教师专业发展很重要。如表 4-12 所示，黑龙江省乡村教师中 32.9%对自己教师职业发展有长期的详细规划，25.9%对自己教师职业发展有中期规划，32.9%对自己教师职业发展有短期规划，8.3%对自己教师职业发展没有规划，说明黑龙江省乡村教师都会对自己的职业发展进行规划，但很少有长期的详细的规划。如表 4-12 所示，80.5%黑龙江省乡村教师专业发展的主要动因是提高自身素养。如表 4-12 所示，45.2%黑龙江省乡村教师专业发展的主要动因是更新知识、提高素质，28.7%黑龙江省乡村教师专业发展的主要动因是使学生获得更好的发展，17.6%黑龙江省乡村教师专业发展的主要动因是适应教育改革的新要求，仅 8.4%黑龙江省乡村教师专业发展的主要动因是追求职务职称的提升或追求更高的收入。如表 4-12 所示，11.5%的黑龙江省乡村教师认为自己目前的专业发展状态是迅速上升，62.4%的黑龙江省乡村教师认为自己目前的专业发展状态是平稳发展，19.8%的黑龙江省乡村教师认为自己目前的专业发展状态是略有发展，5.4%的黑龙江省乡村教师认为自己目前的专业发展状态是停滞不前，1.0%的黑龙江省乡村教师认为自己目前的专业发展状态是有所下降。由此可见，黑龙江省乡村教师对教师专业发展的态度是端正的，认识到教师专业发展的重要性，具有良好的专业发展动机，能够对自己的职业发展进行规划，教师专业发展现状良好。

**表 4-12 黑龙江省乡村教师专业发展态度的频数分析**

| 调查内容 | 选项 | 频率 | 百分比/% | 有效百分比/% | 累积百分比/% |
|---|---|---|---|---|---|
| 教师专业发展重要性的认识 | 重要 | 13879 | 91.7 | 91.7 | 91.7 |
| | 一般 | 1102 | 7.3 | 7.3 | 99.0 |
| | 不重要 | 94 | 0.6 | 0.6 | 99.6 |
| | 无所谓 | 60 | 0.4 | 0.4 | 100.0 |
| 职业发展规划情况 | 有长期的详细规划 | 4978 | 32.9 | 32.9 | 32.9 |
| | 有中期规划 | 3919 | 25.9 | 25.9 | 58.8 |

| 调查内容 | 选项 | 频率 | 百分比/% | 有效百分比/% | 累积百分比/% |
|---|---|---|---|---|---|
| 职业发展规划<br>情况 | 有短期规划 | 4982 | 32.9 | 32.9 | 91.7 |
| | 没有规划 | 1256 | 8.3 | 8.3 | 100.0 |
| 专业发展的<br>主要动因 | 为备课 | 1728 | 11.4 | 11.4 | 11.4 |
| | 为完成任务 | 1115 | 7.4 | 7.4 | 18.8 |
| | 提高素养 | 12177 | 80.5 | 80.5 | 99.2 |
| | 爱好消遣 | 115 | 0.8 | 0.8 | 100.0 |
| | 更新知识、提高<br>素质 | 6842 | 45.2 | 45.2 | 45.2 |
| | 使学生获得更好<br>的发展 | 4351 | 28.7 | 28.7 | 74.0 |
| | 追求职务职称的<br>提升 | 747 | 4.9 | 4.9 | 78.9 |
| | 追求更高的收入 | 534 | 3.5 | 3.5 | 82.4 |
| | 适应教育改革的<br>新要求 | 2661 | 17.6 | 17.6 | 100.0 |
| 专业发展情况 | 迅速上升 | 1733 | 11.5 | 11.5 | 11.5 |
| | 平稳发展 | 9447 | 62.4 | 62.4 | 73.9 |
| | 略有发展 | 2995 | 19.8 | 19.8 | 93.7 |
| | 停滞不前 | 814 | 5.4 | 5.4 | 99.0 |
| | 有所下降 | 146 | 1.0 | 1.0 | 100.0 |

#### 4.1.6.4 乡村教师学习、教研和培训情况

**A 乡村教师学习情况**

如表4-13所示，黑龙江省乡村教师的工作量较大，34.6%的黑龙江省乡村教师认为工作量很大，每天都非常疲劳；34.2%的黑龙江省乡村教师认为工作量较大，比较疲劳；30.4%的黑龙江省乡村教师认为工作量适中，能接受；0.8%的黑龙江省乡村教师认为工作很轻松，无压力。如表4-13所示，大部分黑龙江省乡村教师会主动安排业务学习时间，45.0%黑龙江省乡村教师每天都会安排1~2小时进行业务学习，27.7%黑龙江省乡村教师每周会安排3~4小时进行业务学习，19.7%黑龙江省乡村教师每周会安排1~2小时进行业务学习，7.6%黑龙江省乡村教师极少主动安排业务学习时间进行业务学习。如表4-13所示，黑龙江省乡村教师学习的主要动因是提高素养。如表4-14所示，黑龙江省乡村教师学习手段多样，主要的学习手段有参加进修活动、参加教研活动、上网搜索信息、学校组织

业务学习。如表 4-13 所示，48.9%黑龙江省乡村教师业务学习资料主要是网络资源，32.4%黑龙江省乡村教师业务学习资料主要是教学参考书，11.0%的黑龙江省乡村教师业务学习资料是自备资料与藏书，很少通过其他资料进行学习。

表 4-13  黑龙江省乡村教师学习情况的频数分析

| 调查内容 | 选项 | 频率 | 百分比/% | 有效百分比/% | 累积百分比/% |
|---|---|---|---|---|---|
| 教师工作量 | 很大，每天都非常疲劳 | 5233 | 34.6 | 34.6 | 34.6 |
| | 较大，比较疲劳 | 5177 | 34.2 | 34.2 | 68.8 |
| | 适中，能接受 | 4603 | 30.4 | 30.4 | 99.2 |
| | 很轻松，无压力 | 122 | 0.8 | 0.8 | 100.0 |
| 教师业务学习时间 | 每天 1~2 小时 | 6815 | 45.0 | 45.0 | 45.0 |
| | 每周 3~4 小时 | 4195 | 27.7 | 27.7 | 72.7 |
| | 每周 1~2 小时 | 2977 | 19.7 | 19.7 | 92.4 |
| | 极少主动安排业务学习时间 | 1148 | 7.6 | 7.6 | 100.0 |
| 教师业务学习资料来源 | 教学参考书 | 4897 | 32.4 | 32.4 | 32.4 |
| | 自备资料与藏书 | 1668 | 11.0 | 11.0 | 43.4 |
| | 网络资源 | 7397 | 48.9 | 48.9 | 92.2 |
| | 专家提供资料 | 297 | 2.0 | 2.0 | 94.2 |
| | 同事同行提供资料 | 623 | 4.1 | 4.1 | 98.3 |
| | 学校图书馆资料 | 253 | 1.7 | 1.7 | 100.0 |
| 教师业务学习的主要动因 | 为备课 | 2171 | 14.3 | 14.3 | 14.3 |
| | 为完成任务 | 883 | 5.8 | 5.8 | 20.2 |
| | 提高素养 | 11917 | 78.7 | 78.7 | 98.9 |
| | 爱好消遣 | 164 | 1.1 | 1.1 | 100.0 |

表 4-14  黑龙江省乡村教师主要学习手段的多重影响分析

| 平时的主要专业学习手段 | 响应 | | 个案百分比/% |
|---|---|---|---|
| | N | 百分比/% | |
| 阅览期刊报纸 | 3836 | 9.1 | 25.3 |
| 参加进修活动 | 8012 | 19.0 | 52.9 |
| 参加教研活动 | 10339 | 24.5 | 68.3 |
| 上网搜索信息 | 9836 | 23.3 | 65.0 |
| 学校组织的业务学习 | 8731 | 20.7 | 57.7 |
| 其他 | 1440 | 3.4 | 9.5 |

B 乡村教师教研情况

如表 4-15 所示，89.9%的乡村教师希望多参加教研活动。如表 4-15 所示，93%黑龙江省乡村教师至少每月组织 1 次教研活动。如表 4-15 所示，61.9%的黑龙江省乡村教师认为参加教研活动对专业成长帮助很大，30.4%黑龙江省乡村教师认为参加教研活动对专业成长帮助一般。由此可见，黑龙江省乡村教师教研活动情况良好。

表 4-15 黑龙江省乡村教师教研活动情况的频数分析

| 调查内容 | 选项 | 频率 | 百分比/% | 有效百分比/% | 累积百分比/% |
|---|---|---|---|---|---|
| 参加学科教研活动的态度 | 希望多参加 | 13612 | 89.9 | 89.9 | 89.9 |
| | 是领导要求参加 | 896 | 5.9 | 5.9 | 95.9 |
| | 尽量不参加 | 214 | 1.4 | 1.4 | 97.3 |
| | 无所谓 | 413 | 2.7 | 2.7 | 100.0 |
| 每月组织教研活动次数 | 无 | 1053 | 7.0 | 7.0 | 7.0 |
| | 1 次 | 3770 | 24.9 | 24.9 | 31.9 |
| | 2 次 | 3620 | 23.9 | 23.9 | 55.8 |
| | 3 次 | 1091 | 7.2 | 7.2 | 63.0 |
| | 4 次 | 4538 | 30.0 | 30.0 | 93.0 |
| | 5 次及以上 | 1063 | 7.0 | 7.0 | 100.0 |
| 教研活动对专业成长的帮助作用 | 很大 | 9369 | 61.9 | 61.9 | 61.9 |
| | 一般 | 4599 | 30.4 | 30.4 | 92.3 |
| | 无作用 | 755 | 5.0 | 5.0 | 97.3 |
| | 没参加不清楚 | 412 | 2.7 | 2.7 | 100.0 |

C 乡村教师参加培训情况

如表 4-16 所示，大多数黑龙江省乡村教师认为培训活动对教师专业成长有帮助，67.4%黑龙江省乡村教师认为培训活动对教师专业成长帮助作用很大，30.1%黑龙江省乡村教师认为培训活动对教师专业成长帮助作用一般。如表 4-16 所示，黑龙江省乡村教师有参加各级培训的机会，参加校级培训、乡镇级培训、县级培训比市级培训、省级及以上培训要多一些，但是参加培训的次数很少，不足以支持乡村教师专业发展。如表 4-17 所示，最近三年，乡村教师参加多种形式的培训，培训的模式有集中面授、远程培训、送培送教、校本教研、专家指导、网络教研，其中远程培训和校本教研相对较多。如表 4-18 所示，最近三年，乡村教师参加培训的内容涵盖面很广，涉及课堂教学技能、现代教育理念、心理健康教育、信息技术应用、教育科研、论文写作方面，其中课堂教学技能、现代教育理念、信息技术应用相对较多；心理健康教育，教育科研、论文写作方面相对较少。

表 4-16 黑龙江省乡村教师培训活动情况的频数分析

| 调查内容 | 选项 | 频率 | 百分比/% | 有效百分比/% | 累积百分比/% |
|---|---|---|---|---|---|
| 参加校级培训次数 | 没接受过 | 1032 | 6.8 | 6.8 | 6.8 |
| | 1次 | 1570 | 10.4 | 10.4 | 17.2 |
| | 2~3次 | 5153 | 34.0 | 34.0 | 51.2 |
| | 4~5次 | 2636 | 17.4 | 17.4 | 68.7 |
| | 6次及以上 | 4744 | 31.3 | 31.3 | 100.0 |
| 参加乡镇级培训次数 | 没接受过 | 3788 | 25.0 | 25.0 | 25.0 |
| | 1次 | 2086 | 13.8 | 13.8 | 38.8 |
| | 2~3次 | 5023 | 33.2 | 33.2 | 72.0 |
| | 4~5次 | 1890 | 12.5 | 12.5 | 84.5 |
| | 6次及以上 | 2348 | 15.5 | 15.5 | 100.0 |
| 县级培训次数 | 没接受过 | 2247 | 14.8 | 14.8 | 14.8 |
| | 1次 | 2391 | 15.8 | 15.8 | 30.6 |
| | 2~3次 | 6007 | 39.7 | 39.7 | 70.3 |
| | 4~5次 | 2181 | 14.4 | 14.4 | 84.7 |
| | 6次及以上 | 2309 | 15.3 | 15.3 | 100.0 |
| 市级培训次数 | 没接受过 | 5411 | 35.8 | 35.8 | 35.8 |
| | 1次 | 3858 | 25.5 | 25.5 | 61.2 |
| | 2~3次 | 4200 | 27.8 | 27.8 | 89.0 |
| | 4~5次 | 874 | 5.8 | 5.8 | 94.8 |
| | 6次及以上 | 792 | 5.2 | 5.2 | 100.0 |
| 参加省级及以上培训次数 | 没接受过 | 9007 | 59.5 | 59.5 | 59.5 |
| | 1次 | 3075 | 20.3 | 20.3 | 79.8 |
| | 2~3次 | 2352 | 15.5 | 15.5 | 95.4 |
| | 4~5次 | 378 | 2.5 | 2.5 | 97.9 |
| | 6次及以上 | 323 | 2.1 | 2.1 | 100.0 |
| 培训活动对专业成长的帮助作用 | 很大 | 10203 | 67.4 | 67.4 | 67.4 |
| | 一般 | 4559 | 30.1 | 30.1 | 97.5 |
| | 无作用 | 295 | 1.9 | 1.9 | 99.5 |
| | 没参加不清楚 | 78 | 0.5 | 0.5 | 100.0 |

表 4-17　黑龙江省乡村教师最近三年参加培训模式的多重响应分析

| 最近三年，您参加培训的模式 | 响应 | | 个案百分比/% |
|---|---|---|---|
| | N | 百分比/% | |
| 集中面授 | 7434 | 16.2 | 49.1 |
| 远程培训 | 11519 | 25.1 | 76.1 |
| 送培送教 | 6347 | 13.8 | 41.9 |
| 校本教研 | 9360 | 20.4 | 61.8 |
| 专家指导 | 4167 | 9.1 | 27.5 |
| 网络教研 | 7143 | 15.5 | 47.2 |

表 4-18　黑龙江省乡村教师最近三年参加培训的内容的多重响应分析

| 最近三年，您参加培训的内容 | 响应 | | 个案百分比/% |
|---|---|---|---|
| | N | 百分比/% | |
| 课堂教学技能 | 11122 | 28.6 | 77.4 |
| 现代教育理念 | 9082 | 23.3 | 63.2 |
| 心理健康教育 | 6261 | 16.1 | 43.6 |
| 信息技术应用 | 8610 | 22.1 | 59.9 |
| 教育科研、论文写作方面 | 3853 | 9.9 | 26.8 |

#### 4.1.6.5　阻碍乡村教师专业发展原因

如表 4-19 所示，阻碍黑龙江省乡村教师专业发展的原因具有多样性和复杂性，其中教师工作压力大、无暇顾及，不重视乡村教师，缺乏政策与保障机制，缺乏专项经费支持，参加教研进修机会少这些原因相对来说比较主要。

表 4-19　阻碍黑龙江省乡村教师专业发展的原因的多重响应分析

| 阻碍乡村教师专业发展的原因 | 响应 | | 个案百分比/% |
|---|---|---|---|
| | N | 百分比/% | |
| 教师工作压力大、无暇顾及 | 9072 | 18.0 | 59.9 |
| 不重视乡村教师 | 8299 | 16.4 | 54.8 |
| 教师个人原因，缺乏动力 | 3291 | 6.5 | 21.7 |
| 缺乏政策与保障机制 | 6965 | 13.8 | 46.0 |
| 缺乏专项经费支持 | 6302 | 12.5 | 41.6 |
| 教师间缺乏合作、交流的氛围 | 3555 | 7.0 | 23.5 |
| 参加教研进修机会少 | 5926 | 11.7 | 39.2 |
| 领导不重视 | 2345 | 4.6 | 15.5 |
| 缺少专家指导 | 4728 | 9.4 | 31.2 |

#### 4.1.6.6 乡村教师专业发展需求

如表 4-20 所示，黑龙江省乡村教师中希望通过"现代远程开放教育"和"骨干教师培训"形式接受继续教育占 85.3%，希望通过"成人高考（函授）、自学考试、夜大"和"在职学历教育"形式接受继续教育占 19.6%，说明大多数黑龙江省乡村教师有参加远程开发教育和骨干教师培训的需求，没有学历提高的需求。如表 4-20 所示，黑龙江省乡村教师更多地希望通过教师间的及时交流、外出培训和专家指导形式促进自己教师专业成长，很少希望通过自我反思和专题研讨形式促进自己教师专业成长。如表 4-20 所示，大多数乡村教师未来准备参加教师继续教育培训和业余时间学科专业知识培训。如表 4-21 所示，乡村教师专业发展需求是复杂性，不同的乡村教师发展需求是不同的，需要发展课堂教学技能、现代教育理念和信息技术应用相对较多，需要发展心理健康教育、教育科研、论文写作方面的次之，需要发展师德与法制教育的较少。

**表 4-20 黑龙江省乡村教师专业发展需求情况的频数分析**

| 调查内容 | 选项 | 频率 | 百分比/% | 有效百分比/% | 累积百分比/% |
|---|---|---|---|---|---|
| 继续教育需求 | 成人高考（函授）、自学考试、夜大 | 748 | 4.9 | 4.9 | 4.9 |
| | 现代远程开放教育 | 7266 | 48.0 | 48.0 | 53.0 |
| | 骨干教师培训 | 4889 | 32.3 | 32.3 | 85.3 |
| | 在职学历教育 | 2232 | 14.7 | 14.7 | 100.0 |
| 自我成长需求 | 教师间的及时交流 | 3916 | 25.9 | 25.9 | 25.9 |
| | 自我反思 | 1955 | 12.9 | 12.9 | 38.8 |
| | 外出培训 | 5464 | 36.1 | 36.1 | 74.9 |
| | 专家指导 | 2924 | 19.3 | 19.3 | 94.2 |
| | 专题研讨 | 876 | 5.8 | 5.8 | 100.0 |
| 培训进修需求 | 硕士在职研读 | 663 | 4.4 | 4.4 | 4.4 |
| | 研究生课程班研读 | 394 | 2.6 | 2.6 | 7.0 |
| | 教师继续教育培训 | 8231 | 54.4 | 54.4 | 61.4 |
| | 业余时间学科专业知识培训 | 3867 | 25.6 | 25.6 | 86.9 |
| | 业余时间其他证书考证培训 | 473 | 3.1 | 3.1 | 90.0 |
| | 其他 | 1507 | 10.0 | 10.0 | 100.0 |

**表 4-21 黑龙江省乡村教师专业发展内容需求情况的多重响应分析**

| 专业发展内容需求 | 响应 | | 个案百分比/% |
|---|---|---|---|
| | N | 百分比/% | |
| 师德与法制教育 | 3731 | 9.4 | 24.7 |

| 专业发展内容需求 | 响应 | | 个案百分比/% |
|---|---|---|---|
| | N | 百分比/% | |
| 课堂教学技能 | 9873 | 24.9 | 65.2 |
| 现代教育理念 | 8088 | 20.4 | 53.4 |
| 心理健康教育 | 5731 | 14.5 | 37.9 |
| 信息技术应用 | 7585 | 19.1 | 50.1 |
| 教育科研、论文写作方面 | 4629 | 11.7 | 30.6 |

### 4.1.6.7　小结

黑龙江省乡村教师男女比例、年龄结构不当，女教师占大比例，年轻教师很少，多是从教多年的经验型教师。虽然黑龙江省乡村教师高学历相对较少，但是学历层次较好，而且学历层次越来越高。黑龙江省乡村教师集中在小学和初中教师，高中教师极少，大多数黑龙江省乡村教师所教学科与所学专业相符合，而且语文、数学学科教师数量较多，其他学科相对较少，尤其是信息技术与科学两个学科最少。目前大部分黑龙江省乡村教师是固定编制，但是黑龙江省乡村教师的编制逐渐呈现紧张趋势，人事代理和临时聘用有增加的趋势，而且职称低层次的较多，中高层次相对较少。

黑龙江省乡村教师具有一定的教学能力，但是还有待提高。大多数黑龙江省乡村教师熟悉或比较熟悉教育基本理论，具有一定的教学设计能力，能够认真备课，不会直接按照教参组织教学内容，教学后能够及时进行教学反思。黑龙江省乡村教师信息技术掌握情况良好，能够应用 PPT 进行教学，并且学历越高、年龄越小，信息技术掌握越好。黑龙江省乡村教师教学研究的关注点并不一致，有的关注课程设计，有的关注教材分析，有的关注学生个性分析，有的关注教学环节设计，关注板书设计的较少，大部分黑龙江省乡村教师近三年以来开设公开课（研究课、示范课）达 1 次以上。黑龙江省乡村教师在教学中遇到的困难也不一致，较为突出的困难是学生个性与情感的关注和对学习困难学生的辅导，在课堂氛围营造和教材理解方面也会有一些乡村教师遇到的困难。乡村教师科研意识薄弱，最近三年黑龙江省乡村教师科研业绩不好，科研能力不高，有待加强。

黑龙江省乡村教师对教师专业发展的态度是端正的，能够认识到教师专业发展的重要性，能够对自己的职业发展进行规划，具有良好的专业发展动机，以"更新知识、提高素质"为专业主要动力，专业发展现状良好。

在提高自身素养动机的驱动下，黑龙江省乡村教师会主动进行业务学习，但是由于工作量较大，业务时间较少。黑龙江省乡村教师业务学习手段具有多样性，主要的学习手段有参加进修活动、参加教研活动、上网搜索信息、学校组织业务学习。黑龙江省乡村教师业务学习资料主要有网络资源、教学参考书、自备资料与藏书。黑龙江省乡村教师教研活动开展情况良好，每月至少组织1次教研活动，对教师专业成长帮助很大。培训活动能够帮助黑龙江省乡村教师专业成长，黑龙江省乡村教师有参加各级培训的机会，参加校级培训、乡镇级培训、县级培训比参加市级培训、省级及以上培训要多一些，但是参加培训的次数很少，不足以支持乡村教师专业发展。最近三年，黑龙江省乡村教师参加培训的模式有集中面授、远程培训、送培送教、校本教研、专家指导、网络教研，其中远程培训和校本教研相对较多。黑龙江省乡村教师参加培训的内容涵盖面很广，涉及课堂教学技能、现代教育理念、心理健康教育、信息技术应用、教育科研、论文写作方面，其中课堂教学技能、现代教育理念、信息技术应用相对较多，心理健康教育、教育科研、论文写作方面相对较少。

阻碍黑龙江省乡村教师专业发展的原因具有多样性和复杂性，其中主要原因有教师工作压力大、无暇顾及，缺少对乡村教师重视，缺乏政策与保障机制，缺乏专项经费支持，缺少参加教研进修机会等。

黑龙江省乡村教师很少有学历提高的需求，希望参加远程开发教育和骨干教师培训。黑龙江省乡村教师专业发展需求是复杂性，不同的乡村教师发展需求是不同的，更多地希望通过教师间的及时交流、外出培训和专家指导形式促进自己教师专业成长，未来准备参加教师继续教育培训和业余时间学科专业知识培训，需要发展课堂教学技能、现代教育理念和信息技术应用相对较多，需要发展心理健康教育、教育科研、论文写作方面的次之，需要发展师德与法制教育的较少。

## 4.2　黑龙江省乡村教师专业发展存在的问题

### 4.2.1　结构不合理，发展不均衡

黑龙江省乡村教师存在性别、年龄、学科、职称结构不合理，发展不均衡的问题。黑龙江省乡村教师由于女教师居多，年轻教师较少、断层等原因，需要引进年轻教师均衡队伍、提高整体师资水平。青年教师作为教师队伍中的中坚力量、核心发展的关键所在，应大力发展、积极征纳，可是乡村教师编制逐渐呈现紧张趋势，这必然影响教师引进、队伍壮大。黑龙江省乡村教师学科结构不合理，语文、数学等重点学科教师相对较多，如信息技术与科学等不受重视学科，相对教师很少，难以有较大的人事安排。急需引进薄弱学科教师来均衡教师学科结构。黑龙江省乡村教师职称结构不合理，低层次职称教师较多，中高层次职称教师较少，晋职压力较大。

### 4.2.2 专业发展水平一般，有待提高

虽然大部分黑龙江省乡村教师在专业理念与师德、专业知识和专业能力方面都有一定的发展，但是其发展水平一般，还有待提高。教师的专业理念决定着孩子的发展基础与方向；师德更是能够因材施教并促进孩子的能力提升；专业知识是开拓学生学习场域的钥匙，也是提升专业能力的根本。大部分黑龙江省乡村教师，在专业理念与师德、专业知识和专业能力三个方面都有所欠缺，尤其是专业能力和信息技术应用能力更需要发展、提高。如教师对于信息技术的专业知识理解不够深刻，掌握得不够完善，就会导致能力不足，不能很好地结合教学内容提升孩子对信息技术学科的学习质量，培养并提高孩子的学习兴趣。

### 4.2.3 受外部因素的制约，无法系统深入发展

虽然黑龙江省乡村教师有着强烈的自我发展愿望和动机，但是受到工作压力大、学习时间不充足、优质教育资源缺乏、社会支持不够等外部因素的制约，无法系统深入发展。乡村学校学生很小就在学校住宿，乡村教师不仅要完成日常教学和管理工作，还要对学生的生活进行管理和照顾，这必然加大乡村教师的工作压力，占据乡村教师大量时间，阻碍或减缓了乡村教师继续向前的步伐。乡村教师能够获取的教育资源是有限的，获得各种社会支持也是有限的，这必然导致乡村教师无法合理规划自己的职业生涯，无法系统深入地实现专业化发展。

### 4.2.4 发展需求多样复杂，很难及时、有针对性地满足

黑龙江省乡村教师专业发展水平有较大的差异，其专业发展需求也是多样复杂的，不同地区、年龄段、教龄段等乡村教师具有不同的专业发展需求。由于教师人群的个别化较为明显，无法全面统一，导致教师的发展需求变成一个棘手的问题，研究发现目前提供的教育资源和社会支持很难及时、有针对性地满足乡村教师个别化发展的需要。这也说明当前这一问题的有效解决对教师的专业发展、能力提高都有着至关重要的价值。

## 4.3 黑龙江省乡村教师专业发展策略

### 4.3.1 制定合理的职业生涯发展规划，实现系统发展

乡村教师专业发展覆盖乡村教师整个职业生涯，指乡村教师作为专业教师，在思想、知识、能力等方面不断发展和完善的过程，是乡村教师从新手教师到专家型教师转变的过程。正是由于乡村教师专业发展是一个过程，所以制定乡村职

业生涯发展规划至关重要。乡村教师应该依据自身实际制定适合自身发展的职业生涯发展规划，实现系统发展。

一般可以将乡村教师职业生涯发展分为以下三个阶段：

（1）适应阶段。适应阶段是乡村教师走上工作岗位，由没有实践体验到初步适应教育教学工作，具备最基本、最起码教育教学能力和其他素质的阶段。这一阶段的主要活动是开始从事教育教学工作。这一阶段，乡村教师专业化水平还是较低层次。处于适应阶段的乡村教师并不能很好地理解有效合理制定职业生涯发展规划对其自身发展有着多么重要的辅助作用。他们更多是从组织教学活动中提升个人教学水平及专业能力，在与学生交流沟通中提高自己的职业认知。因此，对该阶段的教师应给予完善的理论化学习，为其提供适宜的培训课程，便于其快速提高自身的专业技能。

（2）发展阶段。发展阶段是乡村教师在初步适应教育教学工作后，继续在教育教学实践中锻炼自己教育教学能力和素质，使之达到熟练的程度的阶段。这一阶段，乡村教师向着全面化和整体化方向发展，专业化水平得到提高。这一阶段的教师具有一定的理论基础，又有一定的实践经验，在指导教育教学过程中，可以很好地将理论与实践相结合，切实从学生心理出发，为学生身心健康着想。通过自己的专业优势，最大限度地引导学生提出问题、解决问题，促进学生对学科学习的兴趣。

（3）创造阶段。创造阶段是乡村教师开始由固定的常规的自动化工作进入到开始探索和创新的时期，是形成自己独特见解和教学风格的阶段。这一阶段，活动具有探索性，乡村教师形成自己的教育思想，专业化水平达到最高层次。这一阶段的教师拥有一定的工作经验，无论是对学生的身心发展、思维方式、各方面能力都有相应的了解，并在以往的教学活动中已形成适合自己与学生共同探究的学习环境。在这种环境中，多以学生为主导，教师扮演引导者与学生共同探索，不断创新。

### 4.3.2 减少乡村教师工作压力，实现时间优化

工作压力大、时间不充足是影响乡村教师专业发展的最大困难之一。乡村教师每天的工作任务很多，很多教师甚至将自己的课余时间用来做日常的教学工作。繁重的工作之后，即使乡村教师有提高自身专业发展的意愿，也没有充足时间参与自我提高的活动。乡村教师有强烈地提高自身专业发展的愿望，要提高乡村教师的专业发展，就应该给乡村教师提高自身专业素养的时间。由此可见，减少乡村教师工作压力，优化乡村教师工作时间尤为重要。优化乡村教师工作时间策略如下：

（1）学校监督管理乡村教师教学实践，让乡村教师自觉地充分利用工作时

间，将自己今天所有的基本教学工作做完，提高乡村教师工作时间的效率，保留部分时间用于投入到提高自身专业素养的活动中。将一些日常性必要工作打好"提前量"，在教育教学过程中合理规划教学任务。在保证学生学习内容的前提下，努力缩短教师工作时间。

（2）学校统一管理者设置教师专业发展活动的时间，将教师从繁忙、无效的工作中解放出来，如教研、校本培训、教师的经验交流、反思、教学观摩等活动。对教师发展进行统一管理，组织教师进行教研、校本培训，促进教师间的经验交流分享。鼓励教师走班听课，并对教学内容进行反思，通过教学观摩互相学习。在工作之余可通过学习平台或软件课程进行相关系统的培训并将学习内容以笔记等形式进行有效记录。

（3）创新激励机制，鼓励乡村教师自觉地利用空余时间进行自我提升，例如：建设富有激情、积极向上的校园文化，建立合理的教师评价体系。培养教师终身学习的良好习惯。

### 4.3.3 提供系统培训，实现有针对性的发展

乡村教师参加培训的机会很少，有强烈的培训需求。培训是我国提高乡村教师专业发展的主要途径之一，对乡村教师专业发展有重要作用。乡村教师参加培训主要有国家级培训、市县级培训和校本培训，培训以讲座、讲授、讨论等方式实施，培训内容可以是乡村教师专业理念与师德、专业知识、教师专业能力的任何方面。

由于乡村教师专业发展需求具有多样性和复杂性，所以乡村教师培训应该在了解和尊重乡村教师专业发展需求的前提下有针对性地提供系统培训，让每个乡村教师的发展需求都得到满足，实现有针对性的发展。系统培训指依据乡村教师发展阶段系统设计开发理论和实践相结合的乡村教师培训活动。系统培训包括以专家培训为主的专业理念与师德知识方面的理论性培训和以现场观摩、实践训练等方式为主的专业能力方面的实践性培训。也可根据实际情况，开展线上课程学习或专家连线。系统培训具有整体性，涵盖乡村教师专业发展的各个阶段，满足所有乡村教师的发展需求。为了节约培训成本和代价，系统培训可以线上、线下相结合的方式进行。为了促进乡村教师更好地发展，系统培训要不断进行更新完善，融合新知识和新理念。此外，还应该注意在培训中推动乡村教师之间的互动，也可组织一线乡村教师开展经验交流座谈会，由模范学校进行经验分享，交流学习规划及教师发展的核心任务。

### 4.3.4 变革乡村教师经验交流方式，实现校际交流

教师交流是教师将自己教学实践工作中获得的经验与其他教师进行交流分

享，以期促进双方的共同发展、进步。乡村教师对参加教师经验交流的愿望极其强烈，乡村教师想通过与城镇优秀教师、专家的经验交流获得自身专业水平的提升。通过教师经验交流，乡村教师以获得其他优秀教师的经验，了解其他教师对教育教学的理解，并通过反思不断更新转变自己的教育理念，加深对学生的认识和对教育意义的理解；通过教师经验交流，可以扩大乡村教师的知识面，可以促进乡村教师认识到现代教育教学理论知识的重要性和实用性，对乡村教师教学实践工作具有重要的指导意义；通过教师经验交流，可以促进乡村教师提高教学实践能力，帮助乡村教师解决教学实践中的困惑，获得教学实践知识，并将其应用到实践教学中，经过反思促进教学实践能力的提升。例如，针对乡村教师专业技能与专业知识提升的问题。可通过优秀教师、专家的经验分享展开相关探讨：共同研究当代教育背景下，乡村教师自身专业技能的培训方式、培训内容，鼓励教师积极学习，找准职业方向，努力塑造自身，拓展专业知识，成为教师队伍中的领航人。结合自己所在学校的特点挖掘问题，向专家请教，并将专家的指导意见总结成学习经验，进一步地与所在学校交流探索。

乡村教师经验交流不能局限在乡村教师所在的学校，也不能局限在乡村教师范围内，可以加强校际间教师经验交流，以实现城乡教师经验分享，促进乡村教师专业发展。由于城镇教师一般不愿意深入乡村学校，所以，要变革教师经验交流方式，借助现代信息技术，开展网络远程教师经验交流。教师经验交流不仅要打破空间限制，还要注意打破原有的一带一方式，尽量保持教师的多元化和多样性，而且要定期重组，这样可以扩大交流范围，更有助于促进乡村教师专业发展。

### 4.3.5 建立乡村教师学习共同体，实现共同发展

"学习共同体"是指一个由学习者及其助学者（包括教师、专家、辅导者等）共同构成的团体，他们彼此之间经常在学习过程中进行沟通、交流，分享各种学习资源，共同完成一定的学习任务，因而在成员之间形成了相互影响、相互促进的人际关系。建立乡村教师学习共同体是非常必要的，乡村教师学习共同体中，每位乡村教师都平等地享有提出教学问题和分享教学方法的权利，都有必要发现各自的不同、优点和缺点，彼此之间相互学习、共同进步。建立乡村教师学习共同体不要局限在本校、本地区，乡村教师学习共同体内乡村教师要有共同的目标，共同目标是乡村教师团结一致的基础，是乡村教师教育教学责任意识的体现，乡村教师也能在这样的团队中培养教师职业精神。乡村教师学习共同体共享和交流内容包括关键性的教育教学信息、乡村教师在教学中的困惑或者问题，乡村教师知识和经验。面对教育教学信息，学习共同体可采用榜样示范教学研究或

公开课等方式进行学习交流，共同针对学生身心发展特点，结合教育教学内容及目标的完成情况，制定相关的培养方案，针对乡村教师在教学中的困惑及所面临的棘手问题，给予及时的指导，并归纳其原因，总结适宜的教学方法，从核心素养方面跟进乡村教师学习专业知识的能力，从而促进乡村教师知识和经验的不断扩充与累积。

### 4.3.6　开展教学改革实践研究，实现有效发展

乡村教师要实现有效发展，必须开展教学改革实践研究，教学改革实践研究对促进乡村教师专业发展有重要意义。乡村教师专业发展离不开实践，乡村教师学习新理论、新知识，获得其他教师教学经验，要这些收获转化为乡村教师自己的教学理念、方法和能力，必须在实践中进行教学改革探索，在实践中运用这些收获。乡村教师在教学改革实践中，运用现代教育理论指导教学实践，将信息技术与学科教学深度融合，不仅可以促进课堂教学质量的提高，还能加深对现代教育理论的理解和认识，提高信息技术应用能力，提高乡村教师教学研究能力，促进乡村教师有效发展。可针对教学改革实践研究的相关问题，成立课题研究小组，课题组成员利用日常教学时间，开展促进学生学习发展的教学策略和方法的研究。首先，从课标出发，使教师和学生对教学改革有更加明确的认识，便于对照课标内容进行自评或他评。针对学生技能形成的教学策略，可从分配任务、引导倾听表达、促进沟通交流等教学目标中进行适当的改变，从而达到学生与课堂的充分融合，对教学内容的深刻理解。也可通过教学改革，制定相关条例、创新机制来促进学生的发展，促进教师对教学改革实践研究的核心动力。面对教学改革，教师可从多方面对学生展开深入的研究，例如教学评价、教学目标的完成程度、教学内容的深入与拓展。从根本上结合课程标准特点，将教学改革实践研究进行整理归纳。

### 4.3.7　及时进行教学反思，实现综合发展

教学反思是对教学活动和教学理论的反思，乡村教师专业发展水平的提升离不开教学反思，教学反思能为教师的专业性发展打下坚实的基础。教学反思帮助乡村教师将对教育教学的认识牢牢存储在大脑中，并在课堂教学实践中应用这种认识，加深和拓展了乡村教师对教育教学的认识，促进了教学实践的改革、创新，进而不断超越自己，专业发展水平不断提高。

教学反思是提高乡村教师专业发展水平的重要机制。通过教学反思，乡村教师不断更新教学观念，总结教学实践中的经验，将对教学实践中的感性认识上升到理性认识，形成不同于其他教师的教学实践性知识。教学反思是乡村教师形成自己独特的专业知识和智慧的有效途径，乡村教师在教学过程中必须及时进行反

思。乡村教师专业能力是在教学实践中形成和提升的，教学反思是对教学实践活动的反思，对教学实践活动中的问题进行反思，通过解决问题不断地改进教学实践活动，对教学实践活动进行创新。很多乡村教师专业发展方式都离不开教学反思，无论是教师培训、教师教学交流，还是教学研究都需要及时进行教学反思，达到对教育教学认识的理性高度。美国社会心理学家和比较心理学家马斯洛认为：当个人对任务强烈认同时，会产生强大的驱动力，乡村教师的发展就需要这样的内驱力。教学反思是促进乡村教师全面发展的重要途径之一。进行教学反思时，不仅能够站在第二视角解决教学工作中的实际问题，同时能够发现学生的学习氛围、教师的教学方法等内容不足之处，并进行合理分析。教师可以在教学反思的实战中成长，在发现问题、解决问题的过程中成长，逐渐走向深度学习。过去学习教育科研的渠道是讲座和书本，如今的教育渠道四通八达，更加全面多样，这也促使教师的教学反思可以从多角度、多维度高效进行。结合线上线下等学习平台，为教师的专业发展提供更加灵活、长效的支持机制，也为其反思内容进行随时随地的指导、帮助和支持。为实现综合发展，教师应当具有归属感。过去老师们教学中遇到的问题，采用的方式一般是自己解决、咨询校内有经验的老师或者查阅资料，当采用信息技术助学后，教师可以充分了解教学的不足，并对其进行深刻反思。另外，教学反思既能提升教师科研能力，又能为教师带来更多的机会参与教学研讨活动，还能促进理论与实践相结合的发展目标。

# 5 乡村教师信息化教学能力提升

信息化教学能力对于促进教育信息化进程、培养创新型人才等方面具有不可替代的作用。联合国教科文组织于 2011 年提出《信息和传播技术教师能力标准》，对教师运用 ICT 来有效教学所应具备的能力进行了描述；英国制定的《ICT 应用于学科教学的教师能力标准》，强调教师应具备应用 ICT 于学科教学的能力；美国国际教育技术协会更是每隔几年更新面向教师、学生和管理人员的标准，旨在提倡运用信息技术促进教学和管理；其他一些国家也纷纷提出针对教师信息技术应用能力的培养方案。各国除了推出标准之外，政府也加大投资，加强教师信息化教学能力的培养，以适应信息社会发展的要求。

信息化教学能力是信息化社会教师必备的专业能力已是全球共识。为了全面提升中小学教师的信息化教学能力，教育部于 2014 年发布《中小学教师信息技术应用能力标准（试行)》，并在全国范围内实施中小学教师信息技术应用能力提升工程。由于新媒体、新技术层出不穷，教育部在 2018 年发布的《教育信息化 2.0 行动计划》中又一次提出实施新时期中小学教师信息技术应用能力提升工程，以进一步加强教师信息素养培育和信息化教学能力培养。

## 5.1 信息化教学能力

信息化教学从词的构成形式上看是一个合成词，它的主体是教学，即它是一种教学形式；它的修饰词是信息化，即信息化使它区别于其他教学形式。如南国农先生在《信息化教育概论》中指出："信息化教学，就是指教育者和学习者借助现代教育媒体、教育信息资源和方法进行的双边活动，但是他们之间又有所不同，首先是信息化教学与一般教学在技术层面不同，信息化教学最显著的特色是重视现代教育媒体和信息技术在教学中的作用，强调从媒体技术和信息技术的角度来认识、研究教学活动；其次，信息化教学过程是凭借丰富教育信息资源进行的教学活动过程。"综上，信息化教学是在一定的信息化教学设备和信息资源辅助下进行的一种特殊的教学活动。

信息化教学能力是当代教师应具备的一种综合性的教学能力，它贯穿整个教学过程，其主要特点是利用和借助各种信息资源促进教学，目的是优化教学效果提升教学质量。

信息化教学能力是在信息化的环境下，运用信息技术进行教学的能力。信息化教学能力的构成如图 5-1 所示。

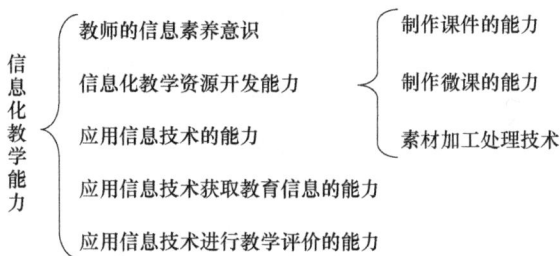

图 5-1 信息化教学能力构成

教师的信息素养意识是教师对信息化教学的认识，使用信息技术的意识。

信息化教学资源开发能力又分为三个部分：课件制作能力是指制作教学课件的水平；微课制作能力是制作微课的水平；素材加工处理技术是教师对图片、音频、视频等教学素材加工处理的能力。

应用信息技术的能力是计算机硬件的操作、软件的使用和使用多媒体课件进行教学的能力。

应用信息技术获取教育信息的能力是教师利用网络、资源库等信息技术手段获取教育信息的能力。

应用信息技术进行教学评价的能力是在教学评价的环节，应用各种信息技术对教学任务进行评价和分析的能力。

## 5.2 乡村教师信息化教学能力的现状

教师的信息化素养包括教师基本信息能力、教师专业信息素养和教师自我信息发展能力。首先，教师必须具有一般的处理基本信息的能力和素养，才能满足自身在生活和工作中获取信息、利用信息和评价信息的需要。其次，教师要具备应用信息技术进行教学的能力，以实现一种能充分体现学生主体地位的，以自主、合作和探究为特征的新型学习模式。最后，教师要能够借用信息技术与同事、家长、专业人员等进行交流和合作，以满足教师职业发展和个体适应社会的需要。就这三方面来说，第一方面多数乡村教师能够做到，但是第二方面乡村教师则呈现出有意识尝试但不熟练的状态，第三方面也只能做到一部分。部分乡村教师对信息化教育的理解片面，以致其信息化素养不高。乡村教师的信息化素养不全面，很多教师仅能使用电子白板为学生上课，需要时能够在网上搜索和下载一些教学资源，但是教师的信息化素养涵盖了三个方面的内容，教师必须不断进行完善。

### 5.2.1　乡村教师信息化教学观念有待提升

现阶段，部分农村小学教师受传统教学理念影响，对于信息化教学重视不足。并且，在实际教学中未能将学生学习能力差异和信息技术手段良好结合起来，从而开展对应教学活动。课堂上没有和学生展开积极互动交流，学生教学主体地位被忽视，课堂教学氛围得不到有效改善。与此同时，农村教师的信息教学素养也相对不足，不能更好地开展多元信息化教学活动。直接影响学生综合学习素养及学科教学成效的进一步提升，无法满足新时期信息化教育需要。

有少部分年轻教师对信息化教学的观念还是认可的，是有利用信息技术教学的意识的，但是他们没有把这种意识运用到课堂上。而一些年纪大的教师，他们完全没有利用信息技术教学的意识，他们的教学观念比较落后，还是喜欢纯讲授式的教学模式。

### 5.2.2　信息化教学资源开发能力有待提高

课件应用能力包括自己制作和直接利用现成资源或他人课件加工修改现成资源。乡村教师课件制作水平较低，大部分老师上课用的课件都是从网上下载的，一小部分是自己做的。乡村学校的教师人数本来就不多，老师的教学任务比较繁重，也没有过多的时间和精力制作课件。部分教师制作课件的水平一般，只会一些简单的操作，制作的课件达不到预想的效果，与课程达不到整合。乡村教师的信息处理能力较弱，只会简单地处理一些文字、图片方面的信息。

### 5.2.3　教师获取教学资源的能力有待提高

互联网和信息技术的应用前提依托于硬件设备的齐全。"互联网–时代"的课堂教学设施方面备受推崇，且在目前被广泛使用的是交互式教学一体机，被乡村学校的教师和学生亲切地称为"班班通""电子白板"和"希沃白板"，该设备集投影、音响、计算机、有线网络等多媒体于一体，能进行资源获取、呈现、贡献，能辅助教师进行多媒体课件播放、板书注解等。在"三通两平台"工程中，国家分批次、按比例为各个乡村中小学大量配备了"班班通"电子白板。

部分乡村学校提供了一些教学资源获取的渠道，教师还是具备一定获取教学资源的能力的，部分教师能够通过网络资源获取资料和相关的教学信息，但获取的教学信息形式单一，只是在原有基础上修改。还有一部分教师，很少通过网络和学校的资源库获取教学资源，对教学资源的获取途径、信息的发布等网络信息交流方式较为陌生。

### 5.2.4 教师对信息技术的应用能力有待提高

每一位应用者均会使用个人的方法去了解和应用信息化工具的若干功能，在此基础上形成适合个人所需的一整套操作方法和习惯，形成鲜明的个人特色，从而使个人的实际需求得到满足。真正实现"拿来主义"，达到某一领域、专长、实现适合自身需求的"专家型""个性化"应用，甚至突破信息技术引领者达到"惟手熟尔"现象，需要一定的钻研精神和磨砺，存在一定难度。乡村教师掌握的信息技术能力比较弱，常用的办公软件只有 Word、PowerPoint、Excel 等，对计算机、多媒体等教学设施操作的掌握也比较少，只会一些简单的操作，没有达到熟练的程度，对图片、视频、音频等处理教育信息的软件，掌握得更少，平时接触也并不多。

## 5.3 乡村教师信息化教学能力的影响因素

### 5.3.1 教师方面因素

（1）乡村教师信息化教学的观念陈旧。乡村教师缺乏把信息技术运用到教学中的意识，他们的教学模式还停留在传统的教学观念里，以教师为中心，学生被动地进行学习，没有跟上时代的变革。

在信息社会，那一套传统的教学方式稍显死板，当然也并不是说传统的教学方式没有优点。信息化社会自然是需要信息化的教学方式来辅助教学从而达到更好的效果。例如，在平时进行会议时，对来自农村的中小学教师可与当地较近的教师凑成连队，每组教师若干人，平时对授课方式、教学内容等进行交流，互相帮助。同时倡导教师们使用多媒体课件进行授课，即便是在农村中小学学校进行授课的教师也强制制定任务并要求其在一段时间之内将教案或是课上所需的课件以电子版的方式上交。这样一来会极大地促进教师对电子设备的依赖性，长久地使用电子设备会对其有一定的熟悉感，进而提升其信息素养。这样一来，在后续的教育局填表、学习、打印材料等要求时，微机室的教师便不必过于繁忙，教师们自己就可以解决，大大提升了工作效率，将信息技术教师从大量重复的工作中解脱出来。再来，教师们组成了互助小组，教师们之间的联系更加紧密了，对于教学中种种创新的教学方式由于条件限制不能实施，可与其他教师进行探讨进而逐步推进以查看学习效果。教师间成立互助小组也极大地促进了教育行业内部的串联以及对信息共享的广泛性。

（2）乡村教师缺乏应用信息技术进行教学的意识。目前存在教学中的"拿来主义"，教师从网上直接将课件拿来使用，不会简单地根据自己的教学内容进行变动或处理，不愿意主动自主地制作课件，致使学生的学习积极性不高，导致课堂教学效果低下。

　　由于教师缺乏对学习制作课件的兴趣，导致他们总是被动地制作课件，使得制作的课件无法吸引学生的注意力，甚至会分散学生注意力。

　　（3）教师缺乏应用多媒体处理信息的意识。全国中小学教师的信息技术水平普遍比较低，而且水平差距比较大。通过调查有近七成的教师还处于电脑的启蒙阶段，计算机资格考试通过率很低。熟悉硬件市场信息，能够对计算机进行基本维护的教师只占不到 1%。对于计算机硬件或软件出现一些小问题，能够自行解决的只占不到一成。大部分教师对硬件基本上是不了解的，对于 Word、PPT 这类作为传统教学和信息化教学最基本的沟通点工具。教师们的掌握水平仍是令人担忧的。能够熟练掌握的不到两成。会编程和网页制作的教师更是少之又少了。大多数教师上网的时间都用于娱乐，很少会利用网络查找课件，缺乏应用多媒体处理信息的意识。

　　教师主动制作课件较少，一般都是网上下载，很少用来处理信息的软件。教师在网上找到的课件和教学资源，只在原有的内容上简单地操作修改，并不能有效应用于实际教学。

　　（4）教师自身获取信息化教学资源的渠道有限。乡村学校很少为教师提供寻找教学资源的渠道，乡村教师获取教学资源的渠道就受到了极大的限制，多数情况下只是局限于书本上的内容。

## 5.3.2　学校方面因素

　　（1）学校教学的软环境建设不足。目前，教育信息化工作中普遍存在"重硬件，轻软件；重建设，轻应用；重配备，轻培训；重投入，轻管理"等不良现象。往往存在硬件投资比例过大，软件投资明显不足，导致硬件、软件和潜件发展不平衡，出现：有先进的网络设施，缺少适用的应用软件和教育信息资源，缺乏主信息技术的学科老师等不协调发展局面。结果造成先进的信息化设施无法有效利用，很多学校的网络设施仅限于上网，或往往变成上级考评的对象及供领导参观的现代化摆设、应用成效与预期目标存在很大差距。乡村学校的硬件建设已经能够满足教学要求，但软环境建设不足，有所欠缺，软件建设不完善，没有提供教学资源的渠道。

　　（2）学校对信息化教学的重视程度不够。乡村学校信息化教学的观念不强，没有积极鼓励教师利用信息技术进行教学，对教师信息化教学方面的能力，没有监督、管理、使用措施让教师利用信息技术进行课堂教学，没有信息化教学的氛围。教师只有在公开课、学校领导视察等公开的场合，老师才会用课件。

## 5.3.3　教师培训方面的因素

　　（1）培训不够系统。教师培训一般都是短短几天，没有一个长期的规划，短期、单一的培训并不能起到良好的效果，教师很难在短时间内系统、全面地掌握培训内容。

一方面，现行的各种培训多是短期集中培训或是突击式的考评，能让教师在短时间内感受技术对教学带来的深刻变革，并促使其在短期内进行信息化教学实践的欲望，但由于乡村学校信息化建设滞后，培训环境与教师的实际工作环境存在差异性，限制了教师使用技术改变教学的动力，容易出现培训期间热情高涨，回到学校恢复旧我；另一方面，一些尝试应用技术优化教学的乡村教师，在信息化教学中会遇到技术问题、资源问题、融合问题等，若得不到及时的后续帮助与支持，实施信息化教学的热情就会持续减弱，无法形成常态信息化教学的实践思维与实践习惯，难以在教学一线表现出信息化教学实践的持续性，容易出现培训结束即学习结束。

（2）培训内容缺乏实践操作。培训的内容与乡村教师面临的以应试为目的的教学实际相剥离，与乡村教师现有的信息化操作水平和信息化教学理念的基础不适切，加上培训后期缺乏持续性的支持，教师们在培训中学习到的理念和技术很难应用于教学实践，培训的"回潮"现象严重。

培训的内容多数为理论知识的讲解和传授，而很少提供给教师实际操作的机会，教师们很难将理论与实践相结合。

（3）培训的模式过于单一。多数培训模式都是面对面的讲授模式，这种模式过于单一，枯燥的讲解难以调动老师的积极性，教师不能理解和体会信息化教学这种模式给教学带来的好处。

培训方式单一，缺乏精准性。现有的针对中小学乡村教师的信息化教学能力培训，与教师的教学实际需求有距离。现行的信息技术能力培训多为当地教育主管部门组织，不管是网络自学或集中培训，甚至送训到校，主要方式都还是优秀教师的课堂观摩和专家的专题讲座，因为这样的培训方式投入较少、便于管理又易于实现，但由于缺乏前期调研，在现实中并不受乡村教师欢迎。观摩课教学过程多是事先设定好的，让人感觉演戏成分太多、太假；而专家专题讲座又过于形式化，通常是一二百人一起上课。这样的培训忽略了不同年龄、不同学历的教师接受信息技术能力的不同，忽视了不同学科教师利用信息技术辅助的教学手段有所不同，也没有考虑不同类型学校教师掌握知识情况的不同。由于培训过程、策略、内容与乡村教师信息化教学实践的具体需求存在一定距离，缺乏针对性，"培"而不"训"，很多教师难以在培训中找到触动自身信息化教学实施的内在动力，缺乏培训的热情，影响培训效果。

## 5.4 乡村教师信息化教学能力提升策略

### 5.4.1 加快推进信息化教学软环境建设

乡村学校要加强学校的基础建设，加大力度对学校的软件设施进行投资，尽快完善乡村学校软件设施的建设，开发优质教学资源库，为教师和学生提供一个良好的信息化教学环境，保证教师正常的教学。

### 5.4.2 转变教师观念，提高教师信息化教学意识

要加强对教师观念的转变，树立现代教学观念，认识到信息化教学的重要性，认识到信息技术带来的好处，有意识地在实践教学中应用信息技术。

随着信息时代的降临，一场以信息化带动教育现代化，大力实现教育信息化的变革，已成为世界教育发展的大趋势。在这个变革中，对教师提出了新的要求，即教师不仅要具有作为一个社会人应有的"信息素养"，同时还必须成为一个推动教育信息化的人，一个合格的信息工作者。想要提高教师的教学信息化能力，就得使他们的文化素养、信息意识和信息技能相应地提高，使他们成为一支掌握先进教育思想和理论，掌握信息化教学基本技能，并能在教育教学中自如地应用现代信息技术的教师队伍。观念是行为的先导，一定的教育行为取决于一定的教育观念。实施信息化教学能力的培养是建立在一定的教育理论和教育思想基础上的。教师学习了相关资料后，展开对信息素养认识的讨论，谈学习心得，既认识到了信息化教学的意义，又对自己在信息化教学中的角色有了一个正确的定位，认识到信息化教学过程中，教师是学生的引路人和指导者，教师和学生是互动关系，教师给学生以引导和帮助。信息化教学模式是以学生为中心，学生是学习的主体，教师要为学生创设学习环境，让学生充分发挥自身的主动性和积极性。

### 5.4.3 鼓励教师利用信息技术进行教学

鼓励乡村教师积极地利用信息技术进行教学，只有在实践中才会使教师的信息化教学能力逐步提高。学校可以提供一些获取教学资源的渠道和优秀的教学课件，以便教师观摩和学习；学校可以组织、开展一些活动，比如优秀课件的展示，这样不仅激发了教师制作课件的兴趣，还能够吸取其他教师的优秀之处；还可以举办一些讲课比赛，这样可以激发教师利用信息技术教学的兴趣，积极倡导教师进行信息化教学，让教师处在信息化的教学环境中，潜移默化地提高乡村教师的信息化教学水平。

### 5.4.4 变革乡村教师培训的形式和内容

变革乡村教师培训的形式，教师培训形式可以从两个方面开展，一个是短期培训，另一个是长期培训。在学校，教师工作比较繁重，相关部门可以组织教师开展为期较短的培训，让教师在短期内认识了解信息化教学模式。长期培训可以不是面授的形式，开展网络教学，可以通过远程教学的模式进行，让教师利用业

余时间，得到长期性、发展性的培训。教师可以根据自身情况，根据自己哪些能力相对薄弱，针对性地去学习。不断加强自我的信息化教学能力。

变革乡村教师培训内容，应该系统地培训教师信息化教学的基本理论知识，培养教师正确的信息化教学的观念，掌握利用信息技术教学的技能技巧，并能掌握信息化教学资源的运用、管理和评价。可以在培训中列出优秀的教学案例，让教师能够感受到信息化的教学模式如何提高课堂上的教学氛围，激发乡村教师的学习欲望，激发乡村教师对信息化教学学习的兴趣，能积极地把信息技术应用到教学中去。

### 5.4.5 积极开展教研活动

学校可以组织本校的教师开展教研活动，在课前讨论如何把信息技术利用到教学中，在讲课中轮流听课，进行观摩，课后提出每位教师利用信息技术教学的优点和不足，进行评价和反思，在集体的教研中促进教师信息化教学能力的提升。

除了开展本校的教研活动，还可以开展网络教研活动，利用网络交互手段开展远程活动，进行城市与乡村之间、多所学校之间的相互讨论，与县里或者市里学校的教师相互学习，让城市教师带动乡村教师，还能够促进城市和乡村之间共同发展，进一步提高乡村教师的信息化教学能力。

## 5.5 信息化教学设计案例

### 5.5.1 地球上的水

**《地球上的水》教学设计方案**

| 案例名称 | 地球上的水 | | | 科目 | 小学科学 |
|---|---|---|---|---|---|
| 教学对象 | 三年级学生 | 课时 | 1课时 | 讲课者 | ××× |

**一、教学内容分析**

本课的内容是三年级科学上册第三单元中的《地球上的水》。它是根据内容标准中物质世界里的物体与物质的相应条文编写而成的，渗透了一些浅显的水的物理性质，为中学阶段的学习打下一些基础。而我今天说的这一课，以水在地球上的分布为话题，说明人类面临严重问题——水资源危机，渗透了科学、社会、技术互相联系的思想，深化学生对水的全面认识。

**二、教学目标（知识与技能、过程与方法、情感态度与价值观）**

根据新课程标准的要求，结合教材的具体内容，确立教学目标为：

（1）知识与技能：了解自然界水资源的分布，知道淡水资源十分缺乏，知道水污染的情况，了解浪费水的现象及常用的节水方法；

（2）过程与方法：能让大家表达自己的发现和感受，学习如何节约用水保护地球；

（3）情感态度与价值观：能体验缺水的后果，养成节水的行为习惯。

### 三、学习者特征分析

在学习本课之前，学生已经掌握了生物维持生命需要吸收水分和营养，观察、探究了水的性质，认识了水的毛细现象和表面张力等，并已初步了解家乡的水资源，发现了家乡水污染的现状，了解了水污染的危害和主要原因。但学生对淡水的匮乏感受不足，对淡水的用途认识不充分，对浪费水的现象熟视无睹，因此本课重点在于激活"节水意识"，并制定出切实可行的节水措施，身体力行地节约每一滴水，保护每一个水资源。

### 四、教学策略选择与设计

本着课堂上以教师为主导、学生为主体的教学原则，这节课的教学主要采用教师展示课件，学生体会感受，教师指导点拨，学生合作探究，师生共同学习等策略，为了达到课堂的最佳效果，在策略实施过程中的关键是培养学生节约用水的意识，养成节水的行为习惯。

### 五、教学环境及资源准备

在教学过程中，为支持教师的教，我将利用 PowerPoint 展示一些图片，增强直观性，趣味性；为支持学生的学，则设置了提问讨论环节，并利用网络信息资源，增强自主性、实效性。

### 六、教学过程

| 教学过程 | 教师活动 | 学生活动 | 资源 | 设计意图 |
|---|---|---|---|---|
| 创设情境、导入新课 | 展示一张地球的图片，引出本节课的主题——地球上的水，导入新课。其次通过一组水资源的图片，将各种水资源直观地展示给学生。 | 学生观察大屏幕上的图片，并体会思考。 | 利用 PowerPoint 网络资源 | 调动多种感官；创设情境；使学生对水产生喜爱和兴趣。揭示本节课题。 |
| 分析形势、说出感受 | 课件展示缺水的草原和荒漠系列图片；带领学生分析缺水的形势。让学生说出自己的感受。 | 观看图片，参与分析，举手阐述自己看到图片后的内心感受。 | PowerPoint 课件 | 让学生看到没有水后我们的地球会变成什么样子。土壤，植物，动物，人们都离不开水。知道淡水资源十分缺乏，知道水污染的情况。 |
| 分析原因、了解现状 | 教师带领学生分别从自然和人为两个方面分析水资源破坏的原因，用饼状图展示各种水体所占的比例，和中国水资源分布图。 | 跟随老师分析水资源破坏的原因，观察图表并思考。 | PowerPoint 课件 | 让学生了解水资源是如何破坏的自然界水资源的数量分布，引起学生想保护水资源的欲望。让学生震撼，激发心灵的危机感、紧迫感。 |

续表

| 教学过程 | 教师活动 | 学生活动 | 资源 | 设计意图 |
|---|---|---|---|---|
| 针对现状、设法解决 | 展示南水北调的输水线路示意图，介绍罗马人建造的蓬迪加尔输水渠引用地表水发展农业生产，以色列的海水淡化工厂分布，和以色列的农田滴灌，让学生探讨解决措施。 | 认真观察资料，讨论交流。探讨保护水资源的措施。 | PowerPoint课件 | 通过中国和外国的节约水资源措施介绍，提高学生的节水意识。 |
| 联系实际、阐述观点 | 课件展示一组生活用水图片，让学生结合图片和生活实际说一说生活中有哪些浪费水的现象？我们应该怎样节约用水？ | 学生观察图片探讨交流；回答问题并发表意见。 | PowerPoint课件 | 让学生结合自己生活实践，具体地了解水资源对人们生活的重要。 |
| 课外延伸，呼吁节水 | 教师总结延伸，呼吁学生节约用水保护地球。让学生回去设计节水宣传语。 | 学生感悟，记下作业。 | | 让学生下定决心：节水从我做起，从身边的小事做起，提高学生的节水意识。 |

教学流程图

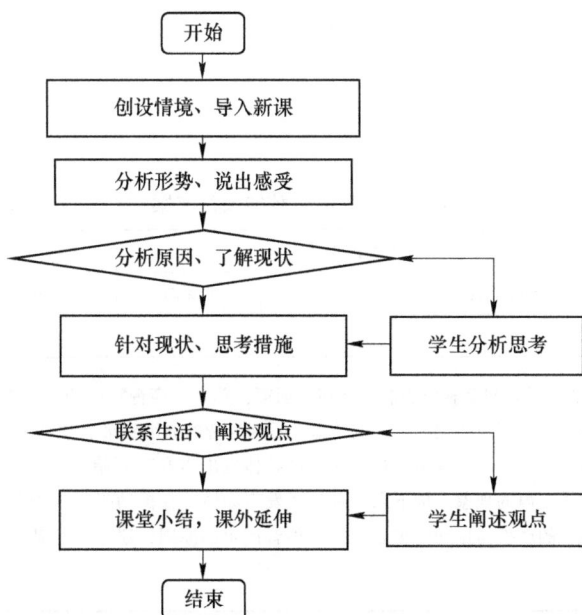

续表

**七、教学评价设计**

课程基本结束时,指导学生进行教学评价。明确评价的具体内容,以学生自评为主,学生互评、教师评价为辅。肯定优点的同时,指出问题所在,以及改进建议等。

附:

### 学生自评表

| 内容项目 | 完美完成 | 完成 | 基本完成 | 没完成 |
|---|---|---|---|---|
| 1. 积极参与讨论并思考问题 | 5 | 4 | 3 | 0 |
| 2. 了解自然界水资源的分布 | | | | |
| 3. 知道水污染的情况 | | | | |
| 4. 学会了常用的节水方法 | | | | |
| 5. 养成节水的行为习惯 | | | | |
| 6. 学习后反思如何保护地球 | | | | |
| 合计 | | | | |

**八、帮助和总结**

教学过程中,主要采用口头指出、课件展示两种方式对学生进行帮助和指导,争取让学生在每个环节的学习中都能达到要求。但就第四环节而言,学生很难均达到理想效果,诸如此类问题,采取个别对待的方法,使他们就其实际情况尽可能达到更好程度。最后做出总结,说明本节课的成功及遗憾之处,同时拓宽创作空间,令学生有激情地进行课后的创造。

## 5.5.2 声音的产生

### 《声音的产生》教学设计方案

| 案例名称 | 声音的产生 | | | 科目 | 物理 |
|---|---|---|---|---|---|
| 教学对象 | 小学四年级学生 | 课时 | 1课时 | 提供者 | ××× |

**一、教材内容分析**

《声音是怎样产生的》是教科版科学教材四年级上册第三单元《声音》中的第二课。本单元从听身边的声音,到研究声音的产生以及变化,声音的传播,听到声音的原因到最后学会怎样保护我们的听力。将声音由浅至深地研究了一遍。而本课则具体从"使物体发出声音"开始,引导学生思考物体为什么会发出声音,观察物体发声的现象,接下来的活动"发声物体都在振动吗"来引导学生探究发声物体的共同特征。了解声音的产生与振动的关系,探究声音产生的原因,建立"声音是由于物体振动产生的"科学概念。

### 二、教学目标（知识与技能、过程与方法、情感态度与价值观）

（一）知识与技能目标

学生通过实验观察认识到声音是由物体震动而产生的，物体不震动就不会发出声音。

（二）过程与方法目标

（1）学生在动手实验过程中，能通过用看、摸、画、说等方法进行实验探究；

（2）学生能观察、比较、描述物体发声时和不发声时的不同现象；

（3）学生能从多个物体发声的观察事实中对声音产生的原因进行假设性解释；

（4）学生能学会借助其他物体观察不容易观察到的现象。

（三）情感态度与价值观目标

学生在"物体发声原理"的探究活动中能积极大胆地阐述自己的观点，乐于合作与交流，逐步养成细致的观察习惯和态度。

### 三、学习者特征分析

四年级的学生对声音都有一定的了解，而且都有一些经验，如果是学习过乐器的孩子可能会对声音更了解，但是熟悉的现象并不一定引起学生的关注，学生不会花很多时间去探究声音的奥秘，这恰好是我们教学有价值的地方。而且学生对于科学研究的方法也还不明确，本课活动过程中，我将在完成本课预设目标的基础上，努力培养学生规范的科学研究方法。

### 四、教学策略选择与设计

本着课堂上以教师为主导、学生为主体的教学原则，这节课的教学主要采用教师展示课件、学生网络查找、教师指导点拨、学生合作探究、师生共同学习等策略，为了达到课堂的最佳效果，在策略实施过程中关键是营造诗意氛围，激活学生思维。

### 五、教学环境及资源准备

教师准备：教学课件、1把钢尺、1个音叉、1个装有水（占水槽深度的2/3）的水槽。

学生准备：1把钢尺、1根皮筋、1个音叉和1个装有水（占水槽深度的2/3）的水槽、试验记录表。

### 六、教学过程

| 教学过程 | 教师活动 | 学生活动 | 设计意图 |
| --- | --- | --- | --- |
| 创设情境 | （一）创设情境，提出问题<br>自然界中有许多美妙的声音，你听……（播放多媒体课件）小鸟欢快鸣叫、闹钟振铃、浪涛拍岸、心跳声像这样的声音在我们的生活中还有很多很多。那么，你知道声音是怎么产生的吗？今天这节课我们就来研究这个问题。<br>（板书课题：声音是怎样产生的）<br>（二）猜测声音产生的原因，做出假设<br>（1）提问：谁来大胆地猜一猜究竟声音是怎么产生的，你为什么会这么认为？ | 学生同时思考，猜猜声音是怎样产生的。 | 激发学生探索学习的兴趣。 |

续表

| 教学过程 | 教师活动 | 学生活动 | 设计意图 |
|---|---|---|---|
| 创设情境 | （板书：摩擦、撞击、弹拨、敲打、乐器发声、语言说话……）<br>（2）谈话：以上都是同学们的看法，是一种猜测。要知道，世界上许多伟大的发现都源于猜测。要想知道声音究竟是不是因为摩擦、撞击、弹拨、敲打、乐器发声、语言说话等原因产生的，就要通过我们今天的观察与实验才能知道。 | 学生同时思考，猜猜声音是怎样产生的。 | 激发学生探索学习的兴趣。 |
| 探究活动 | （一）介绍实验材料<br>（1）谈话：请同学们看看你的实验桌，老师为大家准备了一些实验物品。仔细看看都有些什么？你能想办法让它们发出声音吗？<br>（2）重点介绍并演示实验仪器：音叉——这是一种用钢制成的 U 形的实验仪器，用橡胶小槌轻轻敲击它就会发出声音。注意：在使用音叉的时候，手要握住音叉柄，用小槌敲击音叉的上端。<br>（二）讲解研究方法并出示实验记录表<br>（1）谈话并提问：要想知道这些物品为什么都可以发出声音，我们就要观察研究这些物品发出声音时的共同特点。那么，你知道哪些研究的方法呢？<br>（板书：方法）<br>同学们很爱动脑筋，提出了这么多好的研究方法，那么请大家看看屏幕，今天这节课，我们要用到哪些研究方法。<br>（2）（课件打出）实验记录表。<br>（3）介绍演示音叉的使用方法。<br>按看、摸、画、说四个方面进行研究：<br>1）下面请同学们和老师一起来做关于音叉的实验（板书：音叉）首先进入第一个环节："看"。<br>（板书：看）<br>我们用橡胶小槌敲击音叉，让音叉发出声音，然后将音叉迅速轻轻靠近水面，或者靠近静止不动的乒乓球，仔细看看有什么现象发生？<br>（学生回答，教师同时板书：水花四溅、有波纹、有水泡、乒乓球弹开……）<br>2）第二种研究方法是"摸"。（板书：摸）我们让音叉发出声音后，用手摸摸或将音叉轻轻贴到脸上，有什么感觉？<br>（学生回答，教师同时板书：麻、痒……） | 由学生介绍实验材料队鼓、尺子、橡皮筋，并演示让它们发出声音。<br><br><br><br><br><br><br><br><br><br><br><br><br><br>（学生回答：闻、看、摸、听、说、尝、画……） | 提高学生动手能力独自思考的能力。 |

续表

| 教学过程 | 教师活动 | 学生活动 | 设计意图 |
|---|---|---|---|
| 探究活动 | 3）接下来是"画"（板书：画），画什么呢？就把你看到的，摸到的用你喜欢的符号画下来。<br>（学生在黑板上画一画）<br>4）最后是"说"（板书：说），说说音叉在不发出声音时的状态和发出声音时的状态。<br>（学生回答，教师同时板书：音叉在不发出声音时是平静的、静止的、不动的……音叉发出声音时的状态是颤动的、动态、振动……）<br>（4）小结：刚才我们用哪些研究方法一起做了关于音叉的实验？<br>（学生回答：看、摸、画、说）下面我们就要用这些研究方法去研究队鼓、尺子、橡皮筋不发出声音时的状态和发出声音时的状态。<br>（三）学生分组实验<br>（1）提出实验要求（课件打出），指名学生朗读实验要求。<br>（2）教师巡视、指导。<br>（3）小组汇报实验发现：<br>1）用实物投影仪向全班展示实验记录表；<br>2）重点说说实验物品在发出声音时和不发出声音时的状态。<br>（4）得出结论，总结方法：<br>1）教师适时引导：通过实验研究，同学们发现物体发出声音时的状态有的颤动、有的摆动、有的晃动……你们观察得很仔细，说得也很正确，那么我们能不能用一个更加科学、更加准确的词语来代替这些词语呢？那就是——振动。<br>2）总结方法：刚才同学们通过实验发现了物体在不发出声音处于静止的状态，在发出声音时处于振动的状态，大家之所以有这样的发现，可以找到声音产生的原因，是因为我们运用了"看、摸、画、说"的科学的研究方法。 | 学生操作实验。<br><br>学生得出结论：所有的物体在不发出声音处于静止的状态，在发出声音时处于振动（或颤动、摆动、晃动、摇动……）的状态。所以，声音是由于物体的振动（或颤动、摆动、晃动、摇动……）产生的。<br>（课件打出） | 提高学生动手能力独自思考的能力。 |

续表

| 教学过程 | 教师活动 | 学生活动 | 设计意图 |
|---|---|---|---|
| 课外延伸，鼓励创新 | （1）怎样让正在发出声音的锣立刻停止发声，学生演示并说明理由。<br>（2）找寻人体发声部位。集体说话：我爱科学。边说边用手摸一摸自己身体哪个部位在振动。<br>（3）游戏："能摸到的声音"。<br>（指定一名学生，先摸摸不发声的手机，并说说是什么状态．再用耳机捂住学生的耳朵，用布条蒙住眼睛，播放手机铃声，让学生触摸，谈触摸后的感觉。）<br>（4）演示"看得见的声音"。<br>演示看得见的声音可以通过音乐可视化软件来实现。以下是一个简单的演示步骤：<br>1）下载并安装音乐可视化软件，如 Winamp。<br>2）打开软件，选择一首音乐并播放。<br>3）在软件中选择可视化效果，如频谱、波形等。<br>4）观察屏幕上的可视化效果，可以看到音乐的节奏、音调、强度等信息。<br>5）可以尝试更换不同的可视化效果，观察不同效果下的音乐可视化效果。<br>通过这个演示，可以让学生直观地感受到音乐的节奏和变化，同时也可以了解音乐可视化的原理和应用。 | 我们的喉咙处有个发声器官叫声带，当声带振动时，我们就可以发出声音了。所以同学们在平时的学习生活中不能大喊大叫，要注意保护自己的声带。 | 帮助学生更好地了解与巩固声音的产生。 |

**七、教学评价设计**

课程基本结束时，指导学生进行教学评价。明确评价的具体内容，以学生自评为主，学生互评、教师评价为辅。肯定优点的同时，指出问题所在，以及改进建议等。

附：

### 学生自评表

| 内容项目 | 知识与技能 | 过程与方法 | 情感态度与价值观 | 得分 |
|---|---|---|---|---|
| 创设情境，诗意导入 | | | | |
| 查找信息，明确目的 | | | | |
| 借鉴实例，指导要点 | | | | |
| 模拟练笔，激发创作 | | | | |
| 习作欣赏，展现个性 | | | | |
| 课外延伸，鼓励创新 | | | | |
| 合计 | | | | |

### 八、帮助和总结

教学过程中，通过课件展示这种方式对学生进行帮助和指导，争取让学生在每个环节的学习中都能达到要求。学生不能理解的问题，采取个别对待的方法，使他们就其实际情况尽可能达到更好程度。最后做出总结，说明本节课的成功及遗憾之处，同时拓宽创作空间，令学生有激情地进行课后的修改与创作。

## 5.5.3 传统节日

### 《传统节日》教学设计方案

| 课题名称 | 传统节日 | | 科目 | 语文 |
|---|---|---|---|---|
| 教学对象 | 小学二年级 | 课时 | 1 | 设计者 | ××× |

### 一、教材分析

《传统节日》一文是人教版小学二年级语文下册课文。它是部编人教新选入的识字 14 篇中的 1 篇。识字 1~4 课为"传统文化篇"，旨在弘扬中华民族传统文化。

《传统节日》是一首介绍祖国传统节日的童谣，为大家讲解了中华民族传统文化：春节、元宵节、清明节、端午节、七夕节、中秋节、重阳节的习俗，让学生认识了中国传统节日的具体时间和部分习俗。我国是一个有着悠久历史的国家，中华文化博大精深、源远流长，学习这篇民谣，会激发学生对中国传统文化的热爱之情，使学生养成对传统文化的传承和发扬精神。

### 二、学习者特征分析

小学二年级学生年龄较小，可能只对传统节日的日期或者习俗有一些模糊的认知。例如，只知道过年了，要吃饺子、放鞭炮，但是对过年的具体日期没有清晰的认知。本课文章通俗易懂，贴近生活，会让学生易于接受。

由于课堂时间和资料是有限的，学生对传统节日的理解也还停留在表面，针对这一状况，教师要引导学生预习，提前搜集节日时间及习俗，发挥学生的主体作用和教师的主导作用。然后在课堂上发挥学生的主动性和合作意识，从而更全面地了解中国传统节日的相关知识。

### 三、教学目标

（一）知识与技能目标

（1）认识 15 个生字，会写 9 个生字；

（2）能够熟练地朗读并且背诵课文；

（3）掌握民谣的朗读方式，对民谣有初步认识。

（二）过程与方法目标

借助图片和资料，了解传统节日的具体日期，认识传统风俗习惯。

（三）情感态度与价值观

（1）认识传统节日的日期和习俗；

（2）体会我国深厚的文化底蕴，激发学生对中国传统文化的热爱之情。

### 四、教学内容（标明重点与难点）

（一）教学重点

（1）掌握9个生字的读音、书写和组词；

（2）背诵课文，掌握传统节日的具体日期和风俗；

（3）熟练地背诵课文。

（二）教学难点

（1）掌握9个生字；

（2）体会中国文化的博大精深，激发学生对传统文化的热爱。

### 五、教学策略选择与设计

（1）运用情景创设法，为学生创设情景，先借助图片，同时联系学生生活实际，引导学生进行说话练习，让学生谈论自己喜欢的传统节日，在学生读懂课文的基础上再指导学生进行朗读；

（2）通过讨论法，采用小组合作学习方法，突出学生的主体地位，激发学生学习的兴趣；

（3）运用讲授法，对大部分学生无法理解的问题进行讲授；

（4）谈话法，和学生平等交流、讨论。

### 六、教学环境及资源准备

（1）PPT；

（2）民谣音频；

（3）黑板贴，进行识字教学。

### 七、教学过程

| 教学环节 | 教师活动 | 学生活动 | 资源 | 设计意图 |
| --- | --- | --- | --- | --- |
| 导入 | 提问学生，你最喜欢的传统节日是什么，为什么？ | 学生根据自己已经收集的资料回答自己喜欢的节日以及喜欢的原因。 | 展示教师准备的PPT，有关于传统文化节日的图片。 | 创设情景，吸引同学们参加课堂讨论，激发其兴趣。 |
| 初读感知 | 教师播放民谣音频，并进行范读。 | 自由朗读、分小组读课文、全班齐读标出序号，圈出节日。 | 电脑播放民谣的音频。 | 让学生感受民谣的韵律美。 |
| 识生字和深入学习 | （1）教师领读。<br>（2）组词。教师出示："传、统、元、宵、节、大、街、小、巷、祭、扫、龙、舟、艾、香、满、堂、乞、巧、牛、郎、月、饼、赏、菊"让学生组词。 | （1）用自己喜欢的方式画出本课的生字。<br>（2）借助拼音，反复拼读画出的生字。<br>（3）同桌相互检查，纠正对方读得不准确的字音。 | 利用黑板贴进行生字教学、利用PPT展示图片等。 | 规范学生的书写笔顺，掌握新字。为学生创设情景。<br>充分发挥教师主导和学生主体作用。加强了小 |

| 教学环节 | 教师活动 | 学生活动 | 资源 | 设计意图 |
|---|---|---|---|---|
| 识生字和深入学习 | （3）教师在黑板贴上带领学生一起学写生字。<br>（4）学习我国最隆重、最盛大、最具代表性的传统节日——春节，教学时先出示图片，让学生观察：小朋友，图上画的小朋友们在干什么？再让学生说一说春节这一天还有哪些风俗呢？春节是几月几日呢？最后再交流，学生在理解文意的基础上体会应该以一种什么语气读这一个节日。<br>（5）学习元宵节时和学习春节的方法相似。<br>（6）学习完这两个节日后我同学生一起归纳了学习这两个节日的学习方法：看（想）—说—读并让学生分小组照以上方法小组学习其余五个节日。 | （4）组词。<br>（5）学生用书空形式跟随老师写字。然后再在本子上练习。<br>（6）学习我国最隆重、最盛大、最具代表性的传统节日——春节，教学时先出示图片，让学生观察：小朋友，图上画的小朋友们在干什么？再让学生说一说春节这一天还有哪些风俗呢？春节是几月几日呢？最后再交流，学生在理解文意的基础上体会应该以一种什么语气读这一个节日。<br>（7）学习元宵节时和学习春节的方法相似。<br>（8）学生分小组照以上方法小组学习其余五个节日。<br>（9）全班交流清明节、端午节、七夕节、中秋节、重阳节。 | | 组合作，调动学生学习积极性，树立学生自主探究的意识。 |
| 总结 | 教师总结：<br>这就是我们中华民族所有的传统节日以及习俗，大家要记住具体时间。 | 学生通过练习同桌互查。 | PPT 展示习题。 | 检查学生本节课的学习情况，进行教学反思，激发同学们对传统文化的热爱之情。 |

**八、流程图**

| | 教学内容与<br>教师的活动 | | 媒　体<br>的运用 | | 学　生<br>的活动 | | 教师进行<br>逻辑选择 |
|---|---|---|---|---|---|---|---|

**九、学习评价设计**

（1）通过当堂提问，检测学生的学习情况；

（2）通过习题检测，观察学生掌握情况。

续表

**十、板书设计**

传 统 节 日

贴 舟 敬 团 闹 街 艾 转 热

(以及学生上课自己组的词)

**十一、教学反思**

优势：

(1) 教师发挥主导作用，充分发挥学生主体作用。让学生通过图片和生活实际或情境进行说话训练和朗读训练。

(2) 重视学生讨论，发挥小组合作作用。让学生说出自己的已有认知，调动学生积极性，对今后的预习等打下基础。

(3) 情景教学法调动学生积极性，让学生充分参与到课堂中。

不足：

不足的是课前没有让学生充分地搜集资料，对学生的情况估计不够。

附件：

(一) 看拼音，写词语。

chuán tǒng　jiā jié　jìng lǎo　chú xī yè

jí xiáng　rú yì　dōng zhì　yǔ fēn fēn

(二) 把下面的词语按一定顺序排列。

除夕　中秋　端午　重阳　清明　元宵

## 5.5.4 轴对称图形

**《轴对称图形》教学设计方案**

| 课题名称 | 轴对称图形 | | | 科目 | 数学 |
|---|---|---|---|---|---|
| 教学对象 | 二年级学生 | 课时 | 第一课时 | 设计者 | ××× |

**一、教材分析**

本节课是人教版小学数学二年级下册第28、29页第三单元《图形的运动（一）》的内容，在此之前，学生已经学过一些平面图形的特征，形成了一定的空间观念，自然界和日常生活中具有轴对称性质的许多事物也为学生的认知奠定了感性基础。为此，教材在编写时，十分注重直观性与可操作性，本节课主要是帮助学生在原有的感性认识基础上，掌握轴对称图形的特征和性质，为今后进一步学习几何图形的有关知识打下基础。并在学生的学习过程中，引导学生去发现和创造美。

**二、学习者特征分析**

二年级学生活泼好动、天性使然，对探究活动有着较强的兴趣，并且已经基本具备了正确的是非观念。所以在教学中充分利用学生的这一天性，采用动静结合的方式，力争让学生自己在欣赏美、创造美的过程中去突破本节课的教学重难点。

### 三、教学目标

(1) 知识与技能目标：通过观察、动手操作认识轴对称图形和对称轴两个概念，能辨别身边的哪些图形是轴对称图形并能找出它们的对称轴。

(2) 过程与方法目标：在动手操作的过程中提高自己的观察能力、动手操作能力和创新思维能力。

(3) 情感态度与价值观目标：在探究新知的过程中，提高审美意识，激发学生学数学、爱数学的兴趣。

### 四、教学内容（标明重点与难点）

教学重点：通过观察和动手操作认识轴对称图形，能辨别哪些图形是轴对称图形。

教学难点：结合教学重点把找出并画出对称图形的对称轴作为本节课要突破的教学难点。

### 五、教学策略选择与设计

本节课改变学生的学习方式，以自主探索、合作交流、动手实践为主要学习方式，促进学生的自主学习。充分尊重学生的生活经验和认知基础，引导学生联系实际，感悟"生活数学"理念。将数学欣赏融入教学中，感受数学美。本节课信息技术成为创设情境的工具，为学生提供丰富的资源信息加工的认知工具，从而彻底改变学生学习方式的工具。

### 六、教学环境及资源准备

教学环境：多媒体教学。

教学准备：多媒体课件，各种对称的图片（长方形、正方形、圆形），剪刀，胶带。

### 七、教学过程

| 教学环节 | 教师活动 | 学生活动 | 资源 | 设计意图 |
|---|---|---|---|---|
| 利用视频激发兴趣 | 播放视频：几个小朋友在公园里一起放风筝。 | 认真看风筝的样子，并且说一说风筝是什么样子的。 | 多媒体课件：视频 | 通过播放视频、自然地导入新课，符合学生的认知特点，吸引学生注意力，激发探究知识的积极性，学生能体验到数学来源于生活。 |
| 创设情境引入新知 | 展示蜻蜓、蝴蝶、脸谱等几张图片，并动画演示对称，并进行提问。 | 学生回答问题：这四幅图有什么相同的地方吗？如果我们把每幅画对折起来会出现什么样的情况呢？ | 多媒体课件：图片 | 根据低年级学生的认知发展水平，教学当中我注重让学生通过具体的事物或图片去感受和认知，联系实际生活创设学生感兴趣的问题情境。 |

续表

| 教学环节 | 教师活动 | 学生活动 | 资源 | 设计意图 |
|---|---|---|---|---|
| 探究新知<br>巩固应用 | （1）用课件演示，帮助学生理解对称图形。<br>（提问：它们的左边和右边是不是一样呀？）<br>教师总结：我们把这种对折后左边和右边完全重合的图形叫作对称图形。<br>（板书：对称）<br>（2）教师展示自己手剪的对称图形的作品。<br>（3）课件出示小衣服图形，让学生想一想它是怎样制作出来的呢？<br>（学生回答时课件展示）<br>（4）贴出若干优秀作品，小朋友，我们刚才剪了那么多美丽的对称图形，你知道剪对称图形最重要的一步是什么吗？（把纸对折后就会出现一条折痕，请小朋友开动大脑，给它起个名字）<br>（板书：对称轴）<br>（5）判断：是不是对称图形。<br>（课件出示：数字0~9）<br>（6）你能找出五角星、叉子、球拍、蝉这几个图形的对称轴吗？<br>（学生在书上画）<br>（7）（反馈）喜欢说哪个就说哪个。<br>（课件随之展示，重点看五角星有五条对称轴）<br>（8）总结。<br>（板书：轴对称图形；对折后两边能够完全重合的图形。） | （1）学生回答问题，分小组讨论一下：我们教室里面有哪些图形是对称图形。<br>（2）学生动手操作，剪出对称图形。<br>（3）做小衣服的图形，并且比一比，谁剪得又快又美。<br>（4）学生自由发挥给折痕取名字。<br>（5）学生回答问题，画出对称轴。 | 多媒体课件、剪刀、彩色纸、胶带 | 新课改一直强调学生是课堂的主体，教师要发挥引导作用，针对本节课的重点，我会引导学生动手实际操作，在每个层次的教学过程中我大胆放手让学生自己去探究，动手操作来发现轴对称图形的特征。把探索的时间和空间交给学生，让每个学生都参与到活动中来。 |
| 联系生活<br>感受对称美 | 课件展示生活中一些对称性的图形：天安门、天坛、太和门望午门、妙应寺白塔、大理白塔、苏州园林、故宫全貌。<br>（课件配乐展示） | 欣赏感知对称的美。 | 多媒体课件 | 设计本环节是让学生感受到数学来源于生活，在生活中欣赏感知对称的美。 |

| 教学环节 | 教师活动 | 学生活动 | 资源 | 设计意图 |
|---|---|---|---|---|
| 巩固深化<br>实际运用 | （1）折一折，画一画，有几条对称轴。<br>（课件出示：正方形、长方形、圆）<br>（2）这里有一些好看的图形，可是只有半个，你们愿意帮助它们找到自己的另一半吗？<br>（课件出示）<br>（3）观察图形，在格子图里画出另一半。<br>（答题纸上做，再看课件展示）<br>（4）（出示一些用几次对折的方法剪出的图形）仿照老师的图样，运用这节课学习的知识，动脑筋设计出美丽的图形，展示自己的才能。<br>（学生作品自由贴到展板上） | （1）学生小组讨论正方形、长方形、圆分别有几条对称轴，进行汇报。<br>（2）学生进行连线。<br>（3）观察图形，画出另一半。<br>（4）学生动手操作。 | 多媒体课件、纸、剪刀、胶带 | 首先设计了一些习题是为了考查学生对课堂知识的掌握情况，其次再一次让学生自己去探究，动手操作，是为了让学生进一步感受对称图形的美。 |

**八、学习评价设计**

（1）完成课本上的课后习题，根据完成情况，判断学生是否掌握知识。

（2）把自己在课堂中做的图形带回家，给自己的爸爸妈妈讲一讲是怎么做的，它为什么美？向父母了解情况，根据讲解情况判断学生是否掌握对称轴。

**九、板书设计**

轴　对　称

对称

对称轴

轴对称图形；对折后两边能够完全重合的图形。

**十、教学反思**

略

## 5.5.5 泥石流成因研究（翻转课堂案例）

### 5.5.5.1 案例简介

《泥石流成因研究》是《小学科学活动设计与指导》第三单元的内容。本单元旨在让学生通过泥石流演示模型的制作，模拟泥石流形成的过程，初步探索泥石流形成的条件，对避免泥石流形成及减少危害应采取哪些措施产生初步认识。

### 5.5.5.2 《泥石流成因研究》课前自主学习任务书

**《泥石流成因研究》课前自主学习任务书**

| 学校 | | | | | |
|------|------|------|------|------|------|
| 年级 | | 班级 | | 姓名 | |

**一、学习指南**

（一）课题名称：《泥石流成因研究》

（二）达成目标

（1）对泥石流的概念有一定的了解；

（2）尝试思考实验的可行性和可能遇到的困难。

（三）课堂活动预告

（1）进阶作业：

1）思考自己任教班级有没有可能开展模拟泥石流形成过程的实验？

2）如果开展实验会遇到什么困难？

（2）协作探究：

请提出如何克服困难创造条件开展翻转课堂实验的假设。

**二、学习任务**

（一）学习任务

（1）观看微课；

（2）了解泥石流的概念；

（3）探索泥石流形成的条件；

（4）为避免泥石流形成及减少其危害应采取哪些措施？

（二）自学检测

填一填：

（1）泥石流的概念：_____。

（2）制作泥石流演示模型需要注意的问题：_____。

（三）展示准备

例：

（1）通过协作探究整理个人所得收获；

（2）进行相互交流学习成果；

（3）准备评价各组代表在全班展示活动中的表现（发现优点，指出不足，提出改进建议）。

**三、困惑与建议**

查找资料、对比发现。

### 5.5.5.3 《泥石流成因研究》课堂活动方案

**《泥石流成因研究》课堂活动方案**

| 活动名称 | 教师活动 | 学生活动 | 资源 | 设计意图 | 教学时间 |
|------|------|------|------|------|------|
| 检测 | 提供试卷；总结。 | 答卷、解惑。 | 自测试卷 | 检测课前自主学习结果。 | 5分钟 |

续表

| 活动名称 | 教师活动 | 学生活动 | 资源 | 设计意图 | 教学时间 |
|---|---|---|---|---|---|
| 设计模型 | 引导、指导学生设计模型。 | 设计模型方案；展示交流；修改方案。 | 学习单1 | 加深学生对泥石流的认识；提高学生设计能力和培养学生的创造力，为泥石流模型制作做准备。 | 10分钟 |
| 制作模型 | 指导、监督学生制作模型。 | 依据方案制作模型；展示、交流作品；修改作品。 | 工具与材料；学习单2 | 提高学生科技制作能力；为学生进行泥石流模拟实验做准备。 | 25分钟 |
| 模拟泥石流 | 引导、指导和监督学生活动。 | 设计实验方案；进行实验探究；修改方案重新实验探究。 | 工具与材料；学习单3 | 体验科学探究过程，提高学生实验设计能力；培养学生协作精神；学生自主探究泥石流形成的原因。 | 30分钟 |
| 总结 | 引导学生总结。 | 进行活动总结。 | 评价表 | 通过总结、反思，提高学生反思能力和促进学生发展。 | 10分钟 |

附件：

**一、自测试卷**

（1）泥石流的概念。

（2）什么样的地方最容易发生泥石流？

（3）影响泥石流成因的因素有哪些？

**二、学习单**

```
                          学习单1
_____年级_____班_____组  姓名_____日期_____
设计内容
设计模型方案：



展示交流：



修改方案：


```

学习单 2

_____年级_____班_____组 姓名_____日期_____

制作内容

工具与材料：

制作效果：

我的反思：

学习单 3

_____年级_____班_____组 姓名_____日期_____

制作内容：

工具与材料：

| 实验方案 | 遇到问题 | 解决方法 | 效果 |
|---|---|---|---|
|  |  |  |  |
|  |  |  |  |
|  |  |  |  |
|  |  |  |  |

**三、评价表**

（1）学生在活动中的参与性与创造性；

（2）学生制作模型的能力；

（3）学生进行模拟实验方案设计和实施的能力。

## 5.5.5.4　《泥石流成因研究》课堂学习任务单

### 《泥石流成因研究》课堂学习任务单

| 班级 | | 姓名 | |
|---|---|---|---|
| **一、学习指南** | | | 设计意图 |
| （一）课题名称:《泥石流成因研究》 | | | 加深学生对泥石流的认识，培养学生的动手与逻辑思维能力。 |
| （二）达成目标:<br>（1）能够设计制作泥石流模型，并设计实验模拟演示泥石流的形成过程;<br>（2）通过实验探究，得出泥石流的形成与地形、植被和水量的关系;<br>（3）通过设计、制作和模拟泥石流活动，认识泥石流灾害中人为因素的影响，了解保护生态环境和植树造林的重要性。 | | | |
| （三）学习方法:<br>（1）小组合作设计、制作模型，展示模型，提高学生设计制作能力和培养学生的创造性;<br>（2）小组合作实验探究、提高学生的实验设计能力。 | | | |
| **二、学习任务** | | | 设计意图 |
| （一）课前检测（5分钟之内答完试卷） | | | 检测课前自主学习情况。 |
| 1. 填空题<br>（1）泥石流的概念 ＿＿＿＿＿＿＿＿。<br>（2）什么样的地方最容易发生泥石流? ＿＿＿＿＿＿＿。<br>（3）影响泥石流成因的因素有哪些? ＿＿＿＿＿＿＿。<br>2. 选择题<br>下列哪个现象不是泥石流?（　　）<br><br>A.　　　　　　　　　　B.<br><br>C.　　　　　　　　　　D. | | | |
| （二）设计模型 | | | 提升同学们的构思能力，使同学们的思路更加清晰。 |
| （1）小组合作选择设计一组地质模型。<br>（2）填写学习单:<br>＿＿＿＿年级＿＿＿＿＿班＿＿＿＿＿组　姓名＿＿＿＿＿＿日期＿＿＿＿＿＿<br>学　习　单<br>设计内容 | | | |

| | |
|---|---|
| 设计模型方案：<br><br>展示交流：<br><br>修改方案： | |
| （三）制作模型 | |
| （1）利用提供的工具和材料按照设计方案制作地质模型。<br>（2）填写学习单：<br><br>学　习　单<br>_____年级_____班_____组 姓名_____日期_____<br>制作内容<br>工具与材料：<br><br>制作效果：<br><br>我的反思： | 提升同学们的动手能力、团队协作能力。 |
| （四）模拟演示泥石流 | |
| （1）设计实验方案。<br>（2）进行实验探究。<br>（3）修改方案重新实验探究。<table><tr><td>实验方案</td><td>遇到问题</td><td>解决方法</td><td>效果</td></tr><tr><td></td><td></td><td></td><td></td></tr><tr><td></td><td></td><td></td><td></td></tr><tr><td></td><td></td><td></td><td></td></tr></table> | 培养学生协作精神；学生自主探究泥石流形成的原因。 |

备注：

### 5.5.5.5 《泥石流成因研究》教学评价表

**《泥石流成因研究》评分表**

| 指标 | 评价标准及分值 | 评分 |
|---|---|---|
| 参与性（20分） | 积极参与讨论，准备材料和动手制作　20分 | |
| | 很少参与讨论，准备材料和动手制作　10分 | |
| 创造性（20分） | 独立构想设计方案，方案严谨，可行性强　20分 | |
| | 经启发构思了设计方案，有一定可行性　10分 | |
| 模型制作能力（30分） | 模型牢固，自变量控制变量合理，布置精巧　30分 | |
| | 模型较牢固，自变量控制变量合理，布置一般　20分 | |
| | 模型结构松散，变量不够合理，布置较差　10分 | |
| 模拟实施方案设计与实施能力（30分） | 实施方案合理，实施得当，记录和总结正确　30分 | |
| | 实施方案较合理，实施较得当，有记录和总结　20分 | |
| | 实施方案不够合理，实施不得当，记录和总结不完整　10分 | |
| 合计 | | |

## 5.5.6 酸雨的形成及危害

**《酸雨的形成及危害》教学设计**

| 案例名称 | 酸雨的形成及危害 | | | 科目 | 科学 |
|---|---|---|---|---|---|
| 教学对象 | 小学六年级学生 | 课时 | 4课时 | 提供者 | ××× |

**一、教材内容分析**

小学科学《酸雨的形成及危害》系列微课具体分为"什么是酸雨?""酸雨是怎样形成的?""酸雨的主要危害"以及"酸雨的防治措施"四部分内容。在小学科学"酸雨的形成与危害"这部分内容中，酸雨的形成过程属于教学中的难点，这部分知识在传统的课堂讲授模式下学习者往往很难理解，然而微课的开发则可以很好地解决这个问题，将酸雨的形成过程以动画的形式呈现给学习者，不但能够吸引学习者的注意力，还有利于学习者养成科学的思维习惯。

**二、教学目标（知识与技能、过程与方法、情感态度与价值观）**

| 三维教学目标 | 什么是酸雨 | 酸雨是怎样形成的 | 酸雨的主要危害 | 酸雨的防治措施 |
|---|---|---|---|---|
| 知识与技能目标 | 1. 能为酸雨下定义。<br>2. 分别描述酸雨区的五级标准。<br>3. 能说出我国三大酸雨区的名称。 | 1. 能够正确地描述酸雨的成因。<br>2. 了解有害酸性物质的两大来源。<br>3. 能够列举生活中化石燃料燃烧的现象。 | 1. 列举酸雨在生活中的主要危害。<br>2. 描述酸雨腐蚀建筑物的过程。<br>3. 能够说明酸雨是如何对人类产生危害的。 | 1. 能够列举两种减少酸性物质排放的措施。<br>2. 描述生物防治酸雨的具体做法。 |

续表

| 三维教学目标 | 什么是酸雨 | 酸雨是怎样形成的 | 酸雨的主要危害 | 酸雨的防治措施 |
|---|---|---|---|---|
| 过程与方法目标 | 通过对酸雨区五级标准的探究，掌握酸雨区分类的方法。 | 能够通过酸雨形成过程的探究，掌握科学探究的一般方法。 | 通过对酸雨危害的引导与分析，学会表达自己的感受或想法。 | 通过分析酸雨的防治措施，掌握处理酸雨问题的具体方法。 |
| 情感态度与价值观目标 | 体验科学探究的过程，养成善于观察与思考的习惯。 | 在探究酸雨成因的过程中养成科学的探究观，培养实事求是的科学态度。 | 通过进行酸雨对生态系统和人类的危害的探究，体会到保护环境的重要性。 | 认识到防治酸雨是大家共同的责任，培养生态保护意识。 |

### 三、学习者特征分析

《酸雨的形成及危害》系列微课的面向对象为六年级的学习者，在这部分课程学习之前，大多数学习者在生活中都曾听说过酸雨，但对于酸雨的具体概念、酸雨的形成过程并不清楚。根据皮亚杰的认知发展阶段论，处于这一阶段的学习者已经具备一定的科学探究能力，能够从多角度分析问题、解决问题，将知识点进行迁移，对于科学知识有很浓烈的好奇心。另外，与高年级的学习者相比，这一阶段的学习者更愿意接受形象化的学习内容。

### 四、教学策略选择与设计

根据学习者的特征以及学习需求，《酸雨的形成及危害》系列微课主要采用启发式教学策略，将知识内容进行分析归纳，从学习者的实际出发，为学习者创设生活中与酸雨有关的真实情境，启发学习者在情境中积极思考，促进学习者自我完善知识体系，发展学习者的逻辑思维能力与独立解决问题的能力。学习资源主要选取图片、动画等形象直观的形式，并辅以配音解说，使学习者产生情感共鸣，更深入地融入学习氛围，促进学习者对知识的主动探索，帮助学习者更好地理解并掌握"酸雨的形成与危害"主题学习内容。

微课的具体教学过程如下：首先，从生活中与酸雨有关的现象导入微课的主题，启发学习者的思考，激发学习者的探究兴趣；其次，以引导的形式逐步呈现知识内容，将图片、动画与文字相结合，分别呈现酸雨的基本概念、酸雨区的分布及特点，在理解酸雨概念的基础上，引导学习者探究酸雨的形成过程，了解酸雨的主要危害，然后联系实际，介绍面对酸雨可以采取哪些具体的措施去解决；最后，以思维导图的形式总结重点内容，帮助学习者进行知识回顾，强化记忆。

### 五、教学过程

| 教学过程 | 教师活动 | 学生活动 | 设计意图 |
|---|---|---|---|
| | 第1课时 酸雨的危害 | | |
| 创设情境、引发思考 | 创设情境，引发思考：随着工业化的高度发展，大气污染日益严重，环境问题逐渐增多。树木为什么会死去？湖里的鱼儿为什么会消失？春天校园里难闻的臭鸡蛋味是哪来的？爸爸的小汽车为什么会黯然失色？ | 产生认知冲突，引发思考。 | 激发学生探索学习的兴趣。 |

续表

| 教学过程 | 教师活动 | 学生活动 | 设计意图 |
|---|---|---|---|
| | 第1课时　酸雨的危害 | | |
| 围绕目标展开讲解逐步引导引发思考概括提升 | 答案其实很简单，造成这些现象的元凶之一就是酸雨，它能够产生这些环境问题，那么到底什么是酸雨呢？<br>（引出课题）<br>酸雨，指 pH 值小于 5.6 的雨水、冻雨、雪、雹、露等大气降水。当酸雨量达到一定值的区域就被称为酸雨区。<br>我国一般按照年均降水 pH 与酸雨率来定义酸雨区，并相应地划分为五级标准。分别为：非酸雨区、轻酸雨区、中度酸雨区、较重酸雨区以及重酸雨区。<br>目前，全球共有三大酸雨区：西欧酸雨区、北美酸雨区以及东南亚酸雨区。在我国也有三大酸雨区，分别为：华中酸雨区，它是全国酸雨污染范围最大、中心强度最高的酸雨污染区；西南酸雨区，这是仅次于华中酸雨区的降水污染严重区域；华东沿海酸雨区，它的污染强度低于华中和西南酸雨区。 | 讨论什么是酸雨。 | 通过情境引出酸雨，学生结合生活实际进一步理解酸雨的概念。 |
| 进行教学回顾与小结，梳理重点知识 | 通过本节课的学习，我们掌握了酸雨的基本概念，认识了酸雨的五级标准，并了解到了全球以及我国的酸雨区分布概况，你学会了吗？ | 归纳反思。 | 总结归纳。 |
| | 第2课时　酸雨是怎么形成的 | | |
| 提出问题、引发思考 | 有时候，温和的雨水会变得残暴起来，把人类的农作物和建筑物给侵蚀掉，这种雨就是酸雨。那么酸雨究竟是怎样形成的呢？ | 学生思考。 | 引发学生思考。 |
| 讲授新课 | 下面我们以汽车尾气的排放为例，一起来探究一下酸雨的形成过程：汽车尾气会排放出许多酸性气体，这些酸性气体在空中飘啊飘，最后与大气中的水汽相遇，就形成了酸性物质，下雨时这些酸性物质跟着雨水一起掉落，这时落到地面的雨水就形成了酸雨。<br>由此可见，酸雨的形成与有害的酸性物质有关。大家知道吗，火山喷发、森林自燃等现象发生时都会产生酸性物质，形成酸雨。不过这一类酸雨出现的次数比较少，破坏力也没有那么强。 | 围绕问题，开展探究，逐步引导。 | 引发思考，概括提升。 |

| 教学过程 | 教师活动 | 学生活动 | 设计意图 |
|---|---|---|---|
| | 第2课时　酸雨是怎么形成的 | | |
| 讲授新课 | 　　不过后来，随着工业化的发展，人们开始大量使用化石燃料，例如：汽车尾气的排放、工业生产的废气排放、船舶的污染物排放等。<br>　　通过化石燃料燃烧形成的酸雨出现得比较频繁，往往具有很强的破坏力，人类的庄稼和建筑物就是因为这样才遭了殃。 | | |
| 回顾知识 | 　　怎么样，现在你理解酸雨的形成过程了吗？它是由酸性气体上升到天空中，与水汽相遇形成酸性物质，最后与雨水一起掉落所形成的。赶紧拿起手中的画笔，把你理解的形成过程画下来吧。 | 回顾知识。 | 强化记忆。 |
| | 第3课时　酸雨的危害 | | |
| 导入 | 　　近年来，由于酸性气体的排放量日渐增多，酸雨的问题越来越突出。 | 提出问题；学生思考。 | 设疑引发学生思考。 |
| 讲授新课 | 　　世界上有许多古建筑和石雕艺术品都曾遭酸雨腐蚀而严重损坏，例如我国的乐山大佛。它位于我国的四川盆地当中，这里空气湿度较大，很容易发生降雨，在降雨时与周围的酸性气体结合，就会形成酸雨，酸雨会让大佛表面的硬化水泥发生溶解，出现空洞和裂缝。大佛经过酸雨长期的腐蚀，就形成了我们现在所见到的模样。<br>　　除了腐蚀建筑物，酸雨也是城市道路路面频频受损的"凶手"之一。城市的柏油路面和水泥路面在经常遭遇酸雨的淋湿、浸泡后，强度降低，基层容易发生泥化，车辆碾压后也就容易出现坑洞。<br>　　酸雨对于土壤也有一定的影响，在酸雨的作用下，土壤中的营养元素会流失出来，并随着雨水被淋溶掉。因此，长期的酸雨会造成土壤中营养元素的严重不足，从而使土壤变得贫瘠，影响植物的正常发育。<br>　　另一方面，酸雨还会导致本来固定在土壤中的有害重金属，如汞、镉、铅等再度溶出，继而为粮食、蔬菜所吸收和富集，这些粮食和蔬菜被人类摄取后，很容易会产生中毒的症状。<br>　　另外，酸雨还会对水生生物产生影响。它使许多的河流、湖泊水质酸化，导致许多对酸敏感的水生生物种群濒临灭绝，使湖泊失去生态机能，最后变成一片死湖。 | 围绕问题，开展探究，逐步引导。 | 引发思考，概括提升。 |

续表

| 教学过程 | 教师活动 | 学生活动 | 设计意图 |
|---|---|---|---|
| 第3课时 酸雨的危害 | | | |
| 总结、回顾知识 | 由此可见，酸雨的主要危害主要分为四个方面，分别是：腐蚀雕塑和建筑物、影响植物的正常发育、危害人体生命健康、破坏水生生态系统。<br>因此，我们一定要加以重视，采取具体的防治措施解决酸雨问题，早日恢复雨水的本来面目。 | 梳理重点知识。 | 进行教学回顾与小结，梳理要点。 |
| 第4课时 酸雨的防治措施 | | | |
| 导入 | 目前，酸雨已经成为一种全球性的环境问题，它使许多国家和地区都遭受到了严重的环境污染，那么我们到底应该怎样做才能有效的防治酸雨呢 | 根据教师提出的问题，思考。 | 提出问题，引发思考。 |
| 讲授新课 | 首先，防治酸雨应从源头入手。酸雨的形成主要与有害的酸性物质有关。因此，防治酸雨的最根本措施就是减少人为酸性物质的排放。要想实现这一目标，主要可分为两种途径：<br>一是调整以化石燃料为主的能源结构，增加无污染或少污染的能源比例，开发氢能、太阳能、水能、潮汐能、地热能等新能源；二是加强技术研究，减少废气排放，推广煤炭的净化技术。 | 围绕问题，开展探究。 | 逐步引导，引发思考，概括提升。 |
| 总结回顾 | 通过以上探究，我们能够了解到酸雨的防治具体可以从以下几方面入手，分别是：调整能源结构、改善燃煤技术、栽种有益植物、选择环保的出行方式以及加强社区宣传。相信在我们的积极防治下，我们居住的家园一定能够恢复本来的面貌。 | 总结知识点。 | 总结回顾，升华主题。 |

教学流程图：

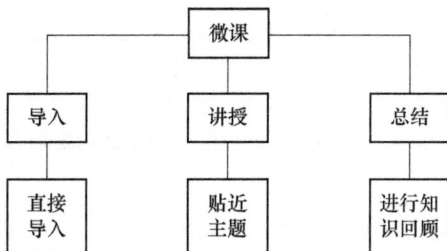

## 六、教学评价设计

课程基本结束时，指导学生进行教学评价。明确评价的具体内容，以学生自评为主；学生互评、教师评价为辅。肯定优点的同时，指出问题所在，以及改进建议等。

## 5.5.7  最后一头战象（翻转课堂案例）

### 5.5.7.1  教学分析

#### 一、案例分析

《最后一头战象》是人教版小学语文六年级上册的内容，是动物小说大王沈石溪的作品。文章以在抗日战争中幸存下来的最后一头战象嘎羧为主人公，介绍了它在预感到自己生命大限已至，便再次披上象鞍，到达曾经和战友并肩作战的地方，来到战友长逝的地方，耗尽生命中最后的力气为自己挖了一个墓坑，庄严归去的故事。作者用生动优美的笔触描写了嘎羧在生命的最后时刻，仍然对 26 年前的那场战役，在那场战役中死去的战友的深深怀念，它没有忘记自己曾经是一头战象，也没有忘记过去英勇辉煌的自己。由于文章篇幅较长，在阅读上要求学生能够快速阅读，通过抓主要事件的方法，迅速把握文章的主要内容。在能够概括课文大意的基础上，通过圈划重点词句、联系上下文、展开想象的阅读方法，品味文本的细节描写。感受作者如何运用动作、神态等词语展现嘎羧丰富的情感和内心的世界，引导学生感悟嘎羧高尚的情怀。

#### 二、教学对象分析

六年级的学生已经掌握了一定的阅读技巧，能够较快速阅读课文，并对课文内容进行大致概括，具备通过对关键词的分析体会主人公情感的基础。

#### 三、教学目标分析

知识与技能目标：正确、流利、有感情地朗读课文，通过对描写嘎羧神态、动作等词的揣摩，读出嘎羧的内心和情感状态；

过程与方法目标：学会快速阅读，通过抓主要事件的阅读方法，迅速把握文章的主要内容；

情感态度与价值观目标：学生在自主、合作的学习活动中，学会运用圈划重点词语、联系上下文、展开想象等方法品读课文，感受作者运用描写神态、动作等词语展现嘎羧的内心活动，体会嘎羧崇高的情怀。

#### 四、教学重难点分析

通过对课文中描写嘎羧动作、神态的语句的品读，引导学生走进嘎羧的内心世界，体会嘎羧丰富的情感，并感悟嘎羧高尚的情怀。

#### 五、教学方法

学生通过课前观看教师录制好的教学视频，掌握运用神态、动作等词语展现嘎羧情感的方法，完成自主学习任务单；课堂上，学生自行圈划重点词语、联系上下文等阅读方法分析嘎羧"重回战场"的部分；最后学生组成小组，共同讨论，协作完成对文本第三部分"庄严归去"的分析，由小组代表将自己小组的交流成果与大家共同分享，其中小组合作不能解决的问题也可以向教师请教。

#### 六、教学准备

教学视频、自主学习任务单、《最后一头战象》原文小说、《最后一头战象》电影资源和《最后一头战象》图册。

### 5.5.7.2  搜集资料，设计自主学习任务单，录制视频

A  自主学习任务单

自主学习任务单的设计，可以帮助学生根据自己的学习步调进行学习，在自

学过程中明确要完成的学习任务，对课堂教学形式有先行的了解，从而做好学习的准备。教师也能够依据学习任务单更有效地组织翻转课堂的教学，提高课堂教学质量。在自主学习任务单中，主要包括学习指南（分为课题名称、达成目标、学习方法建议、课堂学习形式预告等四个具体的部分）、学习任务、困惑与建议三大板块。

### 《最后一头战象》课前自主学习任务单

**一、学习指南**

课题名称：人教版小学语文六年级上册第七单元第23课《最后一头战象》

达成目标：

(1) 通过对课文的快速阅读，抓住文章主要事件，对课文内容进行初步概括；

(2) 学习课文5~12自然段"披挂象鞍"部分，掌握作者运用"轻吼""急促""摩挲""泪光闪闪"等描写嘎羧神情或动作的词语或句子，体现嘎羧对26年前那一场战役和死去的战友怀念之情的表达方式；

(3) 通过对前两个任务的完成，初步尝试运用抓关键词或句子的方法分析文章第14自然段，找出最能表现嘎羧内心情感的句子，圈出描写嘎羧神态或动作的词，体会嘎羧的内心想法，并把自己的阅读感受标注在旁边。

学习方法建议：

在观看教学视频时学习教师对"披挂象鞍"这一部分的分析方法，并在文章中对关键词、句做适当的标记。

课堂学习形式预告：

(1) 速读课文，整体感知；

(2) 自学检测，个体交流；

(3) 品读课文，合作探究。

**二、学习任务**

在观看教学视频之前，快速阅读课文，抓出文章主要事件，之后完成下列学习任务：

(1) 标注出课文5~12自然段"披挂象鞍"部分描写嘎羧神态或动作的词和句子，学习针对这些词或句子分析嘎羧内心情感的方法；

(2) 自己尝试对课文第14自然段进行分析，对描写嘎羧神态或动作的关键词、句子进行标注并写下阅读感受。

**三、困惑与建议**

学生记录下自己在阅读文本后的主观感受和阅读体验，以及在自主学习之后产生的问题。

B　教学视频内容的录制

(1) 作者简介：对本篇动物小说作者沈石溪进行简介；

(2) 图音结合，介绍背景：播放嘎羧与战友在战场上浴血奋战的资料图，同时有感情地朗读课文1~4自然段；

(3) "披挂象鞍"的文本教学，讲解课文5~12自然段嘎羧披挂象鞍的部分。

引导学生重点体会作者通过对嘎羧神态、动作等词或句子的描写，塑造嘎羧形象，体会嘎羧崇高的情怀。要求学生边听讲解边在文中标注出"轻吼""急促""摩挲""泪光闪闪"等关键词和句子，并在旁边写下阅读感受。

### 5.5.7.3 学生观看视频，完成学习任务单

**一、速读课文，整体感知**

（1）这篇课文很长，请同学们快速默读课文，边读边思考，嘎羧临死之前做了哪些事？

（2）交流总结嘎羧在生命的最后历程做了哪几件事？

（指导学生学习运用抓主要事件，对文章内容整合提炼概括的方法，板书：披挂象鞍 重回战场庄严归去）

**二、自学检测，个体交流**

（1）我们在自学中学习了什么样的阅读方法来分析嘎羧的内心情感？

（抓住描写嘎羧动作、神态的词和句子，并做标注）

（2）此时的嘎羧面对 26 年前自己曾经披挂的象鞍，不停地摩挲，它在想些什么？

（面对满是弹洞、斑斑血迹和有奇特气味的象鞍，嘎羧想起了_____，它没有忘记_____）

（3）学生交流对课文第 14 自然段的阅读感受，你抓住了哪些词语或句子体会到了嘎羧当时怎样的心情？

（如对"嘎羧走了整整一夜，天亮时，来到打洛江畔""久久凝望""亲了又亲""它身体膨胀起来，四条腿皮肤紧绷绷地发亮，一双眼睛炯炯有神，吼声激越悲壮"等词或句子进行分析）

学生自由阐述自己找到的词和句子，并分析这样写表达了嘎羧怎样的心情，交流标注，指导学生带着这种感悟来读。

**三、品读课文，合作探究**

（一）分组自学"挖掘墓坑"和"庄严归去"部分

学生先用所学品读课文的方法，找出记叙实例的相关句段，划记描写嘎羧动作神态的词语，进行细细品味，从中体会嘎羧内心的想法。

（二）小组交流，共同研讨

要求：组长安排组员依次说出自己所找相关句子或词语，并分享自己的阅读感受。成员之间可相互补充，遇到困难，经小组内交流探讨不能解决的问题组长记录下来，全班共同商讨。

（三）各小组代表汇报

引导学生重点品读：（1）"它已经几天没吃东西了，又经过长途跋涉，体力不济，挖一阵就喘息一阵。"感受嘎羧挖坑的艰难，通过多种形式的朗读，体会嘎羧此时的心情。（2）"我们躲在远处，看着它的身体一寸一寸地往下沉。"品味"沉"字。体会嘎羧奋力挖掘墓坑的内心，感受嘎羧此时像当年奋勇杀敌时一样的英雄形象。（3）"土坑约有三米深，嘎羧卧在坑底，侧着脸，鼻子盘在腿弯，一只眼睛睁得老大，凝望着天空。"嘎羧坦然面对了死亡，静静地为自己挖掘了墓地。既然回到了自己曾经与战友并肩作战的地方，度过了自己生命中最后的时光，为什么嘎羧的一只眼睛还睁得老大，凝望着天空？那"睁得老大""凝望着天空"的眼睛在向我们诉说着什么？

### 5.5.7.4 课后拓展

（1）学习抓住神态动作具体描写的方法，写一个小片段；

（2）感兴趣的同学自主阅读《最后一头战象》的原著，以及沈石溪先生的其他作品；

（3）自主观看《最后一头战象》电影。

### 5.5.7.5 案例设计反思

综合整个教学设计来看，教师可以通过教学视频对课文的知识点进行集中讲解，学生在课堂上也有足够的时间对新知识进行巩固和消化，而对于学习能力较差的学生也可以通过反复观看教学视频达到掌握知识的目的。这相比传统的课堂教学模式来说，翻转课堂教学模式在这篇课文阅读教学中的应用更能体现学生在学习中的主体地位，尊重学生的阅读体验，学生也能更好地掌握知识，提升阅读能力，完成教学目标。但不足之处在于在对这篇课文进行翻转课堂教学设计上，教学活动的形式设计较为单一，主要是学生的个人探讨和小组的合作交流两种形式。与传统课堂教师一步步引领学生体会文章作者所要表达的情感相比，这篇课文的设计更注重学生对阅读方法的掌握，而对学生情感的引导相对较弱。

## 5.5.8 透镜（翻转课堂案例）

### 5.5.8.1 教学分析

本次翻转课堂教学案例以人教版八年级物理上册第五章第一节《透镜》为教学内容。

确定教学目标：（1）学会区别凸透镜和凹透镜；（2）通过探究实验掌握凸透镜对光有汇聚作用和凹透镜对光有发散作用；（3）知道凸透镜的主光轴、光心、焦点、焦距的概念，会画经过透镜的特殊光线。

分析学情为了保证学生课前自主学习，本次课前由学校统一为学生们提供学习设备和学习场所，组织大家在课前自主学习。

分析教学内容通过对《透镜》教材内容的分析和梳理，确定本节课程的环节：首先引导学生认识透镜，给出透镜的主光轴和光心的概念；然后通过让学生利用放大镜做实验得到凸透镜对光有汇聚作用而凹透镜对光有发散作用，并给出焦点和焦距的概念；最后通过视频教学让学生掌握凸透镜和凹透镜的特殊光线。

设计课前学习资料包括导学案和自制视频。

课前学习检测主要通过练习题对透镜的相关知识进行检测，包括对透镜概念的理解，能辨别透镜的种类，掌握透镜对光的作用以及特殊光线。

课堂探究活动设计课前要准备好课堂探究活动的问题。本节课堂探究活动的问题为：（1）组织学生上黑板分别画出凸透镜和凹透镜的三条特殊光线。（2）让学生讨论："通过凸透镜的光线一定是汇聚的，通过凹透镜的光线一定是发散的对不对？"（3）为学生准备凸透镜让学生探究凸透镜的焦点和焦距。（4）让同学们讨论分析："为什么在森林不能乱丢矿泉水瓶？"

### 5.5.8.2  课前自主学习

**初二物理《透镜》导学案**

---

**一、学习目标**

---

（1）学会区别凸透镜和凹透镜；

（2）通过探究实验掌握凸透镜对光有汇聚作用和凹透镜对光有发散作用；

（3）知道凸透镜的主光轴、光心、焦点、焦距的概念，会画经过透镜的特殊光线。

---

**二、自主学习**

---

透镜是由透明物质制成（一般是玻璃），至少有一个表面是球面的一部分，对光起折射作用的光学元件。

（1）凸透镜和凹透镜：凸透镜：边缘_____中央_____；凹透镜：边缘_____中央_____

（2）透镜对光的作用：凸透镜：对光起_____作用。凹透镜：对光起_____作用。下图所示的六个透镜中，属于凹透镜的是_____。

A    B    C    D    E    F

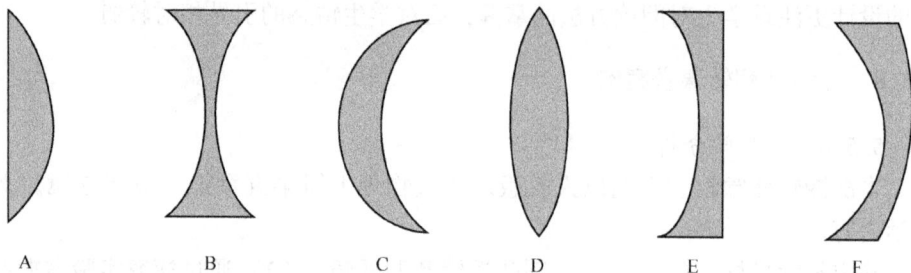

（3）透镜的基本概念

主光轴：通过两个球心的直线 用点划线表示：－ － －

光心：透镜的中心有个特殊的点，通过这个点的光线传播方向_____（透镜中心可认为是光心）。

焦点：凸透镜的主光轴上有两个对称的点，平行于主光轴的光线通过凸透镜能汇聚在该点，这个点叫透镜的焦点，用"____"表示。

虚焦点：当平行光照射凹透镜时，光线会变得发散，将发散的光线进行反向延长，会在凹透镜的主光轴上相交于一点，这一点不是实际光线的会聚点，所以称为虚焦点。

焦距：到的距离叫焦距，用"____"表示。每个透镜都有两个焦点、焦距和一个光心。

思考：用不同的放大镜进行实验，观察发现凸透镜越厚（凸透镜越凸）对光的汇聚能力越_____（选填"强或弱"）。

---

**三、视频学习：透镜对三条特殊光线的作用**

---

（1）掌握凸透镜对三条特殊光线（平行于主光轴的光线、进过光心的光线、从焦点发出的光线）的作用；

（2）掌握凹透镜对三条特殊光线（平行于主光轴的光线、进过光心的光线、延长线进过虚焦点的光线）的作用。

---

**四、能力提升**

---

（1）经过凸透镜的平行光线，会在凸透镜的主光轴上汇聚于一点，这一点称为_____焦点到光心的距离称为_____。

(2) 下图中能正确反映透镜光路图的是（    ）。

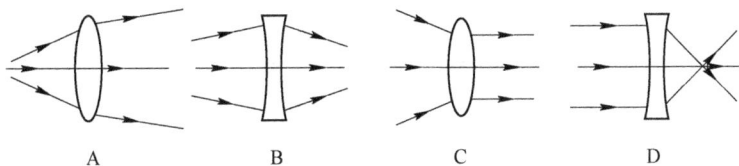

A     B     C     D

(3) 请在下图中正确画出光线通过透镜形成的光路图。

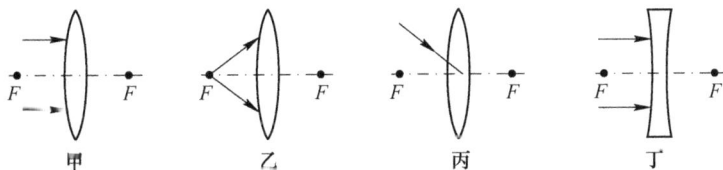

甲     乙     丙     丁

(4) 完成下图的光路图。

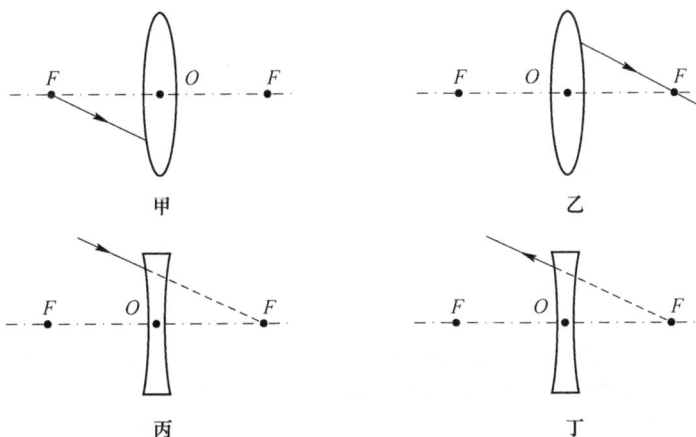

甲           乙

丙           丁

(5) 观察下图的光路图，在图中画出相应的透镜。

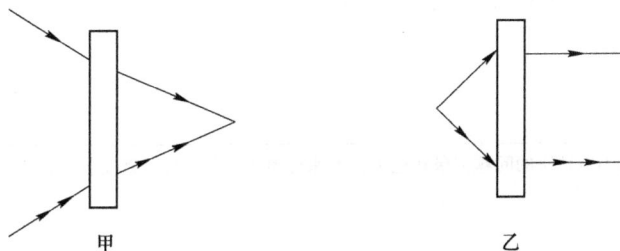

甲           乙

(6) 如果想让小灯泡发出的光线变成平行光，结合本节内容的学习，思考灯泡应放在什么位置
（    ）。

A. 凸透镜前任意位置      B. 凸透镜的焦点上

C. 凹透镜前任意位置      D. 凹透镜的焦点上

(7) 完成下图的光路图。

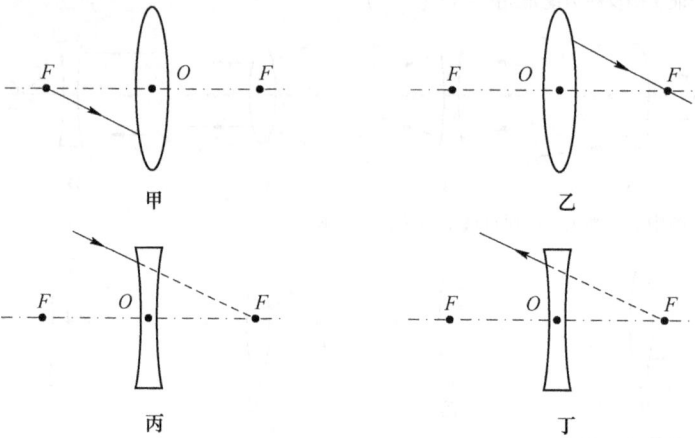

甲                                        乙

丙                                        丁

(8) 观察下图的光路图，在图中画出相应的透镜。

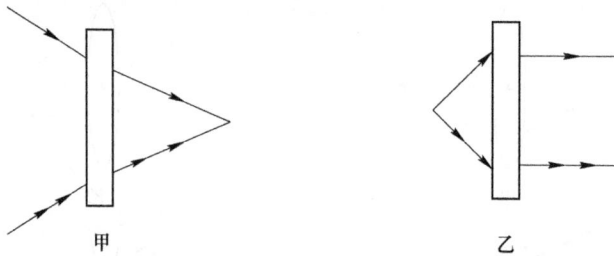

甲                                        乙

(9) 关于凹透镜下列说法正确的是（　　）。

    A. 任何光束通过凹透镜后都会发散，不会汇聚　　B. 汇聚光线通过凹透镜一定发散

    C. 只有平行于主光轴的光线通过凹透镜才会发散　　D. 凹透镜对所有通过它的光线都有发散作用

(10) 下列关于光线在空气中通过凸透镜折射后的光线说法正确的是（　　）。

    A. 一定是平行光束　　　　　　　　　　　　B. 一定是会聚光束

    C. 折射光束比原光束会聚一些　　　　　　　D. 一定是发散光束

(11) 思考怎样利用太阳光、直尺、白纸测量出放大镜的焦距？请简要叙述。

**五、问题记录**

将自己疑惑或者不能解决的问题记录在这里，上课与同学、老师共同交流学习。

**六、自我评价**

同学们根据自己本节课的收获对自己的学习情况进行自我评价：

班级：

| 评价项目（单项成绩为10分） | 自我评定成绩 | 评价目的 |
|---|---|---|
| （1）能认真听课，认真思考 | | 注意力集中 |
| （2）能积极回答问题 | | 课堂参与度 |
| （3）积极参与小组讨论，善于发言 | | 合作学习 |
| （4）能独立思考并表达自己的观点 | | 独立思考能力 |
| （5）善于反驳错误观点 | | 敢于否定 |
| （6）课前自主学习 | | 自主学习能力 |
| （7）知识点充分掌握 | | 学习效果 |
| （8）能与老师相互讨论 | | 师生沟通 |
| （9）学习过程轻松、快乐 | | 课堂氛围 |
| （10）能解决自己的疑问 | | 课堂教学的针对性 |

## 5.5.9　等腰三角形的性质（翻转课堂案例）

### 一、教学内容及其地位分析

《等腰三角形的性质》是八年级上册第十三章第三节第一课时内容。等腰三角形是继一般三角形与轴对称知识的深化与应用基础上学生学习的一种特殊的三角形，具有自身特殊的性质，一方面成为今后学习等边三角形、等腰梯形等几何图形的预备知识，另一方面等腰三角形的性质"等边对等角"和"三线合一"也成为证明角相等、线段相等、直线互相垂直的重要依据。培养学生的逻辑思维能力、分析能力，学生等方面起了很大的作用。

### 二、课前准备及教学策略

本节课的教学视频来自孙丽梅录制的《等腰三角形的性质》。视频的制作使用的是 Camtasia Studio 6.0 屏幕录像软件，录制 PPT 的同时并录入讲解音频，经过 Camtasia Studio 6.0 录屏软件的编辑器，最后形成 WMV 格式的教学视频。

内容主要如下：

（1）展示生活中的图片，引出等腰三角形并讲解等腰三角形，腰、底角、底边的相关概念。

（2）通过剪纸做出等腰三角形并总结出等腰是轴对称图形，进而归纳出等腰三角形的两条重要的性质即两底角相等及三线合一，并给出性质的几何符号语言。

（3）通过做等腰三角形底边的中线构造全等三角形，利用全等三角形的性质进而证明等腰三角形两个底角相等，采用类似的方法还可证明等腰三角形底边的中线垂直底边且平分顶角，即等腰三角形底边上的中线、底边上的高、顶角的平分线互相重合。

（4）例题讲解：在 $\triangle ABC$ 中，已知 $AB=AC$，且 $\angle B=70°$，求 $\angle B$ 及 $\angle C$ 的度数。

续表

通过本例题的设置加强学生对等腰三角形性质一的理解，并学会应用等腰三角形等边对等角的性质解决简单的求角度问题。

（5）判断对错：等腰三角形的角平分线、中线和高互相重合；等腰三角形的底角都是锐角；钝角三角形不可能是等腰三角形；有一个角是 60° 的等腰三角形，其他两个角的度数也为 60°。通过判断题的设置，加深学生对等腰三角形两性质定理的认识。其中性质二内容为等腰三角形底边的高线、底边的中线及顶角的角平分线互相重合，而不是任意一边。

（6）布置自测练习与探究性问题：

等腰三角形的一底角的外角的度数为 115°，求顶角的度数。

在△ABC 中，已知 AB=AC，∠A=50°，求∠B 的度数。

等腰三角形一腰上的高与另一腰的夹角为 60°，求此等腰三角形的顶角的度数。

如图所示，在△ABC 中，已知 AB=AC，点 D 在 AC 上，且 AD=BC=BD，求△ABC 各个角的度数。

探究性问题：等腰△ABC 底边的中点 D 到两腰的距离相等吗？分别做 DE⊥AB 于点 E，DF⊥AC 于点 F，猜想 DE 与 DF 的数量关系并证明你的结论。

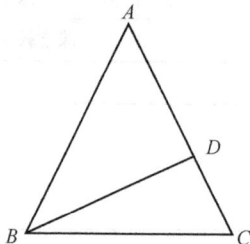
自测练习

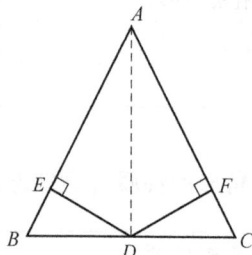
探究性问题

通过以上自测练习的布置，检测学生在观看教学视频、自主学习中对等腰三角形性质的掌握情况并对自己的学习情况做出判断，如在某个知识上掌握不好，可以通过计算机的回放功能进行再一次的学习，及时做到对知识的查缺补漏。探究性问题的布置用以引发学生在课下的思考进而增强学生主动学习的意识。

本节课教学应用翻转课堂教学模式，以孙丽梅录制的《等腰三角形的性质》的教学视频为载体将学生课上学习与课下做作业的教学结构颠倒，课堂活动中学生和教师之间的互动及学生与学生之间的互动取代了教师以往教学中讲台上的讲授，个性化的学习环境为学生提供了更多自主学习及与小组合作学习的时间与机会。翻转课堂教学模式以建构主义理论为基础，以新课程改革的理念为核心，以学生为主体，教师则成为是学生身边的教练，及时指导学习中遇到困难的学生，做到对学生的因材施教，引导学生自主学习。

### 三、教学目标

了解等腰三角形的概念，探索并证明等腰三角形的性质定理：等腰三角形的两底角相等；底边上的高线、中线及顶角平分线重合。

课下自主学习阶段教学目标：学生能够通过观看教学视频了解等腰三角形的概念，进行等腰三角形的性质定理的探索及其证明，并会应用等腰三角形的性质定理解决有关等腰三角形中求角度的问题及进行简单的推理证明。在信息技术的支持下提高学生对翻转课堂教学模式的认识，在教学视频中折纸的探究环节，引导学生进行规律的再发现，激发学生对数学学习的热爱。

　　课上协作内化阶段教学目标：通过自主探索，小组协作交流深入研究等腰三角形两底角相等，底边上的中线、高线及顶角的角平分线重合两性质定理。在探究、证明的过程中培养学生独立思考、解决问题的能力。在生生互动与师生互动中，共同应用等腰三角形的性质解决相关的数学问题，激发学生数学学习兴趣，培养学生数学探究精神及创新能力。

### 四、教学重难点

　　教学重点：探索并证明等腰三角形的性质。
　　教学难点：等腰三角形性质定理的应用。

### 五、教学过程

（一）自主学习——记忆领会等腰三角形的性质定理

　　在教师的组织与引导下，学生观看《等腰三角形的性质》教学视频实现对等腰三角形的概念及性质定理知识内容的感知与记忆。课下通过观看教学视频进行自主学习是翻转课堂教学中的关键的环节，学生自主学习的成效关系到课堂教学活动的顺利开展。因此学生要根据自己的学习情况，通过暂停、倒带功能自行控制学习的进度，并随时做笔记，减少了以往课堂教学中教师的重复讲解，进而达成课下自主学习阶段学习目标。

（二）自测练习，提出问题

　　通过观看视频的自主学习，学生对等腰三角形的概念及等腰三角形的性质定理内容有了初步的理解后，通过完成视频中教师预留的相应的练习检测学生对等腰三角形性质的掌握情况，根据测试练习的反馈情况学生决定自己是否进行教学视频的再次学习，及时纠正学生错误的记忆及理解，进而达到对等腰三角形性质定理知识的初步理解及应用。要求全班的八个小组的组长统计本组成员在学习中所遇到的困惑，最后由课代表汇总上交，经过整理，我总结学生们普遍遇到的具有探究性的典型问题，并为组织课堂活动做准备。在此练习的环节中，学生能够及时发现自己的疑惑，并可以通过多种方式反馈给教师，也方便教师及时掌握学生学习的情况。

（三）课堂分析探索应用——内化等腰三角形性质定理

1. 确定问题

　　根据本节课知识的重难点内容和学生观看教学视频、自测练习中普遍存在的问题，我将等腰三角形"等边对等角"与"三线合一"的两个性质的证明方法向全班学生做出知识归纳，并强调在与等腰三角形有关的命题的证明过程中，添加底边的中线、底边的高线及顶角的角平分线是常用的辅助线添加方法，但具体填哪一条需要具体问题具体分析。在自测练习中学生在遇到等腰三角形中求角度的问题，很多学生都出现丢解的情况，因此根据三角形的内角和定理以及等腰三角形的两底角相等的性质定理，像强调等腰三角形的性质一中要注意等腰三角形三个内角的角度范围，底角角度的范围应大于 $0°$ 而小于 $90°$ 只能为锐角，顶角度数的范围为大于 $0°$ 而小于 $180°$，可以为锐角、直角和钝角。基于以上强调的知识内容，将课本上 79 页练习 1 以及 82 页的第 7 题 "$AB=AC$，$\angle A=40°$，$AB$ 的垂直平分线交 $AC$ 于点 $D$，求 $\angle DBC$ 的度数" 作为本节课的课堂作业，并将 83 页第 13 题结合 89 页活动三 "等腰三角形中相等的线段" 作为课堂活动的探究性问题：第 13 题问题为 "等腰三角形两底角的平分线以及两腰上的中线，两腰上的高相等么，并证明所得结论。"

2. 自主探索

　　学生根据教师已布置的作业，在课堂自主探索环节中自主完成，遇到自己不会的问题学生可向教师随时请求指导，因此翻转课堂教学模式中教师从以往教学模式中知识内容的呈现者转变为学生学习过程中的教练，通过教师对学生一对一的贴心辅导，翻转课堂教学提供给不同兴趣和能力学生的个性化的学习需求，在教学中真正实现了因材施教的教育原则。

3. 小组协作

在学生完成作业的过程中，遇到难题及教师布置的探究性问题自己解决不了的时候采取小组协作共同完成，因为此题的图形相对复杂一些，应用到线段垂直平分线及等腰三角形的相关性质，需要进行两三步的推理过程，通过小组成员的互帮互助，组内学习程度较好的同学主动为此题没有做上来的学生讲解，带动组内成员的共同进步。此环节中，学生协作交流，有利于发展学生的数学思维能力，增强学生间的沟通能力。通过组内的合作学习，同时也促进学生解决问题能力。

（四）交流展示——综合评价形成体系

课堂自主探索及协作学习活动之后，学生将在学习活动中的收获汇集、整理成各种形式的作品进行成果展示。

# 5.6 优秀微课案例

## 5.6.1 《带生活垃圾回"家"》故事型微课

### 5.6.1.1 微课文字稿本

#### 《寻找可回收之家》文字稿本

| 微课名称：寻找可回收之家 | | 时长：4~6分钟 |
|---|---|---|
| 场景 | 文字稿本 | |
| 场景一 | 【旁白】在小藏决定帮助他们寻找他们各自的家园后。<br>小藏：你们应该回到哪个家园呢？<br>书本：我、海报妹妹以及镜子妹妹都是要回到可回收之家，因为我们都是可回收物，可以再生循环！<br>小藏：那怎么样才能知道哪些是可回收垃圾呢？<br>镜子妹妹：可回收垃圾一共有五大家族，废纸家族、塑料家族、玻璃家族、金属家族以及纺织物家族。 | |
| 场景二 | 【旁白】在沿途中，他们欢声笑语地走在这片草地上，这时他们碰到了卫生纸模样的垃圾。<br>小藏：卫生纸也是你们废纸家族，它也是回到可回收之家。<br>卫生纸：我们卫生纸并不是废纸家族，也不回到可回收之家。<br>小藏：同样是纸，为什么不是可回收垃圾呢？<br>卫生纸：我和纸巾因为水溶性太强，所以我们是不可回收的。 | |
| 场景三 | 【旁白】在路上，碰到了另一个垃圾小伙伴。<br>小藏：你是矿泉水瓶，塑料做的，是属于塑料家族。<br>矿泉水瓶：是的，我是可回收垃圾里的塑料家族，正在寻找可回收之家。 | |

续表

| 微课名称：寻找可回收之家 | 时长：4~6分钟 |
| --- | --- |
| 场景 | 文字稿本 |
| 场景四 | 【旁白】几分钟后，他们看到了一个大门，上面写着"可回收之家"。<br>玻璃酒瓶：我是玻璃酒瓶，旁边这位是玻璃杯，我们和镜子妹妹都是玻璃制作，属于玻璃家族，是可回收垃圾。<br>玻璃杯：玻璃家族除了我们，还有玻璃窗、玻璃板等，总之我们玻璃家族都属于可回收之家。<br>袜子弟弟：我是袜子弟弟，属于纺织物家族，纺织物家族还有衣服、裤子、毛巾、书包等兄弟姐妹们。<br>矿泉水瓶：我们塑料家族很庞大，你们人类的餐具、牙刷，洗发液瓶、洗洁精瓶等塑料生活用品都是我们塑料家族的。<br>易拉罐弟弟：我是金属家族，铁钉、金属罐头盒都属于金属家族。<br>小葳：谢谢你们让我知道了可回收之家有五大家族，也认识了每个家族里其他的垃圾伙伴，接下来我会继续帮助更多的生活垃圾。<br>【旁白】小葳和这些伙伴们依依不舍地告别，就这样寻找可回收之家的旅途在他们的欢声笑语中落入了尾声。 |

### 《寻找有害之家》文字稿本

| 微课名称：寻找有害之家 | 时长：4~6分钟 |
| --- | --- |
| 场景 | 文字稿本 |
| 场景一 | 【旁白】在小葳和可回收之家的他们依依不舍地告别后，再次出发。<br>小葳：你是废电池吗？<br>废电池：你说的没错，我们废电池含有有毒的物质，会污染环境，对人体健康有害，所以必须要把我们特殊分类处理。<br>小葳：既然你对人体有害，那么你是有害垃圾吗？<br>废电池：是的，我们废电池是有害垃圾，必须要回到有害之家。<br>【旁白】小葳答应了废电池，要帮助它回到有害之家，就这样，寻找有害之家的旅途开始了。 |
| 场景二 | 【旁白】在路上，小葳看到她以前吃过的药物胶囊。<br>小葳：你是胶囊吗？<br>胶囊妹妹：是的，我是药物胶囊。<br>小葳：我们平时吃的药为什么也是有害垃圾呢？<br>胶囊妹妹：我们药品家族如果过期后容易分解、蒸发，散发出有毒气体，造成室内环境污染，严重时还会对你们人体呼吸道产生危害。<br>胶囊妹妹：我们有害之家不像可回收之家有那么多的垃圾成员，我们有害之家有废电池家族、废温度计家族、废油漆家族，还有我的废药品家族。 |

续表

| 微课名称：寻找有害之家 | 时长：4~6 分钟 |
|---|---|
| 场景 | 文字稿本 |
| 场景三 | 【旁白】说完后废油漆桶带着药片也走了过来。<br>小葳：你们也是有害垃圾，想要回到有害之家吧。（油漆桶和药片听完略显惊讶）<br>小葳：你是油漆桶，是废油漆家族，旁边应该是我生病时吃的药片吧，和胶囊妹妹一样，是废药品家族。<br>油漆桶：如果人类都能知道我们有害之家都有哪些家族，我相信地球的环境会越来越好。<br>【旁白】寻找有害之家的队伍逐渐变得壮大起来。 |
| 场景四 | 【旁白】在它们向各种垃圾打听了有害之家的位置后，终于，它们找到了。当它们正要往那边走时，一位工作员拦住了它们。<br>工作员：进入有害之家必须要遵守制度。<br>小葳：有害之家有什么制度呢？<br>工作员：废弃药品应该连带包装一并进入有害之家，这样才能更好地保护环境。<br>胶囊妹妹：谢谢你帮助我们回到了有害之家，希望你在日常生活中也要记住我们，分类投放，保护环境。 |
| 场景五 | 小葳：谢谢你们让我知道了有害之家都有哪些家族，我也知道了，在投放时需要把你们废药品家族带着包装物一起投放。我会继续努力，带更多的生活垃圾回家。<br>【旁白】就这样，寻找有害之家的旅途进入了尾声。 |

《寻找厨余之家》文字稿本

| 微课名称：寻找厨余之家 | 时长：4~6 分钟 |
|---|---|
| 场景 | 文字稿本 |
| 场景一 | 【旁白】在小葳和有害之家的垃圾们告别后，独自一人开始寻找需要帮助的生活垃圾；在路上，小葳踩到了一个香蕉皮，摔倒在地上。<br>香蕉皮：对不起，我在这里睡着了，才让你摔了一跤。<br>小葳：没关系，我可以帮助你回家，你是要回到哪个家园呢？<br>香蕉皮：我是香蕉皮弟弟，是厨余垃圾。我们厨余垃圾产生的地方主要是你们人类日常生活中的家庭厨房、餐厅及与食品加工有关的地方，所以我要回到厨余之家。<br>【旁白】小葳决定带香蕉弟弟回到厨余之家，就这样，寻找厨余之家的旅途在这样一个小意外中开始了。在路上，碰到了已经碎掉的蛋壳。<br>小葳：你也是属于厨余之家的吗？<br>蛋壳：是的，我是蛋壳弟弟，也是厨余垃圾，要回到厨余之家。<br>小葳：那你们厨余之家都有哪些家族呢？ |
| 场景二 | 蛋壳：我们厨余之家里的垃圾伙伴主要是你们人类在日常厨房生活中产生的菜叶、剩菜剩饭、瓜皮果核、蛋壳和骨头等。<br>【旁白】之后，米饭妹妹走了过来。 |

续表

| 微课名称：寻找厨余之家 | 时长：4~6分钟 |
|---|---|
| 场景 | 文字稿本 |

| 场景二 | 米饭妹妹：也带我回到厨余之家吧。<br>小葳：你们厨余之家里的垃圾伙伴都有什么使命呢？<br>米饭妹妹：我们厨余垃圾回到厨余之家后，通过一系列方法可以将我们变成各种作物的肥料还有动物的饲料，同时也能够减少厨余垃圾对环境的污染。 |
|---|---|
| 场景三 | 【旁白】过了几分钟，小葳他们终于找到了厨余之家。<br>香蕉弟弟：谢谢你帮助我们回到厨余之家，希望你以后不要忘记我们。<br>小葳：我会时刻记得你们厨余之家有我们日常厨房中的果皮、菜叶、剩饭、蛋壳还有骨头等垃圾伙伴们，今后我也会继续努力。 |

### 《寻找其他之家》文字稿本

| 微课名称：寻找其他之家 | 时长：3~5分钟 |
|---|---|
| 场景 | 文字稿本 |

| 场景一 | 【旁白】在小葳与厨余之家的垃圾们告别后，再次沿路寻找需要帮助的生活垃圾，这时，小葳再一次地碰到了卫生纸弟弟。<br>小葳：你是我们之前碰到的卫生纸弟弟吗？（惊讶地问道）<br>卫生纸弟弟：是的，我是特意找你来帮助我回家的。<br>小葳：当时你告诉我们因为你们卫生纸水溶性太强所以是不可回收的，那么你应该回到哪个家园呢？<br>卫生纸弟弟：我是其他垃圾，要回到其他之家。<br>小葳：你们其他垃圾是指什么样的垃圾呢？<br>卫生纸弟弟：我们其他垃圾是指危害较小，但是没有二次利用价值的垃圾。也就是"可回收垃圾、有害垃圾、厨余垃圾"兄们剩余下来的一种垃圾。<br>【旁白】就这样，寻找其他之家的旅途在一次邂逅中开始了。 |
|---|---|
| 场景二 | 【旁白】在路上，陶瓷妹妹走了过来。<br>小葳：你也在寻找家园吗？我可以帮助你回家。<br>陶瓷妹妹：是的，我也在寻找其他之家。<br>小葳：那你们其他之家都有哪些垃圾伙伴呢？<br>陶瓷妹妹：我们其他之家里的垃圾包括我们砖瓦陶瓷、卫生纸、瓷器碎片、渣土等难以回收的废弃物兄弟们。（小葳恍然大悟，决定带着它们继续寻找其他之家） |
| 场景三 | 【旁白】过了一会，他们很快就找到了其他之家。<br>小葳：你们回到其他之家后要做什么呢？<br>砖块弟弟：我们回到其他之家后会采取填埋、焚烧等方法处理我们，这样可以有效减少我们其他垃圾对土壤和空气的污染。<br>泥土弟弟：希望你在以后的生活中，把我们生活垃圾放到正确的垃圾箱里，这样我们才能担任自己的使命，才能更好地保护地球。<br>小葳：以后我一定会把生活垃圾正确分类，从我做起，保护我们的地球家园。 |

## 《告别生活垃圾王国》文字稿本

| 微课名称：告别生活垃圾王国 | 时长：4~6分钟 |
|---|---|
| 场景 | 文字稿本 |
| 场景一 | 【旁白】在小葳与其他之家的垃圾们告别后，漫无目地在路上走着。此时小葳突然感到疲惫，她躺在草地上，不知不觉地睡着了……当小葳再次醒来时，眼前看到的是她熟悉的卧室。小葳这才意识到，原来这是一场梦；但她回想起在梦里帮助了生活垃圾找到了它们各自的家园，于是小葳开心地笑了，她兴高采烈地跑去找妈妈。此时妈妈正准备去扔一些报纸和易拉罐。<br>小葳妈妈：它们应该扔到哪个垃圾箱里呢？（自言自语）<br>【旁白】小葳这时赶了过来，她顿时想到了海报妹妹和易拉罐兄弟。<br>小葳：海报和易拉罐都应该放到可回收垃圾箱里。（自信地说） |
| 场景二 | 小葳妈妈：你是怎么知道的呢？<br>小葳：因为我在梦里见到了它们，它们告诉我，可回收垃圾包括废纸、塑料、玻璃、金属和纺织物，因为它们是可回收物，是可以再生循环的。<br>【旁白】小葳妈妈对于小葳一晚上的成长表现出惊讶的同时，更感到了欣慰。 |
| 场景三 | 【旁白】到了中午，小葳妈妈正在厨房做饭，小葳看到了地上的香蕉皮以及碎掉的蛋壳。她想起了生活垃圾王国里厨余之家的这些小伙伴。<br>小葳：我们在厨房产生的垃圾像蛋壳、瓜皮果核、骨头等都是厨余垃圾，我们一会要把它们放到厨余垃圾箱里，这样才能更好地保护环境。<br>小葳妈妈：我们不仅要自己做到垃圾分类，而且还要呼吁其他人要垃圾分类，人人有责。 |
| 场景四 | 【旁白】吃完饭后小葳开心地走在上学的路上，这时她看到了一位阿姨正要随手扔电池，小葳立马前去制止她。<br>小葳：它们废电池含有有毒的物质，不仅会污染环境，还对我们身体健康有害，所以我们必须要把它们放到有害垃圾箱里。<br>阿姨：你真是一个保护环境的小帮手。<br>小葳：希望我们每个人都参与垃圾分类，共同建设绿色家园。 |
| 场景五 | 【旁白】在学校门口碰到了她的同学小丽。<br>小葳：我不应该随手乱扔垃圾，现在我明白了，垃圾分类可以减少环境污染，变废为宝；保护地球，就是保护了我们自己，以后我也要和你一起带生活垃圾回"家"。<br>【旁白】小丽原谅了小葳，最后她们喊出了口号：带生活垃圾回"家"，从我们自身做起；从此以后，小葳在进行垃圾分类的同时，也在呼吁公寓里其他的人保护环境；最后，小葳被地球公寓评为"生活垃圾分类小帮手"称号。 |

### 5.6.1.2 微课作品展示

图 5-2~图 5-7 为微课作品展示图。

图 5-2    进入生活垃圾王国作品片头

图 5-3    寻找可回收之家

图 5-4　寻找厨余之家

图 5-5　告别生活垃圾王国 1

图 5-6　告别生活垃圾王国 2

图 5-7　作品片尾

## 5.6.2 探究型初中物理力学实验微课

### 5.6.2.1 教学设计方案

#### 《二力平衡的条件》教学设计方案

| 微课名称：二力平衡的条件 | | 授课时长：4~6分钟 |
|---|---|---|
| 教学目标 | **一、知识与技能目标**<br>通过学生主动学习和探究，使学生理解并会应用二力平衡的条件。<br>**二、过程与方法目标**<br>通过实验的操作与演示过程，培养学生的实验探索能力，知道"走钢丝"的原理。<br>**三、情感态度与价值观目标**<br>给学生渗透物理研究问题的科学方法，丰富学生的认识。 | |
| 教学重难点 | 教学重点：通过实验的操作过程使学生掌握二力平衡的条件。<br>教学难点：通过实验的操作让学生提高动手操作能力和探究问题的能力。 | |
| 教学过程 | 教学活动 | 设计意图 |
| 导入 | **一、创设情景，导入问题**<br>同学们，还记得小时候我们最喜欢看的杂技表演吗？其中就有一个节目是杂技演员表演走钢丝。表演者能平稳地在空中的钢丝上表演节目。想知道他是怎么在空中的钢丝上保持平衡吗？让我们一起来做一个实验看一下他是怎么做到的吧！ | 用一个杂技表演能够引起学生的学习兴趣，再以此提出疑问，引出要讲授的内容。 |
| 实验准备 | **二、实验器材准备**<br>一张安装好定滑轮的桌子、一个带挂钩的小车、两个一模一样带细线的托盘、三个相同质量的钩码。检查并安装好实验仪器。 | 动画演示实验的整个操作过程，能够让学生清楚地观察实验现象。 |
| 实验探究 | **三、实验演示实验过程**<br>（1）在左边的天平上放一个钩码、右边的天平上放两个钩码，小车会向着钩码多的一边滑动。在两个天平上放一样的钩码时，小车保持不动，达到平衡状态。这说明物体受到的两个力，大小要相等物体才能保持平衡。<br>（2）将小车拿起来向下扭一扭，让两个力的方向不在同一直线上，松手时，小车会迅速调整状态。这说明物体受到的两个力要在同一条直线上才能保持平衡。<br>（3）将左边的托盘拿起来挂在右边的滑轮上，使两个力在同一方向上，松开手时小车向着右边加速滑去。这说明物体受到的两个力的方向要相反。根据二力平衡的条件等大、反向、共线。将二力平衡和相互作用力做比较。是一样的吗？<br>（4）用两个小车做实验，每个小车上挂一个天平，每个天平里放一个钩码。松手时，两个小车加速远离了。这说明二力平衡的两个力要作用在同一个物体上。 | 严格按照初中物理实验课的教学步骤来进行教学，一步一步地进行实验的操作，最后得出结论。 |

| 教学过程 | 教学活动 | 设计意图 |
|---|---|---|
| 总结 | **四、总结二力平衡的条件**<br>通过以上的实验我们知道了二力平衡的条件是作用在同一物体上的两个力，大小相等、方向相反，并且在同一条直线上。 | 总结以上实验，加强学生对实验的理解和对实验结果的记忆。 |
| 片尾 | 感谢聆听！ | |

### 《影响滑动摩擦力大小的因素》教学设计方案

| 微课名称：影响滑动摩擦力大小的因素 | 授课时长：4~6分钟 |
|---|---|

| 教学目标 | **一、知识与技能目标**<br>通过学生主动学习和探究，学生能够理解并掌握滑动摩擦力和接触面粗糙程度接触面压力大小的关系。<br>**二、过程与方法目标**<br>通过实验的操作演示过程，学生能用影响滑动摩擦力大小的因素解释推箱子费力的现象。<br>**三、情感态度与价值观目标**<br>培养学生能解决日常生活中的实际问题的能力。 |
|---|---|
| 教学重难点 | 教学重点：通过实验的操作过程掌握影响滑动摩擦力大小的因素。<br>教学难点：通过实验的操作让学生提高动手操作能力和探究问题的能力，能够排除干扰因素的影响。 |

| 教学过程 | 教学活动 | 设计意图 |
|---|---|---|
| 导入 | **一、创设情景，导入问题**<br>我们生活中有时候会涉及搬箱子这样的事情，箱子那么重，我们搬不动时有没有什么办法能够省力呢？把箱子立起来或者快些推箱子是否能够省力呢？ | 用生活中推箱子的问题能引起学生的思考。 |
| 实验准备 | **二、实验器材准备**<br>一个长木板、一个带挂钩的小木块、一个砝码、一个圆筒弹簧测力计、一块蓝色的毛巾。检查并安装好实验仪器。 | 动画演示实验的整个操作过程，能够让学生清楚地观察实验现象。 |
| 实验探究 | **三、实验演示实验过程**<br>（1）将带挂钩的木块平放在长木板上，用圆筒弹簧测力计水平匀速拉动木块，在运动中读出弹簧测力计的示数为0.3N。此实验作为对照组实验。然后把砝码放在木块上，即改变木块与木板之间的压力，水平匀速拉动木块，在运动中读出弹簧测力计的示数为0.5N。得出结果是接触面受到的压力越大，滑动摩擦力越大。<br>（2）将蓝色的毛巾铺在长木板上，再把小木块放在毛巾上面，用圆筒弹簧测力计匀速拉动木块，示数是0.7N。这说明接触面粗糙时的滑动摩擦力比接触面光滑时的滑动摩擦力大。 | 严格按照初中物理实验课的教学步骤来进行教学，一步一步地进行实验的操作，最后得出结论。 |

| 教学过程 | 教学活动 | 设计意图 |
|---|---|---|
| 实验探究 | （3）以 2 倍的速度匀速水平拉动木块，重复第一组的实验操作步骤。结果不变，这说明滑动摩擦力的大小与运动速度无关。<br>（4）将木块立起来，改变木块与木板的接触面积。重复第一组的实验操作步骤。结果也不变，这说明滑动摩擦力的大小与接触面的面积没有关系。 | |
| 总结 | **四、总结影响滑动摩擦力大小的因素**<br>接触面受到的压力越大，滑动摩擦力越大；接触面越粗糙，滑动摩擦力越大。 | 总结以上实验，加强学生对实验的理解和对实验结果的记忆。 |
| 片尾 | 感谢聆听！ | |

### 《影响压力作用效果的因素》教学设计方案

| 微课名称：影响压力作用效果的因素 | 授课时长：4~6 分钟 |
|---|---|

| 教学目标 | **一、知识与技能目标**<br>通过学生主动学习和观察，学生能够通过实验理解并掌握影响压力的两个因素。<br>**二、过程与方法目标**<br>通过实验的操作演示过程，学生能够解释沙发凹陷程度为什么不一样和走在雪地里为什么会有脚印。<br>**三、情感态度与价值观目标**<br>鼓励学生探索发现生活中的物理现象，使学生获得发现问题并解决的愉悦感。 |
|---|---|
| 教学重难点 | 教学重点：通过实验的操作过程掌握影响压力作用效果的因素。<br>教学难点：通过实验演示，学生能够自己动手完成实验的操作，并理解实验的结论。 |

| 教学过程 | 教学活动 | 设计意图 |
|---|---|---|
| 导入 | **一、创设情景，导入问题**<br>同学们，你们有没有发现，你和爸爸坐沙发的时候，沙发的凹陷程度不一样呢？你坐的地方凹陷程度较小，而爸爸坐的地方沙发的凹陷程度较大。在雪地里走路，每走一步都会留下一个脚印，但是穿上滑雪板滑雪时几乎没有痕迹。这是什么原理呢？拿一根铅笔在两手之间挤压，笔尖凹陷得更深。我们一起来做一个实验验证一下吧。 | 用生活中沙发凹陷的现象导入新课，增强学生的学习兴趣。 |
| 实验准备 | **二、实验器材准备**<br>一个砝码、一个海绵块、一张小桌子。检查并安装好实验仪器。 | 动画演示实验的整个操作过程，能够让学生清楚地观察实验现象。 |

续表

| 教学过程 | 教学活动 | 设计意图 |
|---|---|---|
| 实验探究 | **三、实验演示实验过程**<br>（1）先将小桌子桌面朝上正放在海绵块上，观察此时海绵的形变程度。然后，将小桌子桌面朝下，倒放在海绵块上，控制压力不变，改变小桌子与海绵的接触面积。观察此时海绵的形变程度。压力一样时，受力面积小压力的作用效果就比受力面积大的明显。<br>（2）再把小桌子桌面朝上，观察此时海绵的形变程度。保持小桌子与海绵的接触面积不变，在小桌子上放一个砝码，改变压力，观察此时海绵的形变程度。在小桌子上放两个砝码，再次改变压力的大小，观察海绵此时的形变程度。我们可以看出压力越大时，海绵凹陷得就越深。 | 严格按照初中物理实验课的教学步骤来进行教学，一步一步地进行实验的操作，最后得出结论。<br>通过实验观察海绵的形变程度，进而理解压力的影响因素。 |
| 总结 | **四、总结影响压力作用效果的因素**<br>当受力面积一定时，压力越大，压力的作用效果越明显；压力大小相同时，受力面积越小，压力的作用效果越明显。 | 总结提升，加强学生对于知识点的理解。 |
| 片尾 | 感谢聆听！ | |

### 《影响浮力大小的因素》教学设计方案

| 微课名称：影响浮力大小的因素 | | 授课时长：4~6分钟 |
|---|---|---|
| 教学目标 | **一、知识与技能目标**<br>通过学生主动学习和探究，学生能够理解并掌握影响浮力的两个因素。<br>**二、过程与方法目标**<br>通过实验的操作演示过程，学生能知道物体所受浮力的影响因素，能解释为什么人在普通的河水里会下沉，在死海里却能漂在海面上。<br>**三、情感态度与价值观目标**<br>培养学生对大自然中各种现象的好奇心，能够走进大自然，体会神奇之处。 | |
| 教学重难点 | 教学重点：会使用弹簧测力计来测量和探究影响压力作用的因素。<br>教学难点：通过实验让学生掌握影响浮力大小的因素学会计算浮力的大小。 | |

| 教学过程 | 教学活动 | 设计意图 |
|---|---|---|
| 导入 | **一、创设情景，导入问题**<br>一阵微风徐来，小河边的梧桐树叶被风吹到了水面上，一片片树叶漂在水面上漂亮极了。由于浮力的作用树叶飘在了水面上。人在普通的河水中会下沉，但是在死海中却能漂浮于水面。在沙滩上走，脚底的石子会很硌脚，从沙滩走向海里，越往深处走就越觉得没那么硌脚。让我们一起来解释一下这些现象。<br>猜想：死海中的水比较咸，密度大，浮力是否受密度的影响呢？越往水的深处走就觉得没那么硌脚，那么是不是浮力的大小跟人浸入水中的深度有关呢？或者跟人浸在水中的体积有关呢？ | 通过一些自然现象，引出新课内容。 |

| 教学过程 | 教学活动 | 设计意图 |
|---|---|---|
| 实验准备 | **二、实验器材准备**<br>弹簧测力计、清水、盐水、铝块。检查并安装好实验仪器。 | 动画演示实验的整个操作过程，能够让学生清楚地观察实验现象。 |
| 实验探究 | **三、实验演示实验过程**<br>（1）控制液体的密度和浸入的体积不变，用同样的水，将同一物体完全浸没，改变物体浸没的深度。先将铝块挂在弹簧测力计的下方，在空气中读出测力计的示数为6N。让铝块完全浸没在水中，读出测力计的示数为4N。此时铝块受到的浮力为2N。接着，改变浸没深度，读数仍为4N。铝块受到的浮力没变，仍为2N。这说明，物体所受浮力的大小与浸入的深度无关。<br>（2）接着控制液体的密度不变，不断改变铝块浸入的体积。在空气中测力计的示数为6N。让铝块稍微浸入水中一点，此时弹簧测力计的读数为5.5N，铝块受到的浮力为0.5N。让铝块再浸入水中一些，弹簧测力计的读数为5N，铝块受到的浮力为1N。将铝块完全浸没在水中时，弹簧测力计的示数为4N，铝块受到的浮力为2N。由此可知，当液体密度保持不变时，随着物体浸入体积逐渐增大，物体受到的浮力也不断增大。<br>（3）拿来一杯盐水和一杯清水，已知清水的密度小于盐水的密度。将铝块分别浸没在清水和盐水中，清水中的弹簧测力计的示数为4N，盐水中的弹簧测力计的示数为3.6N。铝块在清水中受到的浮力为2N，在盐水中受到的浮力为2.4N。因此液体密度大，浮力大。 | 严格按照初中物理实验课的教学步骤来进行教学，一步一步地进行实验的操作，最后得出结论。<br>通过让学生观察动画演示探究，让学生学会思考，注重总结，强化提升。 |
| 总结 | **四、总结影响浮力大小的因素**<br>当液体浸入的体积相同时，液体的密度越大，浮力就越大。当液体密度保持不变时，物体浸在液体中的体积越大，浮力就越大。 | 总结提升，加强学生对于知识点的理解。 |
| 片尾 | 感谢聆听！ | |

## 《影响物体动能的因素》教学设计方案

| 微课名称：影响物体动能的因素 | 授课时长：4~6分钟 |
|---|---|

| 教学目标 | **一、知识与技能目标**<br>通过学生主动学习和探究，学生能够理解并掌握影响动能的因素有什么，是如何影响动能大小的。<br>**二、过程与方法目标**<br>通过实验的操作演示过程，使学生能够解释生活中的常见现象例如高速公路上为什么对不同的车型设置不同的最高行驶速度。 |
|---|---|

续表

| 微课名称：影响物体动能的因素 | | 授课时长：4~6分钟 |
|---|---|---|
| 教学目标 | **三、情感态度与价值观目标**<br>培养学生从生活现象进入物理，再通过物理知识分析生活现象，把所学的知识应用到生活中的能力。 | |
| 教学重点难点 | 教学重点：通过实验的操作过程掌握影响物体动能的因素。<br>教学难点：通过实验的操作让学生提高动手操作能力和探究问题的能力。 | |
| 教学过程 | 教学活动 | 设计意图 |
| 导入 | **一、创设情景，导入问题**<br>高速公路上的标志显示，小客车的最高行驶速度不能超过100km/h，大客车的最高行驶速度不能超过80km/h。高速公路上为什么要对机动车的最高行驶速度进行限制，为什么在同样的道路上对不同车型设定不一样的最高行驶速度呢？面对这些疑问，同学们我们一起来做一个实验来解释一下吧。 | 用考驾照的问题来引起学生的思考，引出要讲授的内容。 |
| 实验准备 | **二、实验器材准备**<br>两个质量不等的钢球、木块、轨道。检查并安装好实验仪器。 | 动画演示实验的整个操作过程，能够让学生清楚地观察实验现象。 |
| 实验探究 | **三、实验原理**<br>我们可以通过木块被钢球撞出距离的远近来反映动能的大小。<br>**四、实验演示实验过程**<br>（1）先选用质量较大的钢球进行实验，将木块放在标有5刻度的水平轨道上，钢球从高度为$h_2$位置由静止开始下滑，观察到木块被推动的距离，大约在12刻度到13刻度之间。换用质量较小的钢球，将木块回归到5刻度的位置，将钢球从$h_2$位置由静止释放，观察到木块被推动的距离大约在7刻度的位置。速度一样时，钢球越重（质量大），动能越大。<br>（2）选用质量较大的钢球，木块放在5刻度的位置，将钢球从$h_1$的位置由静止释放，观察木块被推动的距离。木块回归到原位置，重复上面的操作，将质量较大的钢球从高度为$h_3$的位置由静止下滑，观察木块被推动的距离。又可以观察到，钢球从$h_1$下落推动木块移动的距离小于从$h_3$下落推动木块移动的距离。质量相同时，钢球速度越大，具有的动能就越大。 | 严格按照初中物理实验课的教学步骤来进行教学，一步一步地进行实验的操作，最后得出结论。<br><br>通过详细的实验操作，让学生更加直观地看到实验过程。 |
| 总结 | **五、总结影响物体功能的因素**<br>通过实验演示，质量相同的物体，运动的速度越大，它的动能越大；运动速度相同的物体质量越大，它的动能也越大。 | 总结实验结果，加深理解。 |
| 片尾 | 感谢聆听！ | |

## 《杠杆的平衡条件》教学设计方案

| 微课名称：杠杆的平衡条件 | 授课时长：4~6分钟 |
|---|---|

| 教学目标 | **一、知识与技能目标**<br>知道什么是杠杆；理解支点、动力、动力臂、阻力、阻力臂；知道杠杆平衡的条件。<br>**二、过程与方法目标**<br>通过实验的操作演示过程，学生一起参与探究的过程，能够自己动手操作。<br>**三、情感态度与价值观目标**<br>通过实验的数据结果培养学生的数据分析和处理能力。 | |
|---|---|---|
| 教学重难点 | 教学重点：通过实验的操作过程掌握影响杠杆的平衡条件的因素。<br>教学难点：通过实验探究和主动学习，归纳和总结杠杆的平衡条件。 | |

| 教学过程 | 教学活动 | 设计意图 |
|---|---|---|
| 导入 | **一、创设情景，导入问题**<br>　　古希腊的学者阿基米德曾说过"给我一个支点，我能撬动整个地球。"他是根据什么原理说出这样的豪言壮语呢？没错，就是杠杆原理。其实人们很早就开始使用杠杆了，天工开物中记载了，人类利用桔棒从井中提水，我国古代的工匠使用木棍来搬动巨大的木料。现在人们把多个杠杆进行灵活组合，更为广泛地发挥了他们的作用，比如钳子、衣服架、核桃夹、指甲刀等。<br>**二、杠杆的定义**<br>　　观察以下图片，用木棍撬石头时，木棍会沿着一个点转动；钓鱼时，钓鱼竿也会沿着一个点转动；用羊角锤撬钉子时也会沿着一个点转动。像这样，能在力的作用下可绕固定点转动的硬棒叫作杠杆。<br>**三、支点、动力、动力臂、阻力、阻力臂**<br>支点：杠杆可以绕其转动的点 $O$。<br>动力：使杠杆转动的力 $F_1$。<br>动力臂：从支点 $O$ 到动力 $F_1$ 作用线的距离 $l_1$。<br>阻力臂：从支点 $O$ 到阻力 $F_2$ 作用线的距离 $l_2$。 | 通过阿基米德的"豪言壮语"来激发学生的学习兴趣。用生活中实用的工具来引出教学内容。 |
| 实验准备 | **四、实验器材准备**<br>　　铁架台、带刻度的杠杆、若干个质量相同的钩码（一个钩码的质量为50g）调节杠杆两端的平衡螺母，使杠杆在本身处于平衡状态。 | 动画演示实验的整个操作过程，能够让学生清楚地观察实验现象。 |
| 实验探究 | **五、实验演示实验过程**<br>　　（1）设右侧钩码对杠杆施加的力为动力 $F_1$，左侧钩码对杠杆施加的力为阻力 $F_2$。给杠杆两侧挂上不同的钩码，调节钩码使杠杆再次平衡。此时，动力为 1N，阻力为 0.5N，动力臂为 0.1m，阻力臂为 0.2m。<br>　　（2）改变力臂长度再次使杠杆平衡，此时动力臂为 0.05m，阻力臂为 0.1m。 | 严格按照初中物理实验课的教学步骤来进行教学，一步一步地进行实验的操作，最后得出结论。 |

| 教学过程 | 教学活动 | 设计意图 |
|---|---|---|
| 实验探究 | （3）然后更换不同数量的钩码，再次使杠杆平衡，此时动力为1.5N，阻力为0.5N；动力臂为0.05m，阻力臂为0.15m。<br>根据实验，得到了三组数据，分析数据可知：动力×动力臂=阻力×阻力臂。 | 更改不同数量的钩码反复实验，得出有效数据。 |
| 总结 | **六、总结杠杆的平衡条件**<br>杠杆的平衡条件：<br>动力×动力臂=阻力×阻力臂<br>公式：$F_1 l_1 = F_2 l_2$ | 总结杠杆平衡的条件和公式，加深记忆。 |
| 片尾 | 感谢聆听！ | |

### 5.6.2.2  微课作品展示

图5-8~图5-12为微课作品展示图。

图5-8  作品片头

图 5-9 二力平衡的条件视频

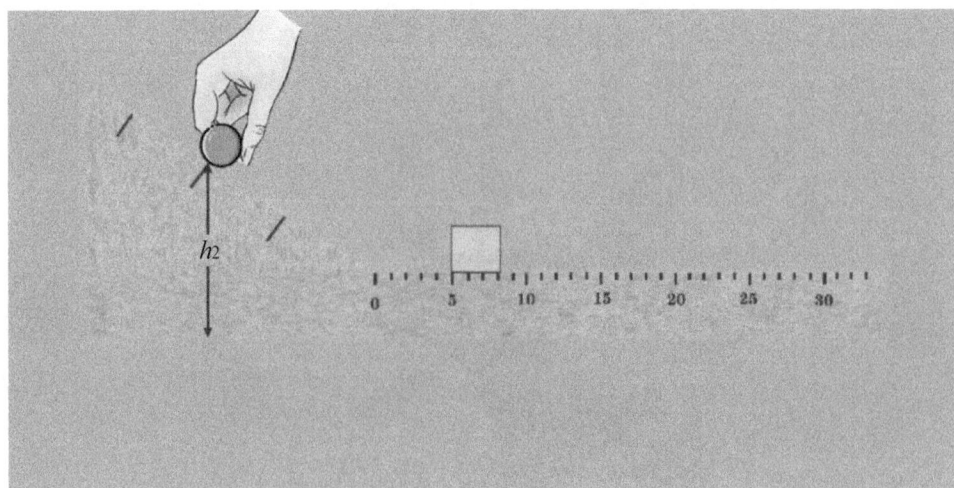

图 5-10 影响物体动能的因素

图 5-11　影响压力作用效果的因素

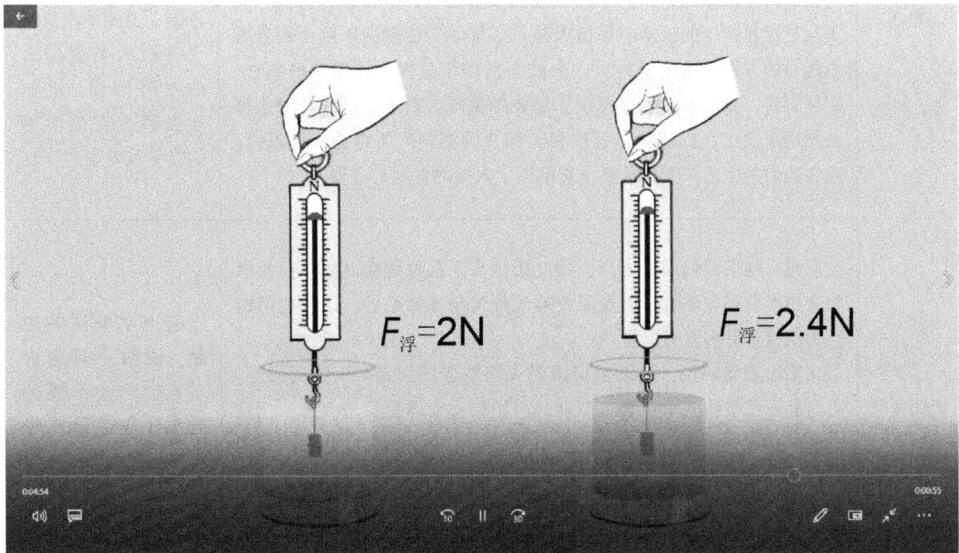

图 5-12　影响浮力作用效果的因素

## 5.6.3 "消防在心"系列微课的设计

### 5.6.3.1 微课作品文字稿本

#### 《认识火灾》教学设计方案

| | | | |
|---|---|---|---|
| 微课名称：认识火灾 | | 教学对象：四至六年级学生 | |
| 授课内容：火灾的危害及如何预防 | | 授课时长：3~5分钟 | |
| 微课制作软件：万彩动画大师、Premiere | | 教学方法：讲授法 | |

| 教学目标 | **一、知识与技能目标**<br>让学生认识到火的由来及火灾的危害性，学会在日常生活中如何预防火灾的发生。<br>**二、过程与方法目标**<br>讲解火在人类生活中的应用，从日常生活中常见的角度入手，使学生知道火灾是什么，并学会部分在家庭中如何预防火灾的知识。<br>**三、情感态度与价值观目标**<br>增强学生对火灾危害的认识性，培养学生消防安全意识。 |
|---|---|

| 教学环节 | 教学活动 | 设计意图 |
|---|---|---|
| 导入 | 　　火是我们日常生活中常见的事物，为人类的生活做出了巨大的贡献，人类对火的开发和利用，使我们能烹煮食物，用火保暖。人类对火的认识、使用和掌握，是人类认识自然，并利用自然来改善生产和生活的第一次实践。<br>　　控制火体供热光是人类早期伟大的成就之一，早在远古时代，人类从自然界产生的火源中保留火种。后来学会使用钻木取火或者敲击燧石的方式来主动获得火，火被人们用于烹饪较易消化的熟食、驱赶野兽，为人们的生存提供了重要的保障。到了近代，火更是被人类用来发电，以煤炭、石油和天然气为燃料产生电力。可以说，火在我们的生活中无比重要，它推动了人类的发展与进步。 | 　　通过对火的介绍吸引学生的注意力，使学生认识到火在人类的发展历程中占据了重要的地位。<br>　　讲授人类应用火的发展历程，进一步强调火在生活中的常见及重要性。 |
| 新课教学 | 　　但是，如果我们用火不当，如乱扔烟头，乱拉乱接电线，在易燃物旁边燃放烟花爆竹，以及家中堆放危险易燃物品等，这些危险的行为就很容易引发火灾。<br>　　从字面意义来说，火灾是指因失火而造成的灾害。火灾的发生，具有必不可少的三个要素，那就是可燃物，助燃物及着火源。一旦具备了这三个要素，就极有可能引发火灾。火灾不仅会造成严重的财产损失，使大量的人员伤亡，更会破坏生态的平衡。<br>　　因此我们要认真学习消防安全课程，对于火灾的预防及扑救，能够知道做什么，怎么做，保护自己与他人的安全。 | 　　引出本节课的主题，说明一旦用火不当会产生严重的后果，从而提高学生对安全用火重要性的认识。 |

| 教学环节 | 教学活动 | 设计意图 |
|---|---|---|
| 新课教学 | 　　我们在家庭日常生活中，要时刻注意消防安全，消除家庭中潜在的安全隐患：<br>　　第一，要经常检查电器线路，更换绝缘皮受损的电线，淘汰已超过使用寿命的老旧家电；<br>　　第二，在厨房中烹饪时如要离开灶台，或者灶台不在自己的视线范围内时，一定要记得关闭火源，养成"随手关火"好习惯；<br>　　第三，切忌"玩火"，火的危险性很高，对于小朋友们来说更是如此，所以一定记住不要玩火，用火时也要在家长的看护及陪同下进行。 | 　　传授关于家庭日常生活中如何预防火灾的三点小知识，从学生常见的方面与场景入手，方便学生记忆，同时培养学生的消防安全意识，强化学习内容。 |

## 《火灾的类型》教学方案设计

| 微课名称：火灾的类型<br>授课内容：几种常见火灾的类型及成因<br>微课制作软件：万彩动画大师、Premiere | 教学对象：四至六年级学生<br>授课时长：4~5 分钟<br>教学方法：讲授法 |
|---|---|

| 教学目标 | **一、知识与技能目标**<br>让学生认识几种基础的火灾类型及成因。<br>**二、过程与方法目标**<br>讲解几种基础的火灾类型，使学生了解不同火灾的成因，并学会如何预防。<br>**三、情感态度与价值观目标**<br>丰富学生消防安全知识，提高学生对火灾危害的认识性。 |
|---|---|

| 教学环节 | 教学活动 | 设计意图 |
|---|---|---|
| 导入 | 　　根据我国制定标准《火灾分类》的规定，将火灾一共分为六种类型，其中有五种常见于我们的日常生活中，那么，这五种火灾都是什么类型，又为什么会发生呢？让我们来一起学习一下吧！ | 　　直入主题，引起学生对本节课内容的好奇之心。 |
| 新课教学 | 　　第一种——固体火灾。固体火灾是指由固体物质燃烧引发的火灾，而可燃烧的固体物质在我们的生活中十分常见，比如同学们家中的木质桌椅、上课时经常用到的书本纸张、我们身上穿着的衣服等，这些都是可以引发固体火灾的可燃物，这种火灾也是生活中最为常见的一种火灾类型。在生活中，一旦不注意用火安全，就很容易引发固体火灾，比如卧床吸烟不慎将烟头掉落在床上，又比如不慎将点燃的蜡烛打翻在桌子上，这些都需要同学们在生活中小心注意。<br>　　第二种——液体火灾。这种火灾的源头是各种可燃性的液体燃烧，从而引发大火。想必有些同学会有疑问：液体还会燃烧吗？当然，不仅有些液体会燃烧，甚至它们在我们的生活中还十分常见呢！比如为汽车提供动力的汽油、家中消毒经常会用到的酒精等，都是可 | 　　从生活中常见的方面入手讲授本节课主要内容，方便同学理解和记忆。 |

| 教学环节 | 教学活动 | 设计意图 |
|---|---|---|
| 新课教学 | 以燃烧的液体。这里不得不提到一点，那就是当我们家中喷洒了酒精进行消毒时，一定要注意此时不要用火，否则引发火灾的可能性是非常高的。<br><br>　　第三种——气体火灾。前面我们提到了固体及液体引发的火灾，紧接着介绍的就是物质形态的第三种——气体。气体引发火灾往往燃烧十分迅速，严重的甚至会伴随爆炸产生，造成的危害也是十分可怕的。但是我们经常能见到容易引发火灾的气体并不多，家中往往只有煤气和天然气这两种类型，因此，只要我们小心预防，规范使用，就不会存在引发火灾的危险。<br><br>　　第四种——带电火灾。电在我们的生活中是随处可见的能源，在当今时代，离开电我们的生活将会十分不便。但是电器的使用往往也伴随着引发火灾的危险，比如家中电路老化、电线绝缘皮受损、电器短路等问题，都很容易引发火灾。因此，我们一定要注意用电安全，家中电路要定期检修，受损的绝缘皮及时更换，在部分电器不需要使用时应关闭电源，降低火灾发生的风险。<br><br>　　第五种——烹饪物火灾。想必同学们在看电视的时候经常能看到这样一个场景，那就是厨师在炒菜的时候让锅中冒出很高的火焰，看到这里同学们一定会觉得很有趣，但是，这种行为却伴有很大的火灾隐患。常见于我们生活的火灾就与最后一种有关，在爸爸妈妈炒菜的时候，经常会用到菜油和各种油脂作为食材，而各种动植物油脂都是具有可燃性的，这也就决定了在使用它们的时候会存在引发火灾的风险。因此，同学们一定要叮嘱爸爸妈妈，在炒菜的时候要注意规范操作，小心引发厨房大火。 | |
| 总结 | 　　本节课的学习到这里就结束了，希望同学们能认真记住今天所学的内容，将它们应用到我们的日常生活中，消除安全隐患，共享美好生活！ | 总结本节课内容 |

## 《火灾会扑救》教学方案设计

| | | | |
|---|---|---|---|
| 微课名称：火灾会扑救<br>授课内容：简单的火灾扑救知识<br>微课制作软件：万彩动画大师、Premiere | | 教学对象：四至六年级学生<br>授课时长：4~5 分钟<br>教学方法：讲授法 | |
| 教学目标 | **一、知识和技能**<br>使学习者掌握简单的火灾扑救方法。<br>**二、过程与方法**<br>通过举例讲解不同火灾类型的初期扑灭方法。<br>**三、情感态度与价值观**<br>丰富学生安全知识，增强学生自救意识。 | | |

续表

| 教学环节 | 教学活动 | 设计意图 |
|---|---|---|
| 导入 | 　　同学们大家好,不知道大家有没有想过这样一个问题,当火灾发生在我们周围时,我们要怎样做才能及时制止火灾的危害呢? 今天,就让我们一起来研究一下怎么做才能制止火灾的危害吧。<br>　　据统计数据显示,家庭中易发生的火灾类型主要为三种——家电短路起火;液化石油气罐起火;油锅起火。本节课我们就主要从这三种类型火灾的初期扑救方法入手,一起来学习几种简单的火灾扑救方法。 | 提出问题,引入新课。 |
| 新课教学 | 　　家电短路起火——当家用电器设备由于短路造成火灾时,首先要做的就是切断电器电源,然后使用干粉灭火器、二氧化碳灭火器等进行扑救,如果这时手边并没有灭火设备,也可以用湿棉被、帆布等将火窒息以达到扑灭的效果。需要注意的是,在用水扑救时,一定要在断电的情况下进行,防止因触电造成伤亡事故。此外,当起火设备为电视机等具有屏幕显像的设备时,一定要从侧面进行扑救,以防显像管爆炸伤人。<br>　　液化石油气罐起火——对于这种火灾的扑救方法,灭火的关键是切断气源。无论是罐的胶管还是角阀口漏气起火,只需将角阀关闭,火焰就会很快熄灭。如果阀口火焰较大,可以用湿毛巾、抹布等猛力抽打火焰根部,或抓一把干粉灭火剂撒向火焰,都可将火扑灭,然后关紧阀门。如果阀门过热,可以用湿毛巾、肥皂、黄泥等将漏气处堵住,把液化气罐迅速搬到室外空旷处,让它泄掉余气或交有关部门处理,但此时一定要做好监护,杜绝火源存在。<br>　　油锅起火——家庭厨房着火,最常见的类型即为油锅起火。起火时,要立即用锅盖盖住油锅,将火窒息,如果锅内为少量食油着火,可以投入青菜或别的食物用以降温即可。切不可用水扑救或用手去端锅,以防止造成热油爆溅、灼烫伤人和扩大火势。如果油火撒在灶具上或者地面上,可使用手提式灭火器扑救,或用湿棉被、湿毛毯等捂盖灭火。 | 通过几种家庭常见火灾类型的初期扑救方式,为学生讲授面对火灾时的应对方法。 |
| 总结 | 　　通过以上介绍的三种火灾扑救方法,我们可以了解到几种简单的火灾扑救方式,让我们一起来总结一下吧!<br>　　第一种——冷却灭火法:使用水枪、灭火器等,将水等灭火剂喷洒到燃烧区,直接作用于燃烧物使之冷却熄灭;将冷却剂喷洒到与燃烧物相邻的其他尚未燃烧的可燃物或建筑物上进行冷却,以阻止火灾的蔓延。<br>　　第二种——窒息灭火法:用湿棉被,湿麻袋,石棉毯等不燃或难燃物质覆盖在燃烧物表面;较密闭的房间发生火灾时,封堵燃烧区的所有门窗、孔洞,阻止空气等助燃物进入,待其氧气消耗尽使其自行熄灭。 | 总结提升,加强学生的理解。 |

| 教学环节 | 教学活动 | 设计意图 |
|---|---|---|
| 总结 | 第三种——隔离灭火法：拆除与起火点相连的可燃、易燃物；或用不可燃烧的物质作为防止火势蔓延的隔离物，将燃烧区与未燃烧区分隔开。在确保安全的前提下，将火场内的设备或容器内的可燃、易燃液，气体排放，泄出，转移至安全地带。<br>本节课的学习到这里就结束啦，希望同学们认真巩固所学的知识，一起保护自己及家人的安全！ | |

## 《疏散与逃生》教学方案设计

| 微课名称：疏散与逃生 | 教学对象：四至六年级学生 |
|---|---|
| 授课内容：面对火灾发生时的疏散与逃生知识 | 授课时长：4~5 分钟 |
| 微课制作软件：万彩动画大师、Premiere | 教学方法：讲解法 |

| 教学目标 | **一、知识与技能**<br>当火灾发生时应如何做到迅速逃生及逃生的注意事项。<br>**二、过程与方法**<br>让学生知道面对火灾的发生时应该怎样安全地撤离火场，和如何保证自己及他人的安全。<br>**三、情感态度与价值观**<br>使学生认识到火灾的危害性及学会消防安全知识的重要性。 |
|---|---|

| 教学环节 | 教学活动 | 设计意图 |
|---|---|---|
| 导入 | 俗话说得好——建业千日功，火烧一日穷。大火无情，在火灾的面前，个人的力量往往是渺小而无奈的，因此，在多数火灾的发生时，我们首先要做的往往是迅速逃生，将自己的人身伤害降到最低。那么，面对火灾的发生，我们应该如何逃生呢？ | 通过俗语吸引学生兴趣，并同时引出新课的内容。 |
| 新课教学 | （1）及时拨打"119"。当发现火灾发生时，一定要立即拨打火警电话"119"，说清发生火灾地点、起火部位着火物质、火势大小、报警人姓名及电话，这样能让消防员第一时间赶到现场，将火灾的危害降到最低。<br>（2）逃生路线牢记心。在平时的生活中，我们要认真学习火灾逃生方法，牢记自己所处环境的逃生路线，防止火灾发生时慌不择路以致贻误逃生时机。<br>（3）迅速撤离莫迟疑。火灾发生时，应迅速从安全通道离开现场，不可迟疑不定，切忌返回现场去取其他物件或钱财。在火灾发生的初期，烟雾较少，火势较小，此时逃离的可能性极大。<br>（4）安全通道当选择。楼房着火时，应该优先选取最便捷、最安全的通道和疏散设施，如疏散通道，室外疏散楼梯等，此时需要注意，千万不要乘坐电梯。<br>（5）浓烟危害小心避。火灾产生的浓烟含有大量有毒气体，它们会严重灼伤呼吸系统的软组织，严重甚至会使人窒息死亡。因此，在逃生时可以把毛巾浸湿捂住口鼻，并使身体尽量贴近地面前行。 | 通过简单好记的绕口令讲授逃生中应注意的几处要点，让学生能够迅速记住并牢记。 |

续表

| 教学环节 | 教学活动 | 设计意图 |
|---|---|---|
| 新课教学 | （6）身上起火莫慌张。在逃离过程中，当我们发现自己身上起火时，一定不要到处奔跑，此时可以就地打滚或使用衣物盖住火焰，就可以达到熄灭火焰的效果。<br><br>（7）绳索滑行巧撤离。当各通道都被浓烟烈火封锁时，我们可以利用结实的绳子，或者将床单、被褥等撕成条状拧成绳子，用水沾湿后将其拴在牢固的地方，顺着绳索沿墙缓缓滑行至安全的地方。<br><br>（8）以水封门等救援。当所有的逃生路线都被大火封锁，并且所处楼层较高无法利用绳索逃生时，我们可以躲到一个狭小的空间关闭房门，并用浸湿的衣物或被褥把门堵住，同时往门上浇水降低温度，耐心等待救援。<br><br>（9）窗口呼救最有效。在进行呼救时，不要盲目大喊，这样既没有效果，又容易吸入浓烟造成严重的后果，此时我们应该退到最近的阳台或窗口，打开窗子向外大声呼救，等待消防员的救援。切记不要盲目跳楼，导致不必要的伤亡。 | |
| 总结 | 这些就是在火灾发生时的安全逃生方法了，想必这样简单的绕口令一定难不倒聪明的你们，让我们一起把它们牢牢地背下来，丰富自己的安全知识吧！ | 总结本节课授课内容。 |

## 《灭火器的使用》教学方案设计

| 微课名称：灭火器的使用<br>授课内容：常用干粉灭火器的使用方法<br>微课制作软件：万彩动画大师、maya、Premiere | 教学对象：四至六年级学生<br>授课时长：2~3分钟<br>教学方法：演示法、讲解法 |
|---|---|

| 教学目标 | 一、知识与技能<br>使学生学会一般灭火器的使用方法。<br>二、过程与方法<br>让学生观看动画过程学会灭火器的使用方式。<br>三、情感态度与价值观<br>培养学习者应对火灾的处理能力。 | | |
|---|---|---|---|

| 教学环节 | 教学活动 | 设计意图 |
|---|---|---|
| 导入 | 同学们，在我们的周围经常能够看到灭火器的身影，随处可见的灭火器在火灾突然发生时为我们提供了方便有效的灭火工具，那么，大家都知道灭火器要如何使用吗？让我们一起来学习一下灭火器的使用方法吧！ | 直接引入主题。 |
| 新课教学 | 灭火器分为干粉灭火器、泡沫灭火器和二氧化碳灭火器等，其中，最为常用的是干粉灭火器。干粉灭火器主要由喷管、保险栓、压把和瓶身四部分组成。在我们使用干粉灭火器之前，要先将瓶子来回晃动几下，这样做的目的是让里面的干粉松动，然后拔掉保险栓， | 讲授知识点，同时利用动画演示，方便学生快速理解。 |

| 教学环节 | 教学活动 | 设计意图 |
|---|---|---|
| 新课教学 | 将喷管对准火源，然后按下压把，同时保持压把的按压状态，需要注意的是，使用时与火源的距离要保持两米左右，同时要上下来回喷射，从而达到灭火的目的。 | |
| 总结 | 以上就是灭火器的使用方法了，同学们都学会了吗？希望同学们能够将我们学习到的知识掌握扎实，真正做到重视火灾的危害，将消防安全牢记在心！我们的学习到这里就结束了，感谢大家的观看。 | 总结课程内容。 |

### 5.6.3.2   微课作品展示

图 5-13~图 5-18 为微课作品展示图。

图 5-13   片头

图 5-14   认识火灾

图 5-15 火灾的类型

图 5-16 火灾后扑救

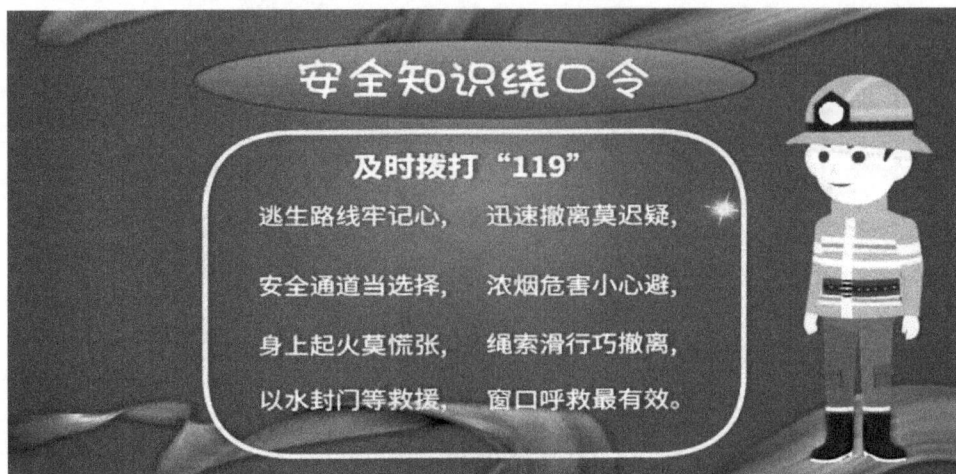

图 5-17 疏散与逃生

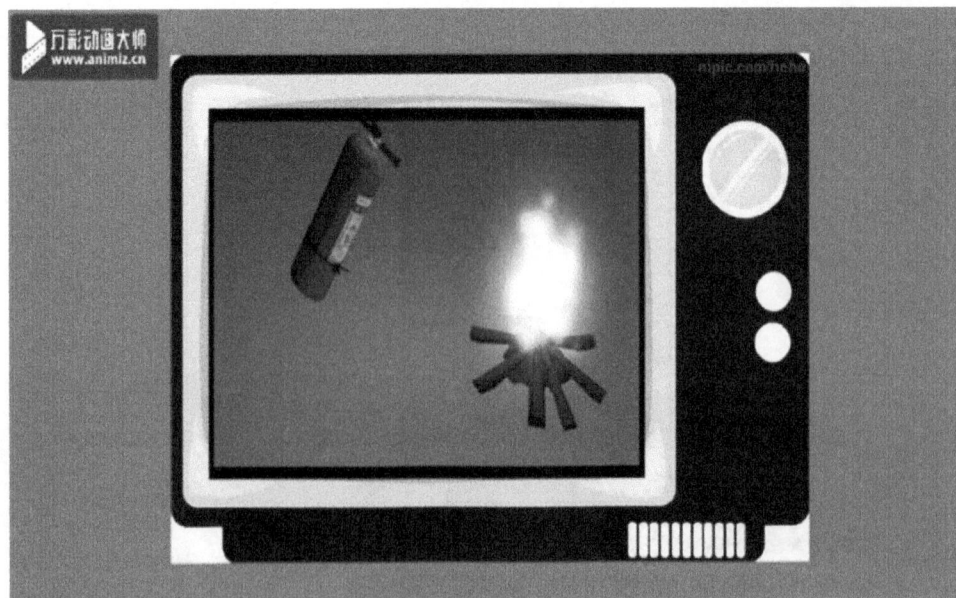

图 5-18 灭火器的使用

## 5.6.4 高中化学危险性实验微课的设计与制作

### 5.6.4.1 微课文字稿

**《钠与水的实验》教学方案设计**

| 微课名称：钠与水的实验<br>授课内容：钠与水的实验现象及原因<br>微课制作软件：nobook、Premiere | 教学对象：十年级学生<br>授课时长：5~8分钟<br>教学方法：演示法、讲解法 |
|---|---|

| 教学目标 | **一、知识与技能**<br>了解钠与水反应的原理。<br>**二、过程与方法**<br>通过呈现模拟化学实验的动画，让学生在观察中掌握钠与水反应的实验现象。<br>**三、情感态度与价值观**<br>用社会事件联系化学，激发学生学习化学的兴趣，培养相信科学的精神。 | |

| 教学环节 | 教学活动 | 设计意图 |
|---|---|---|
| 导入 | 这节课我们学习钠与水的实验。 | 直接导入。 |
| 新课教学 | **一、准备一下实验器材**<br>酚酞、烧杯、钠、水、玻璃片、小刀、镊子、定性滤纸。<br>**二、在试验前，我们需要注意以下实验注意事项：**<br>(1) 用定性滤纸吸干钠表面的易燃物质柴油。<br>(2) 遵守实验用品、仪器的使用方法。拿取钠块后，需要将钠块放回。<br>(3) 在烧杯中滴入酚酞试剂检测生成物的性质。<br>**三、下面进行实验操作：**<br>第一步：用镊子夹出一块钠放到定性滤纸上吸干表面的易燃物质；<br>第二步：用小刀将钠割成黄豆大小；<br>第三步：将多余的钠放回原处；<br>第四步：在烧杯中加入水；<br>第五步：在水中加入酚酞试剂；<br>第六步：在水中加入钠块。<br>**四、看完实验，相信大家一定很困惑，这到底是为什么？**<br>该实验的实验原理为：<br><br>$$2Na + 2H_2O \Longrightarrow 2NaOH + H_2\uparrow$$<br><br>注：氢氧化钠呈碱性，可使酚酞试剂变红。氢气的气体上升符号不可省略。 | 介绍实验器材，使学生充分了解该实验的实验器材都有哪些。<br><br>使学生掌握实验注意事项保证自身安全的同时保证实验的成功。<br><br>让学生了解实验过程及试验现象。<br><br>讲解实验原理，帮助学生掌握新知识。 |
| 总结 | **五、实验总结**<br>这节课我们主要学习了钠与水反应的实验操作与试验现象，我们将其实验现象总结为浮、游、溶、响、红。 | 总结内容，提高学生对知识的理解。 |

## 《钠在空气中的燃烧实验》教学方案设计

| | |
|---|---|
| 微课名称：钠在空气中的燃烧实验<br>授课内容：钠在空气中燃烧的现象及原因<br>微课制作软件：nobook、Premiere | 教学对象：十年级学生<br>授课时长：5~8分钟<br>教学方法：演示法、讲解法 |

| 教学目标 | 一、知识和技能目标<br>了解钠与水反应的原理。<br>二、过程与方法目标<br>通过呈现模拟化学实验的动画，让学生在观察中掌握钠在空气中燃烧的实验现象。<br>三、情感态度与价值观目标<br>用社会事件联系化学，激发学生学习化学的兴趣，培养相信科学的精神。 |
|---|---|

| 教学环节 | 教学活动 | 设计意图 |
|---|---|---|
| 导入 | 这节课我们学习钠在空气中燃烧的实验。 | 直接引入新课。 |
| 新课教学 | **一、我们需要准备好以下实验器材：**<br>石棉网、铁架台、火柴、酒精灯、镊子、钠、定性滤纸<br>**二、在试验前，我们需要掌握以下实验注意事项：**<br>（1）用定性滤纸吸干表面的易燃物质柴油。<br>（2）钠块不宜过大黄豆大小即可。将多余的钠块放回。<br>（3）遵守实验用品的使用规则。将使用完毕的钠块放回瓶中。<br>**三、掌握以上实验注意事项，下面进行实验操作：**<br>第一步：用镊子加一块钠放到定性滤纸上吸干表面的易燃物质；<br>第二步：用小刀割一块黄豆大小钠；<br>第三步：将多余的钠放回原处；<br>第四步：第四步将石棉网放在铁架台上；<br>第五步：点燃酒精灯，并放在三脚架的下方；<br>第六步：将钠块放在石棉网上。<br>**四、看完实验，大家一定很想知道这是为什么吧！**<br>实验原理为：$2Na+O_2 \xrightarrow{\text{点燃}} Na_2O_2$<br>注：该反应的条件是点燃。 | 介绍实验器材，使学生充分了解该实验的实验器材都有哪些。<br><br>使学生掌握实验注意事项保证自身安全的同时保证实验的成功。<br><br>让学生了解实验过程及试验现象。<br><br><br>讲解实验原理，帮助学生掌握新知识。 |
| 总结 | **五、下面我们一起来总结一下吧！**<br>这节课我们主要学习了钠在空气中燃烧的实验操作与实验原理，并且我们可以发现钠可以在空气中剧烈燃烧。 | 总结内容，提高学生对知识的理解。 |

### 5.6.4.2 微课作品展示

图5-19~图5-25为微课作品展示图。

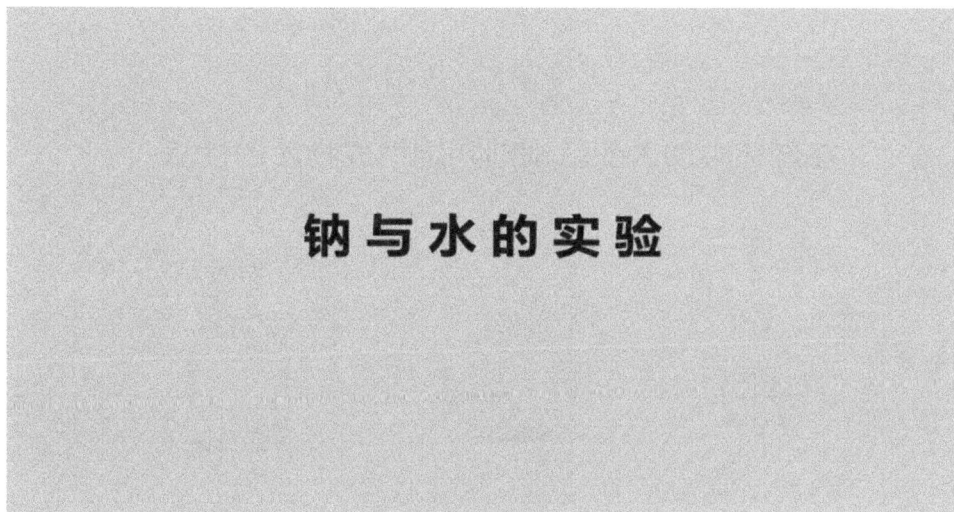

图 5-19 钠与水的实验视频——片头

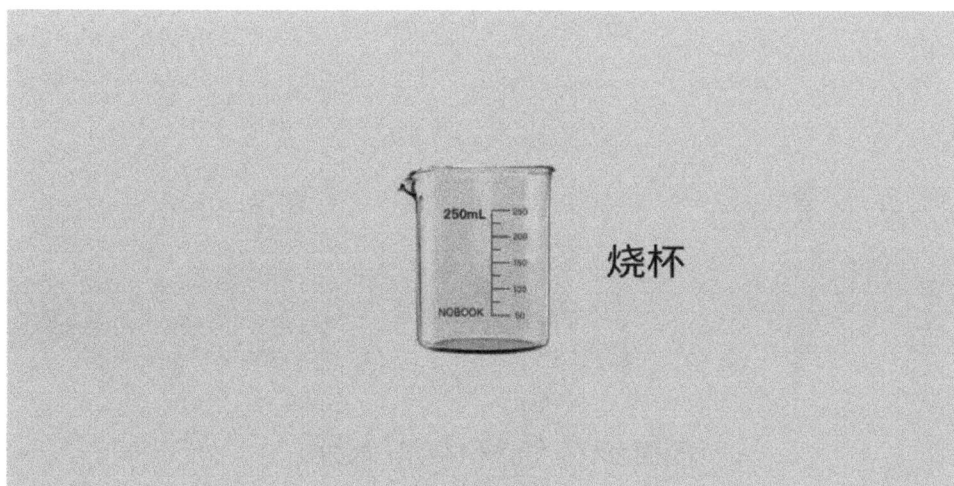

图 5-20 钠与水的实验视频——实验器材

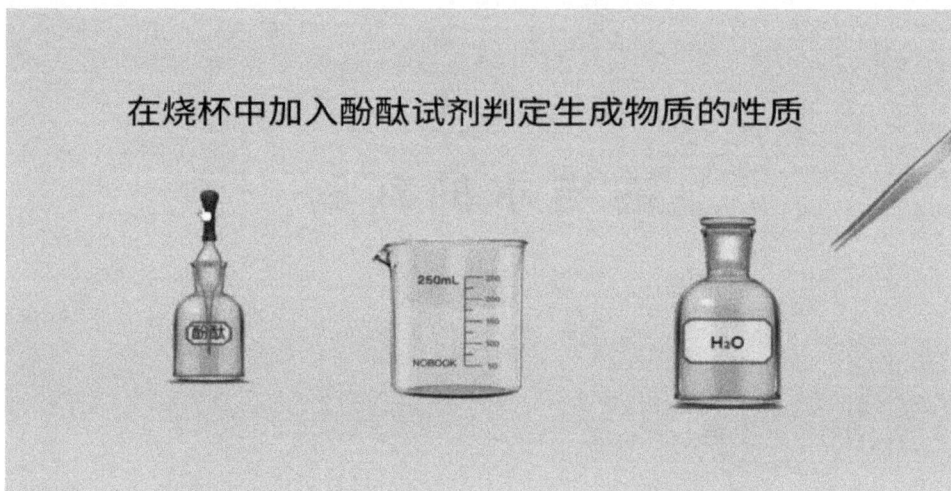

图 5-21 钠与水的实验视频——实验注意事项

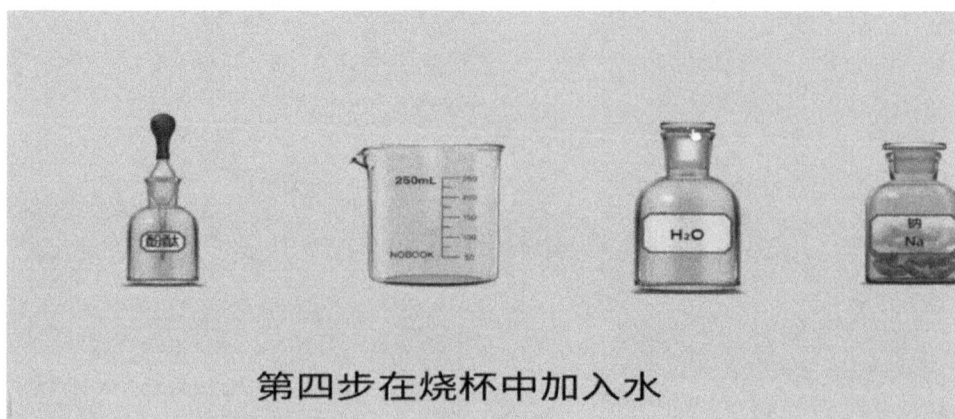

图 5-22 钠与水的实验视频——实验操作

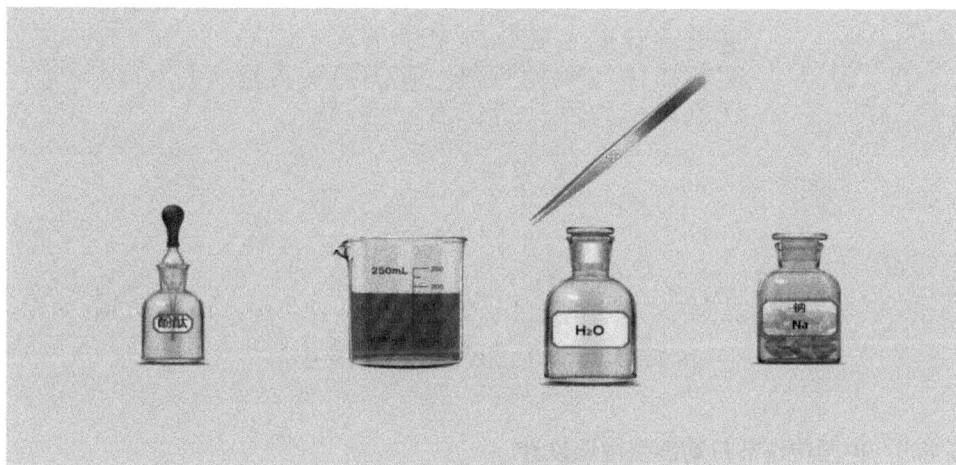

图 5-23 钠与水的实验视频——实验现象

图 5-24 钠与水的实验视频——实验原理

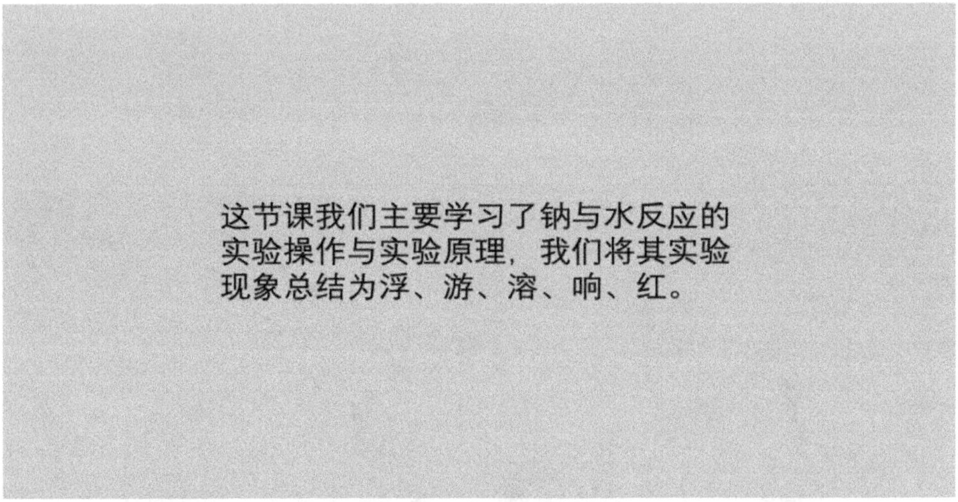

图 5-25　钠与水的实验视频——实验总结

## 5.6.5　中国传统节日动画型微课设计

### 5.6.5.1　微课文字稿

**《春节》文字脚本**

| 课程名称：中国传统节日——春节 | 时长：5~8分钟 |
|---|---|
| 场景 | 文字脚本 |
| 场景一<br>（情境导入） | **小美**：佩奇，快起床啦！今天是你来中国的第一个春节，不可以贪睡哦。不然一年的运气会不好的！<br>**佩奇**：太好啦，太好啦，过春节啦！<br>**小美**：我准备了花生、瓜子、饺子、猪蹄，还有二两老白干儿，一起迎接幸福中国年吧！ |
| 场景二<br>（情境导入） | **佩奇**：我知道春节是中国的传统节日，又称过年。听说有很多有趣的习俗和传说，快给我讲讲吧！<br>**小美**：那我就给你讲讲过年那些事儿。 |
| 场景三<br>（知识讲授） | 习俗讲述。<br>**小美**：春节是中国人最重视的节日。时间是农历新年的第一天，也就是大年初一，无论离家多远，大家都尽量在春节前回到家乡和家人吃团圆饭。而团圆饭中的每道菜都有它特别的含义，比如春卷的外表金黄，像金条，代表着来年的财富。比如长面条不能夹断，因为越长意味着越长寿。而虾代表着幸福，虾与笑的读音相似，寓意每天笑哈哈。春节期间，亲戚朋友们串门拜年，拜年的时候，晚辈要给长辈礼物，长辈则要给晚辈红包，也叫压岁钱。收到红包，代表长辈给的好运，同时也会带来财富。每年除夕，每家每户都会在门上贴春联，小孩子们放鞭炮，穿红衣，这是因为…… |

续表

| 课程名称：中国传统节日——春节 | 时长：5~8分钟 |
|---|---|
| 场景 | 文字脚本 |

| 场景四<br>（知识讲授） | 年的故事。<br>　　**小美**：相传中国古时候有一种叫年的怪兽。它凶猛异常，年深居海底，每到除夕才爬上岸。它吞吃牲畜伤害人命。因此，每到除夕这天，村村寨寨的人们扶老携幼逃往深山，以躲避年兽的伤害。这年除夕，桃花村的人们正扶老携幼上山避难。从村外来了个乞讨老人，只有村东头一位老婆婆给了老人些食物，并劝他快上山躲避年兽。那老人捋髯笑道，婆婆若让我在家待一夜，我一定把年兽撵走。老婆婆惊目细看，只见他鹤发童颜，精神矍铄，器宇不凡。可她仍然继续劝说乞讨，老人笑而不语，婆婆无奈只好撇下家上山避难去了。半夜时分，年兽闯进村，它发现村里气氛与往年不同。村东头老婆婆家门贴大红纸，屋内烛火通明。年朝婆婆家怒视片刻，随即大叫着扑过去。将近门口时，院内突然传来砰砰啪啪的炸响声，年浑身战栗，再不敢往前凑了。原来年最怕红色、火光和炸响。这时婆婆的家门大开，只见院内一位身披红袍的老人在哈哈大笑。年大惊失色，狼狈逃窜了。第二天是正月初一，避难回来的人们见村里安然无恙，十分惊奇。乡亲们一起涌向老婆婆家，只见婆婆家门上贴着红纸。院里一堆未燃尽的竹子仍在啪啪炸响。屋内几根红蜡烛还发着余光。这件事很快在周围村里传开了。咱们都知道了驱赶年兽的办法。从此，每年除夕，家家贴红对联，燃放爆竹，户户烛火通明，守更待岁，初一一大早还要走亲串友，道喜问好。这风俗越传越广，成了中国民间最隆重的传统节日。 |
|---|---|
| 场景五<br>（情境导出） | 　　**小美**：以上就是过年那些事儿是不是很有意思啊？别玩儿啦，佩奇我们快去放鞭炮庆祝春节啦。小朋友们再见吧！ |

**《清明节》文字脚本**

| 课程名称：中国传统节日——清明节 | 时长：4~6分钟 |
|---|---|
| 场景 | 文字脚本 |

| 场景一 | 　　**小美**：大家好，我是主持人小美！<br>　　**小明**：我是主持人小明，欢迎来到清明特别频道！有关清明节大家了解多少呢？<br>　　**小美**：除了青团，你还吃过哪些有关清明节的食物呢？<br>　　**小明**：除了陈太平的故事，你还听过哪些有关清明节的故事呢？如果你想了解不一样的清明节，那就请继续往下听吧。 |
|---|---|
| 场景二 | 　　**小美**：清明节既是我国的传统节日，也是最重要的祭祀节日。人们通过祭祖和扫墓，表达浓厚的思孝亲情，同时清明节也是缅怀先烈、慎终追远的重要时节。这一天，人们或去革命公墓追思革命先辈的感人事迹；或是来到烈士陵园，感怀革命先烈的丰功伟绩；或是在网上表达对革命先贤的感恩之心。随着人们环保意识不断增强，为避免焚烧带来的环境污染和安全隐患，文明祭扫成为一种新的文明风尚。各地的清明节风俗也不尽相同，除扫墓之外还有踏青、插柳、放风筝等活动，过去由于交通原因，老百姓踏青游玩都就近选择景点。但现在可赏玩的景点多之又多，比如八大处、香山、黄山等都是踏青的好去处。清明一霎又今朝，听得沿街卖柳条，相约比邻诸姊妹，一枝斜插绿云翘。插柳戴柳是古代清明的又一习俗，民谚中还有这样一句话，清明不插柳，红颜变皓首。民 |

| 课程名称：中国传统节日——清明节 | 时长：4~6分钟 |
|---|---|
| 场景 | 文字脚本 |
| 场景二 | 间对插柳戴柳的原因有很多说法，有驱邪避灾之说，有求生保健之说，总之就是图吉利和平安，更值得我们去做的是净化环境、消除雾霾。清明节之所以吃寒食与寒食节有关，如今寒食习俗丰富多彩，被誉为寒食十三绝，这十三绝分别是驴打滚、艾窝窝、糖耳朵、糖火烧、姜丝排叉、焦圈、馓子麻花、豌豆黄、螺丝转儿、奶油炸糕、硬面饽饽、芝麻酱烧饼和萨其马。有关清明节与寒食节还有一个感人的故事呢！ |
| 场景三 | **小美**：春秋时期，晋文公重耳流亡他国，日子过得非常清贫。有一次，因为没有吃的差点饿死过去，他的随臣介子推从大腿上割下一块肉，为晋文公煮汤。晋文公得知后，非常感动，晋文公即位后，大封群臣，却把介子推忘记了。介子推则不慕名利，带着母亲到绵山隐居，晋文公知道后非常后悔，到绵山请介子推下山。介子推不愿下山，晋文公以火烧绵山的方法逼介子推下山，事后却发现介子推背着母亲被烧死在一棵枯树下并留下遗言，割肉奉君尽丹心，但愿主公常清明。晋文公知道后，十分悲痛将当天定为寒食节以纪念介子推，第二年晋文公登山祭奠介子推，发现这棵枯柳竟然复活，便赐这老柳树为"清明柳"，并以寒食节后一天为清明节。 |
| 场景四 | **小美**：听完以上有关清明节的内容，是不是涨了不少知识呀？我们今天的清明特约节目就到这里啦，感谢大家观看！ |

### 《中秋节》文字脚本

| 课程名称：中国传统节日——中秋节 | 时长：6~8分钟 |
|---|---|
| 场景 | 文字脚本 |
| 场景一 | **小明**：你知道今天是什么日子吗？<br>**小美**：这可难不倒我。你看天上的月亮又大又圆，就知道是中秋节啦，你准备美味的月饼了吗？<br>**小明**：要吃月饼，就要看你对中秋节了解多少啦？ |
| 场景二 | **小美**：八月十五是月亮最圆的时候，古人把圆月视为团圆的象征，因此中秋节又称团圆节。这一天，人们会和家人团聚，一起赏月、饮桂花酒、吃月饼。这个风俗来源于祭月，古代帝王早有春风朝日、秋风夕月的礼俗。而民间也有中秋拜月、祭月的习俗，大体都是为了祈福，祈求来年风调雨顺、国泰民安。到了现代，严肃的祭祀变成了轻松的欢娱，和家人一起在月下聊天赏月、唠唠家常。传说月宫中有永远也砍不开的桂树，故如今又有中秋赏桂、饮桂花酒的习俗，而现代人也将情思寄托于中秋佳节之中，表达阖家团圆的美好愿望。中秋节自然也离不开饮食文化，八月秋高蟹正肥，中秋正是品尝螃蟹的时节，尤其是醉蟹。中秋最具有代表性的当然是月饼啦，以月饼馈赠亲友，也是至今延续的民间习俗，关于月饼和中秋节还有一个好听的传说呢！ |
| 场景三 | **小美**：很久之前的一天，天上突然出现了十个太阳，水流都干涸了，庄稼也晒死了，老百姓眼看就活不成了。这件事情惊动了一个名叫后羿的年轻人，他决心帮助老百姓摆脱困境。于是，他勇敢地登上了昆仑山顶。他一口气射下了九个太阳。后羿对最后一个太阳说，从此以后，你必须按时升起，按时落下，不准再危害百姓。最后一个太阳，吓得直发抖，赶紧答应了下来。后羿解救了全天下的百姓，受到了人们的尊敬和爱戴。不 |

续表

| 课程名称：中国传统节日——中秋节 | 时长：6~8分钟 |
|---|---|
| 场景 | 文字脚本 |
| 场景三 | 久以后，他娶了一位美丽善良的妻子，名叫嫦娥。后羿英勇的事迹吸引了很多人来拜师学艺。蓬蒙就是他的弟子之一，但后羿并不知道他是个大坏蛋。有一天，后羿路过昆仑山，碰到了王母娘娘，娘娘给了他两粒仙丹，说这仙丹吃掉一颗就能长生不老。吃掉两颗，就能立刻成仙。你保护百姓有功，这仙丹就送给你吧。后羿舍不得吃掉仙丹，就拿回家交给妻子保管，不料却被蓬蒙看到了，这个坏蛋就打起了仙丹的主意。一天，后羿带着他的学徒一起出去打猎，蓬蒙假装生病不去留在了家里。后羿带着学徒们走后不久，蓬蒙就拿出剑闯入屋子里，恶狠狠地对嫦娥说，快把仙丹交出来！嫦娥知道自己打不过蓬蒙，她心想蓬蒙是个大坏蛋，决不能让仙丹落入他的手里。于是她冲进屋子里，拿出仙丹，咕噜一口就吞了下去。嫦娥吞下仙丹，她慢慢地飘离了地面，朝天飞去。嫦娥就这样成了神仙。她祈求王母娘娘让她离人间近一些，王母娘娘说，月亮离人间近，但是那里十分寒冷，你愿意去吗？嫦娥坚定地说，我愿意。后羿想去找蓬蒙报仇，但这坏蛋早就跑没影儿了。孤独的后羿仰望着夜空深情地呼唤嫦娥，我的妻子。突然，他惊奇地发现，月亮上好像有个身影在晃动。咦，那不就是嫦娥吗？他没有看错，那是嫦娥在月宫里朝着人间张望，正寻找后羿呢。后羿连忙让人在月亮下摆上小桌，放上嫦娥平时最爱吃的鲜果和月饼，向月宫里的嫦娥表达自己的思念之情。百姓们听说这件事后也在月亮下摆上点心和月饼，向善良的嫦娥祈求吉祥和平安。后来每逢八月十五这天，人们都这么做，久而久之就演变成了我们今天的中秋节。 |
| 场景四 | **小美**：说了这么多，我都饿了。<br>**小明**：那好，我们去拿月饼，我们边吃月饼赏月吧！ |

### 5.6.5.2 微课作品展示

图5-26~图5-30为微课作品展示图。

图5-26 作品片头

图 5-27  导入情境

图 5-28  清明戴柳

图 5-29　中秋赏月

图 5-30　作品片尾

## 5.6.6  高中生物《细胞呼吸》微课

### 5.6.6.1  微课文字稿

**《细胞呼吸》微课脚本设计**

| 微课名称：细胞呼吸 | | 时长：6分钟 | |
|---|---|---|---|
| 镜头编号 | 配音内容 | 页面显示内容 | 效果描述 |
| 1 | 细胞呼吸：桃园酒家。<br>苏地桃园是一座紧邻南浔与乌镇的室外酒香，桃园人酿酒先用木桶把米蒸透，为酵母菌准备食物，淋饭降温，给酵母菌提供适应的生长温度，米饭混合酵母后在缸内搭窝，酵母菌接触氧气进行有氧呼吸，产生水与二氧化碳，快速繁殖。闷缸发酵时，酵母菌则进行无氧呼吸，产生酒精与二氧化碳，发出类似螃蟹吐沫的声音。 | 片头放映一段与酿酒有关的视频，为学生讲述酿酒过程中酵母菌的发酵过程。 | |
| 2 | 原来酵母菌是一种兼性厌氧菌，在有氧或无氧条件下能通过不同的呼吸作用获得能量。与呼吸运动不同，呼吸作用也叫细胞呼吸，是指有机物在细胞内经过一系列的氧化分解生成二氧化碳或其他产物，释放能量并生成ATP的过程。葡萄糖则是最常见的呼吸底物。 | 页面展示细胞结构的卡通形象，标注出有氧呼吸和无氧呼吸，并显示细胞呼吸的概念。 | 简单的动画初步向学生诠释细胞呼吸的概念。 |
| 3 | 我们把细胞呼吸分为有氧呼吸和无氧呼吸两种类型，有氧呼吸的主要场所是线粒体，线粒体具双层膜，内膜折叠成嵴，表面积大大增加，有氧呼吸有关的酶就分布在线粒体的内膜上及其液态的基质中。有氧呼吸的全过程非常复杂，大致概括为三个阶段。第一阶段在细胞质基质，不需要氧的参与，1分子的葡萄糖分解成2分子的分子丙酮酸，产生少量［H］，并且释放出少量的能量。第二阶段在线粒体基质中进行，不需要氧的直接参与，丙酮酸和水彻底分解成二氧化碳和［H］，并释放出少量能量。第三阶段在线粒体内膜上进行，需要氧的参与，前两个阶段产生的［H］，经过一系列的化学反应，与氧结合成水，同时释放出大量能量，因此有氧呼吸是指细胞在氧的参与下，通过多种酶的催化作用把葡萄糖等有机物彻底氧化分解，产生二氧化碳和水，释放能量，生成大量ATP的过程。 | 页面展示有氧呼吸的过程。首先为学生呈现线粒体的结构模型，其次展示细胞有氧呼吸的三个阶段，最后总结归纳出有氧呼吸过程中的反应式。 | 伴随着讲解录音，当讲解到线粒体结构中的嵴时，通过颜色的变化强调结构的位置。在有氧呼吸三个阶段的呈现过程中，将水和二氧化碳的化学式标注在线粒体结构中，并以箭头的方式呈现出物质进出的方向。 |

续表

| 微课名称：细胞呼吸 | | 时长：6分钟 | |
|---|---|---|---|
| 镜头编号 | 配音内容 | 页面显示内容 | 效果描述 |
| 4 | 无氧呼吸可概括为两个阶段，都发生在细胞质基质，其第一阶段与有氧呼吸第一阶段完全相同，第二阶段则是丙酮酸分解成酒精和二氧化碳或者转化成乳酸的过程。第二阶段并不放能，有机物大部分的能量还保留在酒精或乳酸中。在没有氧气参与的情况下，葡萄糖等有机物经过不完全分解，释放少量能量的过程就是无氧呼吸。微生物的无氧呼吸也称发酵，由于细胞呼吸的中间产物可与非糖物质相互转化，让蛋白质、糖类、脂质的代谢得以关联。 | 画面呈现无氧呼吸的两个阶段，总结出无氧呼吸的反应式。 | 与有氧呼吸分镜头相同，以箭头的形式呈现出物质进出的方向。 |
| 5 | 所有生物的生存都离不开细胞呼吸释放的能量，在细胞内，1mol葡萄糖彻底氧化分解可释放出2870kJ的能量，其中有977.28kJ的能量储存在ATP中，其他以热能形式散失。而1mol葡萄糖分解成乳酸后，只释放出196.65kJ的能量，其中只有61.08kJ的能量储存在ATP中，其他以热能形式散失。所以，有氧呼吸是细胞呼吸的主要形式，无氧呼吸用以克服暂时缺氧，维持生命。 | 画面较为简洁，通过简单的箭头分支走向呈现出在细胞呼吸过程中能量的流动方向及能量之间相互转化的规律。 | |
| 6 | 无氧呼吸的细胞产生酒精：除酵母菌外还有受淹的高等植物、初萌的种子、久贮的水果等。无氧呼吸产生乳酸：乳酸菌、缺氧的动物骨骼肌细胞、马铃薯块茎等。 | 细胞无氧呼吸会产生不同的产物，通过卡通的图片归纳总结出不同产物的无氧呼吸过程。 | 首先呈现无氧呼吸的反应式，其后伴随配音逐步出现图片。 |
| 7 | 给盆栽松土可以保证根细胞有氧呼吸，用透气材料包扎伤口，可以抑制厌氧菌繁殖，用低温、低氧、低湿的环境贮藏种子，低温、低氧的环境保鲜果蔬，可以减少呼吸消耗。 | 最后给学生呈现一段贴近生活的视频，将细胞呼吸的微观现象还原于生活。 | |

### 5.6.6.2 微课作品展示

图5-31~图5-37为成果展示图。

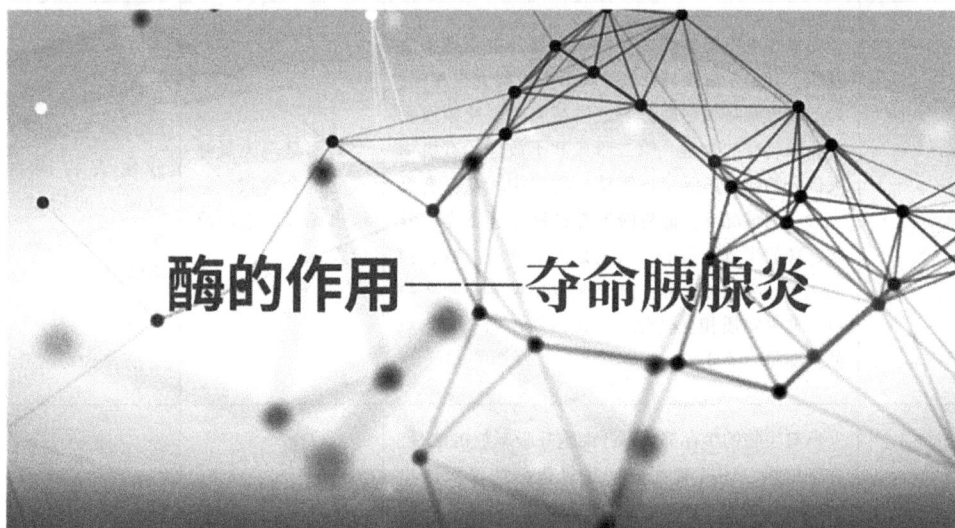

图 5-31 微课的片头

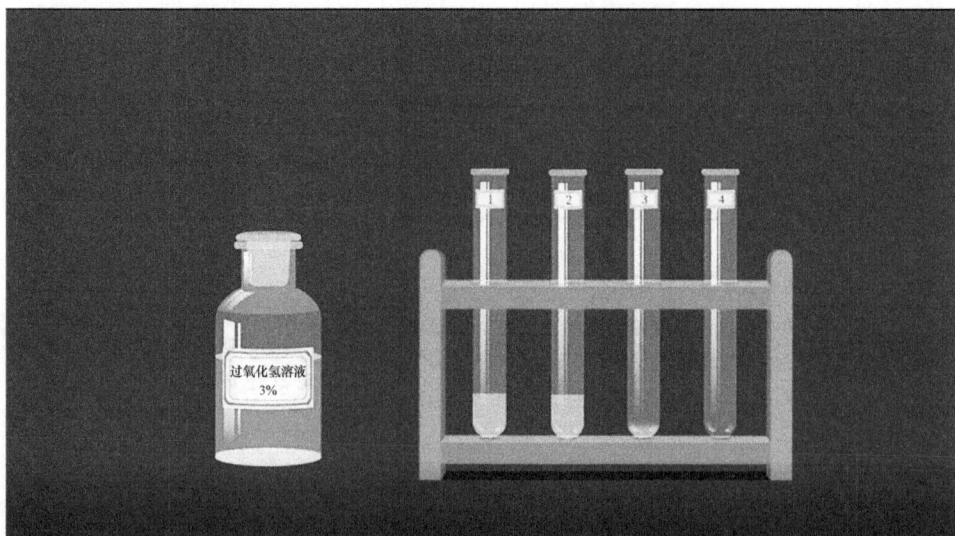

图 5-32 微课画面展示实验所需药品及器材

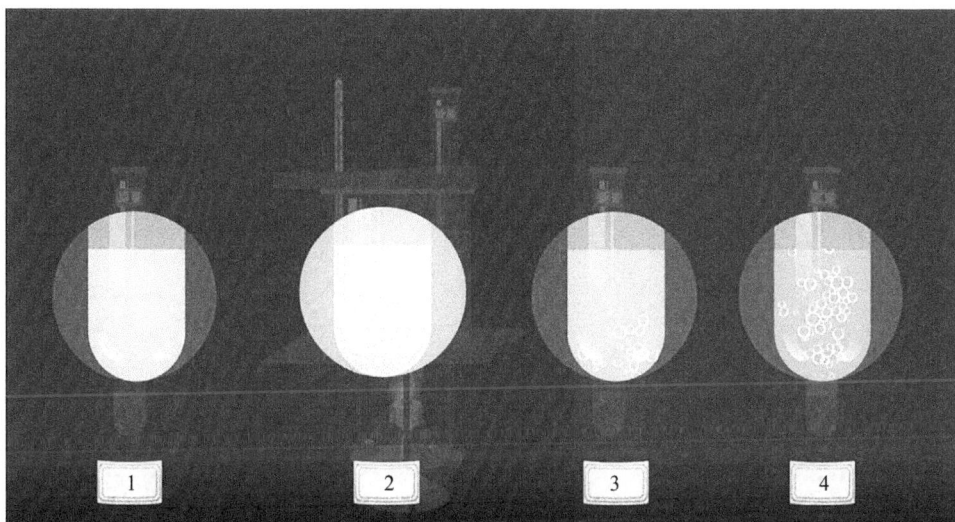

图 5-33　实验现象的展示效果

图 5-34　酶的产生过程

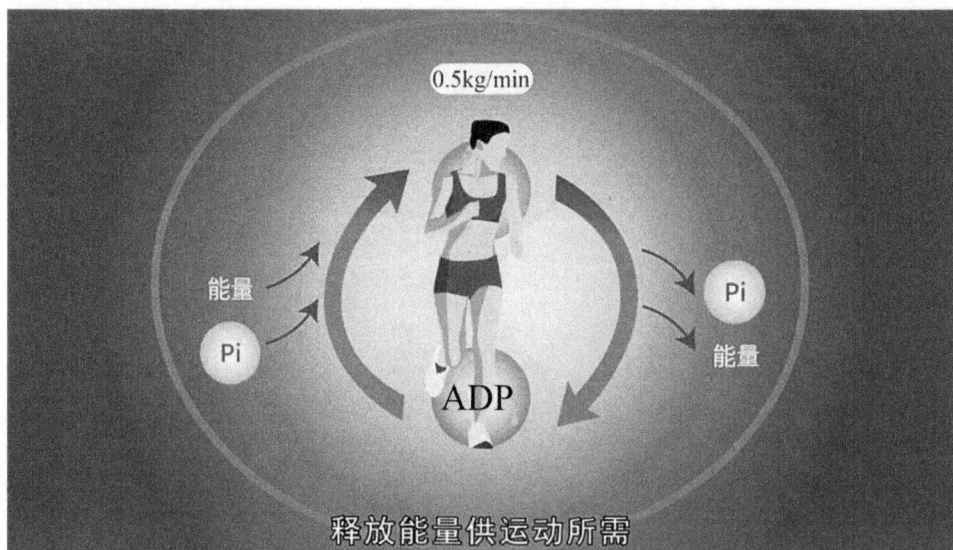

图 5-35 ATP 与 ADP 之间的相互转化

图 5-36 无氧呼吸的过程

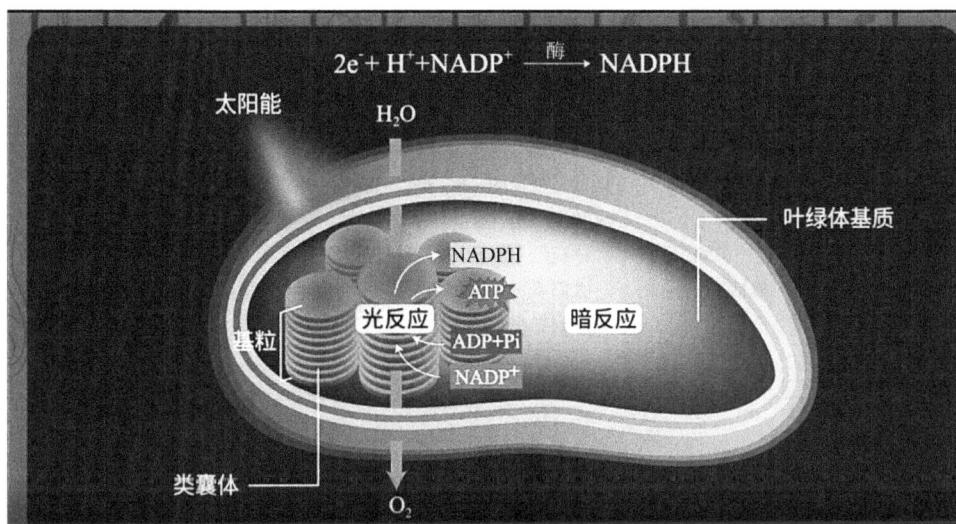

图 5-37 光反应与暗反应

## 5.6.7 初中科学《地球与宇宙之太阳系》微课

### 5.6.7.1 微课文字稿

**《地球与宇宙之太阳系》微课设计稿本**

| 微课结构 | 教学环节 | 设计思路 |
|---|---|---|
| 片头（5秒） | 呈现微课信息 | 展示微课主题，播放激动的背景音乐，营造学习氛围。 |
| 导入（30秒） | 引入视频<br>引出主题 | 它们是流浪在太阳系身边的孤独使者，在太空持续航行四十余年，只为探寻真实的太阳系和星际秘密，它们就是旅行者号，在旅行者号飞离太阳系的最后瞬间，科学家调转摄像头，面向地球拍下了最后一张照片，被称为旅行者号的最后一个回眸，旅行者号约40年，才飞离太阳系。 |
| 主体（3分钟） | 围绕太阳系<br>八大行星，<br>逐一讲解、<br>概括提升 | 太阳系是地球的家园，八大行星、卫星、矮行星、小行星、彗星、流星体等天体按一定的轨道，围绕太阳公转构成了太阳系。太阳是太阳系的母星，是太阳系中体积和质量最大的天体，占太阳系总质量的99.86%，行星则比太阳系小得多。太阳系中一共有八颗行星，按照与太阳由近及远的顺序，依次是水星、金星、地球、火星、木星、土星、天王星和海王星。<br>　　太阳系的八颗行星有很大的区别，水星上没有空气，布满环形山；金星是固体星球，表面有大气，主要成分是二氧化碳，水星 |

| 微课结构 | 教学环节 | 设计思路 |
|---|---|---|
| 主体（3分钟） | 围绕太阳系八大行星，逐一讲解、概括提升 | 和金星没有卫星，它们离太阳比较近，表面温度很高；火星是和地球最相像的一颗行星，它的外观是红色的，因此得名火星；木星和土星是气体星球，体积大，卫星较多；木星是太阳系中质量和体积最大的行星；土星位于赤道面上，具有最美丽的光环。<br>太阳系一些固体小块，闯入地球大气层时，与大气摩擦燃烧发光而划亮夜空的现象，称为流星现象。 |
| 小结（20～25秒） | 进行教学回顾与小结 | 太阳系是以太阳为中心和所有受到太阳的引力约束天体的集合体。包括几大行星（水星、金星、地球、火星、木星、土星、天王星、海王星），至少173颗已知的卫星，5颗已经辨认出来的矮行星和数以亿计的太阳系小天体。 |

#### 5.6.7.2 微课作品展示

以"地球的自转"主题微课为例，其成果展示如图5-38～图5-43所示。

图5-38 微课片头的展示效果

图 5-39 微课导入地球自转星空展示效果

图 5-40 地球的自转昼夜半球演示

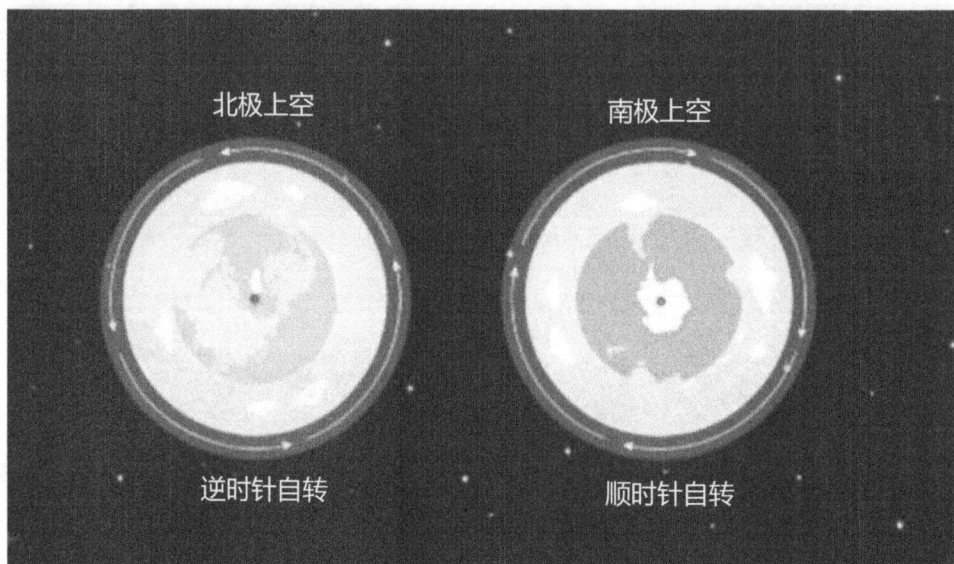

图 5-41 地球顺时针、逆时针转动图

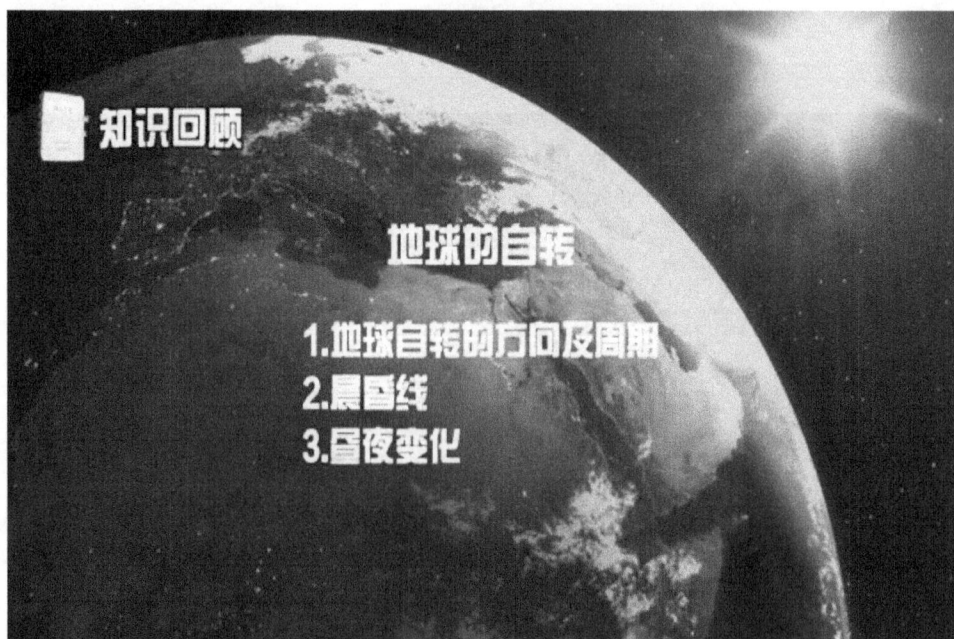

图 5-42 微课小结的展示效果

图 5-43 作品片尾

# 6 信息技术支持下的乡村教师专业发展

## 6.1 信息时代下乡村教师专业发展困境

教师专业发展是指教师个体的专业知识、专业技能、专业情感、专业自主、专业价值观、专业发展意识等方面由低到高、逐渐符合教师专业人员标准的过程。然而我国乡村教师的专业发展还有很多困境，可总结为以下几个方面。

### 6.1.1 教师工作压力大，无暇顾及

在教学过程中不仅要备课、完善教材、整合各种教学资源，还要制定各种计划、教案，力求于完美。乡村教师不仅每天需要花费大量的时间进行备课，而且需要花费相对较多的时间进行授课。由于乡村教学条件有限等多方面因素，导致乡村教师极其匮乏，一名教师身兼数职的现象时有存在，既要保证教学质量，又要及时关心爱护学生，这无形当中会给教师带来很多压力。此外，针对一些留守儿童教师甚至还要扮演父亲、母亲的角色，这将导致很多教师的课余时间被占用。每个人的精力都是有限的，大量工作分散了教师的注意力，自然而然教师就缺少了自我提升的时间与精力，顾不上提高自身的专业发展能力。一味地追求升学率，片面的评价标准和评价体系加大了乡村教师的心理压力和工作压力，使他们很难从繁重的教学工作中解脱出来，教师根本无暇顾及自身的专业发展能力。

### 6.1.2 发展目标不明确，没有合理规划职业生涯发展

教师要寻求自身的专业发展就要有明确的发展目标。然而很多乡村教师并不了解什么是专业化发展，没有系统地制定长远的职业发展规划，更谈不上明确发展目标，制定科学的职业生涯发展规划了。

"凡事预则立，不预则废"告诉我们无论做什么事，事先有准备，就能得到成功，否则就会导致失败。在乡村教师专业发展中也同样如此，想要实现新手乡村教师到专家型教师的转变，就要确立明确的发展目标，并且合理规划职业发展生涯。假若发展目标不明确，必然会导致乡村教师在教学过程中越来越迷茫。在促进乡村教育发展过程中，教师不应该一味地追求升学率而忽视了学生的素质教育发展，唯成绩论的片面思想不仅会抑制学生的身心发展，也会降低学生们学习的积极性，导致学生对学习失去了信心。乡村教师想要达到提升自身专业发展水

平的能力也一定要合理规划职业发展生涯，心中有了方向才会在规划好的道路上奔向远方的终点。

### 6.1.3 培训零散、不系统

培训是促进乡村教师成长的最有效途径，目前提供给乡村教师的培训虽然形式多样，但零散、不系统。现有的教师培训多是专家讲座、授课、讨论形式，培训内容多是具有时代性的先进教育理念和现代信息技术及其教育应用。这样的培训零散、不系统，没有考虑乡村教师需求多样性，也没有考虑乡村教师职业生涯发展阶段性，不利于乡村教师健康发展。

现在的老师参与学习培训的机会多，学习的渠道也多，很多教授都是讲一些重复过的内容，这就难免为老师们所诟病。培训活动增多，许多教授讲授的内容却没有多少改变，话题重复或是观念落后，甚至有的培训者整合一些别的学者的东西，这一段那一段拼凑起来，难免给人老调重弹的感觉。

培训的内容要讲求系统性，现在的教师培训较为零碎，这次派这几位下次派那几位，这次请专家讲班主任工作艺术，下次再请专家谈如何做教学设计和讲稿，再下一年没准又掀起信息技术与学科教学整合的学习热潮。培训内容零散，不集中，不系统。这使得很多教师学习到的知识游离于自己的知识体系之外，恍如过眼云烟，随着时间的推移而逐渐消失，这是很可惜的。虽然，作为教育主管部门受条件和经济的制约，不可能很系统地为每位教师提供非常系统的培训学习，但是作为校长则要对本校教师参与培训的情况有着较为全面的了解。因此，要通过不同形式的培训加以补充和完善，比如订阅杂志，利用教研活动时间组织专题学习，利用教科研通信发布本学期学校学习研讨的大主题的系列文章，组织教师演讲或开展名师论坛等，让所有教师参与到教育教学理念和经验的传播中来。这样，经过系列的专题性培训学习，让教师的所学形成系统，以达到深化促进的目的。新课程通识培训就是系统性的培训活动，对于校长组织教师培训有着很好的示范和借鉴作用。

### 6.1.4 缺少有效的教育资源支持

乡村教师无论是进行业务学习还是进行实践授课，都需要丰富的优质教育资源支持。虽然现在网络教育资源极其丰富，但其资源质量参差不齐，无法给乡村教师专业发展提供有效的资源支持。

一些地方政府没有深刻认识领会国家推进城乡一体化和义务教育均衡发展的战略意义，没有把握好推进工作的宗旨和原则，没有把国家政策真正落实到位。一是投入不足。没有依据义务教育法、国家有关政策要求和义务教育事业发展需求，保障义务教育经费的持续增长，并建立长效机制。没有把农村地区和薄弱学校作为重点投入方向。二是落实不到位。个别地方仍存在优质教育资源不足、校际差距较大问题，少数地方存在继续增大的趋势，择校热、课业负担问题依然严重，人民群众对均衡发展满意度不高。三是督查不力。在对政府和主要负责人履行教育职责的考核中，没有对义务教育均衡发展赋予足够的分量，问责不力，整改不够。有的地方督导机构不健全，经费不足，人员数量少且能力弱，督导作用没有充分发挥。

### 6.1.5 教师水平偏低

乡村中小学教师的科研能力普遍偏弱、教师整体科研水平普遍偏低。主要原因是：对科研在基础教育中的重要性没有充分的认识、缺乏科研基本知识、教科研方式滞后，尤其利用信息技术辅助教育教学更是无从谈起。

乡村教师无证上岗的现象常有发生，很多乡村教师都没有考取教师资格证，并且由于教师资源有限，有的老师一人要教好几个科目。除此之外，大多数乡村教师都不是师范院校毕业，所学专业与任教学科也毫不相干，没有经过专业培训的教师当然教学水平相对较低。乡村教师缺乏专业知识与技能，教学理念相对落后，通常采用传统教学法进行授课，没有深入贯彻"以学生为中心"的教育理念。乡村教师应该不断提高自身的专业发展能力，不断拓展专业技能与知识领域，拒绝陈旧的填鸭式教育，在信息技术支持下促进乡村教师专业发展。

## 6.2 信息技术环境下乡村教师专业发展策略

教师肩负着培养和造就社会所需要人才的重任。如何提高教师尤其是乡村教师专业化发展水平对于提高我国信息技术环境下的教学水平和效果有着重要意义。

### 6.2.1 信息技术环境下乡村教师专业发展策略

#### 6.2.1.1 提高教师信息化水平

随着信息化的不断深入，教育信息化是必然的发展趋势。农村教育信息化成为科教兴国的重要组成部分，也是全面实施素质教育的需要。提高教育活动的信息化对于教学活动的效率和质量有很大帮助。将信息技术有效地应用在教学活动中是促进教学信息化、提高乡村教师专业化的有效途径。因此，对教师有以下几点具体要求：

（1）树立正确的应用意识。在教学活动中应用信息技术能够提高教学效率、优化教学过程。但是在课堂上不正确地使用反而会喧宾夺主，分散学生的注意力，起到反作用。因此，教师应明确在什么情况下使用什么样的信息化设备，能够使课堂教学起到事半功倍的效果。

（2）加强信息化技术培训。加强教师对于信息技术的理论知识的理解和技术操作能力的掌握，提高教师对信息资源的搜索、加工、运用及评价能力；开展以自主学习和集中学习、面授和网络课程结合的多元培训模式，为教学活动的信息化打下良好的基础。

（3）强化信息技术运用。教师要在实践教学中运用已学过的信息技术搜索、加工、评价等知识进行实际应用，在为教学活动提供资源、满足学生信息化学习需要的同时多加练习自己对于知识的运用能力；运用信息技术帮助学生探索学习活动中的问题，促进学生对知识的理解和掌握能力。

（4）开展信息技术与专业课程知识整合。教师要根据教学环境及学生特点和需要，在对学科的教学内容、环节和步骤总体掌握的情况下，判断学科课程与信息技术的共同切入点；准确选择并确定整合工具和方式；在切入点将信息化资源和专业课程知识整合起来，形成教学课件。

### 6.2.1.2 开展面向乡村教师的在线培训

在线培训所建立的资源平台可提供持续的专业发展业务，在线专业发展不仅仅通过短期培训来提高，研修平台是教师专业发展的长期支撑，教师可以随时与研修平台的学习共同体就所遇到的问题进行交流沟通，将在线专业发展从短期培训变成了长期的学习和提高。在现代信息化技术的高速发展的大环境下，如何设计面向乡村教师的网络培训平台对其专业化发展具有重要意义。一个成熟的网络培训平台应包括：

（1）用户管理。用户管理主要负责管理平台用户的注册、登录以及用户操作权限等。网络培训平台的用户主要分为课程教师、培训受众、系统管理员、超级管理员。

1）课程教师。课程教师主要任务是解答培训受众提出的问题，评价学员上交的总结和作业等。

2）培训受众。培训受众是平台的主要用户，这里主要指乡村教师，他们的任务是登录平台进行课程学习，并参加培训主题的交流等。

3）系统管理员。系统管理员负责维护培训平台的培训资源及对培训受众进行管理。另外，还要负责备份和恢复培训系统数据。

4）超级管理员。超级管理员负责对平台系统进行后台管理以及对系统管理员的设置。

（2）时间管理。对乡村教师提供的培训应是有计划地按期进行的，所以需要对培训课程有关培训时间的设置及修改等进行相应管理，规定培训受众在培训期内登录平台进行学习或检测。培训期外时间，平台的相应课程即处于关闭状态。

（3）课程资源管理。课程资源管理主要是在网络培训平台发布培训的网络课程并对其进行及时的添加、修改、知识点提炼及相应测试的设定。同时对与课程相关资源进行上传、审核、删除、评论等操作。培训受众也可以在平台上传分享自己有的学习资源，但要经过系统管理员的审核。

（4）交流管理。网络培训平台为学员提供了学习心得和经验交流的平台。在这个平台上，学员们可以对本期内所学的内容发表自己的心得或提出问题，参加相关的讨论，对相关的学习资源进行评价。

（5）检测管理。在网络培训平台中，一期课程学习结束后，要对学员的学习情况进行了解掌握，以方便后期学习课程的开展。因此，网络培训平台要具有学习检测和自动评阅的功能，方便学员能够在线答题并及时看到检测结果以了解自己的学习情况。

### 6.2.1.3 构建乡村教师的学习共同体

学习共同体（Learning Community）译为"学习社区"，指一个由学习者及其助学者（包括教师、专家、辅导者等）共同组成的团体，他们彼此之间经常在学习过程中进行沟通、交流、分享各种学习资源，共同完成一定的学习任务，因而在成员之间形成了相互影响、相互促进的人际关系。教师协助学习共同体是教师专业成长的有效组织形式，它可以有效激发教师专业成长的主体生长性、提升教师的实践性智慧，同时也可以提高教师的合作意识和能力。

那么，怎样构建乡村教师的学习共同体呢？它的构成要素主要包括以下几个内容：

（1）共同目标。一个学习共同体首先要有共同的学习目标，如此方可围绕着共同目标规划具体的学习任务。其目标致力于使教师学会如何独立学习，促进教师自身专业化发展。

（2）设计相关的学习活动。在明确学习共同体主题后，围绕其进行持续性的主题讨论、思考、交流，使共同体成员交流教学经验，以获取解决教育实际问题的综合经验，从而促进教师的专业化发展。学习活动应以主题为中心，采用以实际问题和案例为基础的协作式探究学习模式，让有经验的学习者和新的学习者分享在教育实践中的经验。为共同体成员构建合适的学习小组，并组织小组间互相交流和成果展示。

（3）学习资源。针对共同目标选择合适的学习方式，为教师提供有力的学习资源，建设体现教师共同体目标和特点的机构。为共同体成员提出明确的学习任务，提供易于理解、方便操作的技术支持，为教师提供方便他们用于计划项目、时间管理、设置和完成目标的概念图软件和其他可视化软件。

（4）知识库共享。共同体之所以"共同"，并非指成员在同一时间进行同一知识的统一学习，而指目标共同。其间，每个成员可以对自己需要的领域进行学习。这就要求学习共同体具有自己共享的知识库，包含关于共同体目标相关的学习内容，供学习者自行选择。教师的很多实践技能，如教学技能、教学方法、班级管理技能等都属于隐性知识，应注重将隐性知识变为显性知识，供共同体成员相互借鉴，来促进教师间的实践交流，提高其专业化水平。

### 6.2.2 策略实施中应注意的问题

（1）建立完善的培训系统。在教师在线培训平台学习和建构、教师学习共同体的实施中，对于平台建设和资源有很多细节要求。由于教师的学习时间较为自由，并不是成员集中在同一时间的培训。因此，学员在培训过程中很易受到外界因素的干扰，课程没有结束就要暂时离开学习平台，而在重新回来后又要从头开始学习，这不仅浪费时间，还容易使学习者对课程的学习产生厌烦的心理。因此，培训平台要建立学习记忆系统，使教师能够在间断的时间从上一次终止的地方继续学习。除此之外，学习的记录、学员总结反思、档案管理、错题笔记很多细节方面都应要考虑全面。

（2）准备丰富的案例资源。教师在进行自主学习时需要大量的案例分析（文本案例和视频案例），不仅是正面的成功案例，有时反面案例会起到更大的积极作用，更能引发教师对于教学实践的思考。然而很多学员教师上传的案例多是自己在实践中的成功案例，因此，平台管理者应注意对于案例尤其是反面案例的搜集上传。

（3）设置丰富的学习活动。丰富的学习活动能够更加调动参与教师的积极性，更多地引发他们的思考。根据教师们的需求，除了传统的学习模式，很多教师表示需要更多新颖、具有实际意义的创造性活动，例如视频、学案例教的研究。因此，信息化培训不能仅仅流于表面，我们应积极挖掘其更深层次的意义。

# 6.3 信息技术支持下乡村教师专业发展模式

### 6.3.1 模式简介

信息技术支持下乡村教师专业发展模式是在信息技术支持下运行的一个以促进乡村教师健康发展为目的发展模式。信息技术支持下的乡村教师发展模式是一个可持续发展模式，它打破时空限制，可以满足乡村教师在职业生涯任何阶段的发展需求，帮助乡村教师科学地规划其职业生涯，让乡村教师公平地享有优质资源，引领乡村教师共同发展，可以有效促进乡村教师专业发展水平的提升。图 6-1 为信息技术支持下的教师专业发展模式。

信息技术支持下乡村教师专业发展模式可以为乡村教师提供以下服务：专家指导服务，在该模式下乡村教师的专业发展全程都是在专家引领下进行的；资源服务，为乡村教师提供优质学习资源供其自主学习；培训服务，集中为乡村教师提

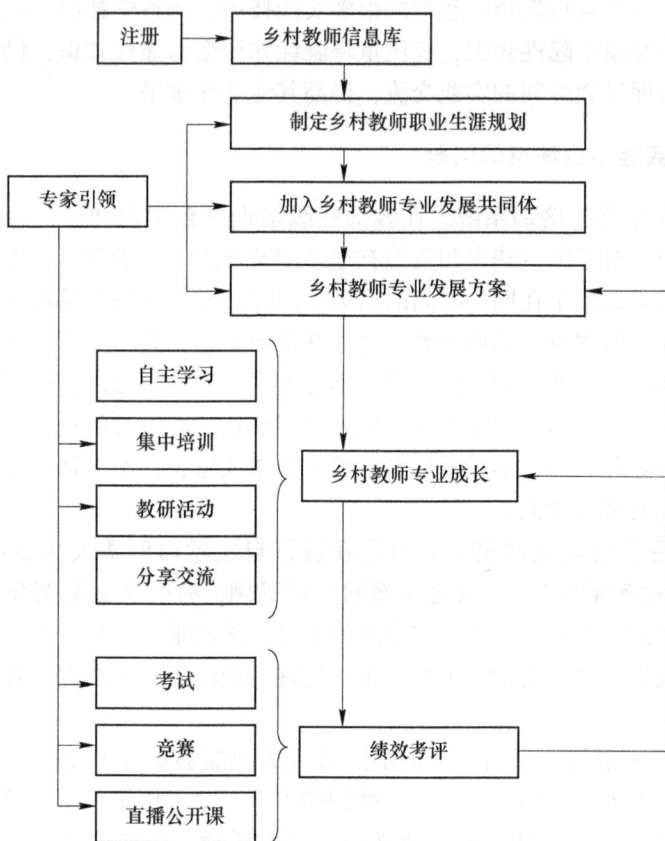

图 6-1 信息技术支持下的教师专业发展模式

供乡村优质系统培训服务供其自由选择，可以满足乡村教师多样性的培训需求；教研活动服务，乡村教师可以与不同地域的其他教师开展校际教研服务；绩效考核服务，在该模式下，乡村教师可以阶段性参加绩效考核，依据考核结果进行反思。

## 6.3.2 信息技术对模式运行的支持

信息技术为信息技术支持下乡村教师专业发展模式提供运行需要的环境和资源支持。

### 6.3.2.1 环境支持

信息技术支持下乡村教师专业发展模式的运行需要应用信息技术搭建模式运行平台。平台需要具备以下功能：管理乡村教师和专家等人员；为乡村教师提供优质教育资源（包括用于自主学习的学习资源和培训资源）支持乡村教师业务学习；为乡村教师提供协作交流支持乡村教师教研活动和分享交流；提供直播、在线测试功能，以此支持乡村教师绩效考评。

开发信息技术支持下乡村教师专业发展模式运行平台是必要的，但是没有这样的平台，利用现在的网络平台也可以实现信息技术支持下乡村教师专业发展模式运行。例如，运用中国大学 MOOC+腾讯会议+微信群相结合实现信息技术支持下乡村教师专业发展模式运行。利用微信群创建乡村教师学习共同体；在中国大学 MOOC 创设课程和发布测验，提供集中培训服务、优质教育资源服务和考试形式的绩效测评；利用腾讯会议开展远程校际教研和赛课、直播公开课形式的绩效考评。

### 6.3.2.2　资源支持

信息技术支持下乡村教师专业发展模式的运行需要应用大量优质信息技术教育资源，支持乡村教师自主学习、集中培训和教研活动。

国家和各地方政府都在着力加强农村地区的基础设施建设和改善农村信息化教育环境，组建了全国中小学教师继续教育网、全国教育网络联盟、国家基础教育资源库和国家农村远程教育资源网等主要培训与资源平台。全国农村中小学现代远程教育工程、"校校通"工程等举措都升级农村局域基础教育的软硬件设施，初步形成了农村教育信息化环境。面向农村教师专业发展的资源建设，要依托农远工程和国家基础教育资源网两大平台，在全国范围内共享优质资源；发达地区的农村中小学和城市中小学也可以将本校的优质资源和教学案例通过网络共享给偏远落后的农村中小学，如江苏省的"送优质教学资源下乡工程"；高校和培训机构需要开发多层次、多形式的网络课程，专题学习网站和教学资源库等；还可以采用 Web2.0 技术建设区域资源汇聚系统，加大自主研发力度，动员广大农村教师研发与现行教材配套、体现新教材理念的教学资源。

## 6.3.3　模式工作流程

信息技术支持下乡村教师专业发展模式工作流程如下：

（1）乡村教师注册进入乡村教师信息库，实现对乡村教师统一管理。

（2）专家引领帮助乡村教师制定职业生涯规划。专家引领可以为乡村教师制定具有科学性、针对性和可执行性的职业生涯发展规划提供保障。

（3）在制定乡村教师职业生涯的基础上，专家引领乡村教师依据其职业生涯规划加入具有共同发展目标的乡村教师专业发展共同体。

（4）专家引领乡村教师制定切实可行的专业发展规划。

（5）乡村教师按照其制定的专业发展方案，进行自主学习，参加集中培训和教研活动，与其他乡村教师分享经验、相互交流，解决乡村教师在实践工作中的困惑和遇到的问题，促进乡村教师专业成长。在教师专业成长阶段，集中培训和教研活动都是在专家引领下进行的。

（6）阶段性对乡村教师专业成长情况进行绩效考评，考评方式有考试、竞赛和直播公开课。绩效考评是在专家引领下进行的。

（7）乡村教师依据绩效考评结果，在专家引领下修改乡村教师专业发展方案，然后依据修改的乡村教师专业发展方案进入下一个乡村教师专业成长阶段。

# 6.4  信息技术支持下乡村教师教研模式

## 6.4.1  模式简介

信息技术支持下乡村教师教研模式是在信息技术支持下开展的乡村教师教研活动模式。该模式最大的特点是可以打破空间限制，解决传统教研只能在本校范围内进行的问题，实现校际交流。图 6-2 为信息技术支持下乡村教师教研模式。

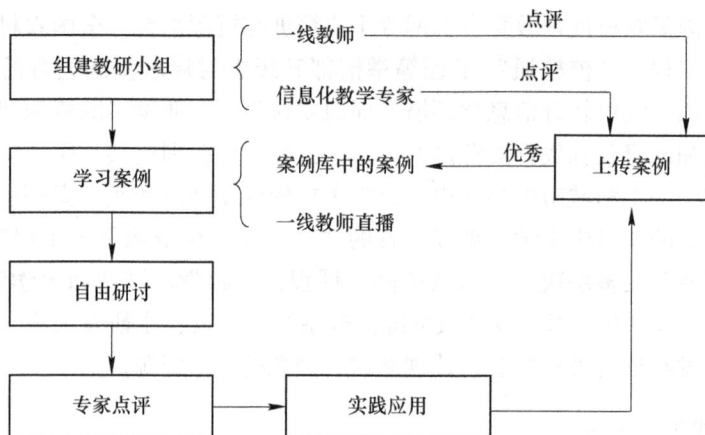

图 6-2  信息技术支持下乡村教师教研模式

## 6.4.2  信息技术对模式运行的支持

信息技术支持下乡村教师教研模式的良好运行需要信息技术支持，信息技术为其提供环境支持。信息技术支持下的乡村教师教研模式需要应用信息技术创建环境支持远程直播、在线视频研讨和资源共享。目前能够运行信息技术支持下的乡村教师教研模式的平台很多，例如钉钉、腾讯会议。

农村教师要根据自身特点和实际条件选择恰当的网络研修方式，学校可以聘请专家与学校教师，利用博客圈、QQ 群、虚拟社区和教师网联构建基于学习型组织的教师实践共同体，使农村教师的实践优势和高校教师的理论优势互补，提高教研水平，例如四川的培训研修网、广西柳州市综合学科群组网等，在教育部门的引导和支持下已取得了一些实效和经验。

### 6.4.3 模式工作流程

（1）组建教研小组。信息技术支持下的乡村教师教研模式下，教研小组成员由一线教师和信息化教学专家构成。由于借助信息技术开展远程教研活动，所以要打破空间限制，教研小组的教师和专家最好来自不同地域和不同学校。

（2）学习案例。信息技术支持下的乡村教师教研模式下教研活动以案例学习和研讨为主要形式，乡村教师通过案例学习和研讨学习其他教师经验，以此促进自身发展。学习的案例可以是一线教师直播，也可以是从案例库中选择的优秀案例。

（3）自由研讨。学习案例后，教研小组成员针对案例的优缺点和学习案例时遇到的困惑或问题进行自由讨论。通过让小组成员对案例中蕴含的理念、使用的方法有更加深入的认识，消除案例学习中的困惑和问题，最终实现自身发展。

（4）专家点评。专家点评的不仅仅是案例，还要对此次案例学习和研讨的教研活动进行点评。

（5）实践应用。教研活动后，教研小组的一线乡村教师要在实践中对案例中的理念和方法进行实践应用，将案例中学习的知识进行深化理解。

（6）上传案例。由教研小组的一线乡村教师对实践应用进行反思，撰写教学案例上传，教研小组的其他成员对上传案例进行评价，优秀案例不仅丰富教研活动资源，还能促进乡村教师能力的提升。

# 7  教育信息化技术支持服务平台

## 7.1  平台设计与开发背景

  教育信息化是当今教育手段现代化最具代表性的发展趋势，自 20 世纪 80 年代以来，教育信息化已经成为各国教育政策的重要内容之一，受到世界各国的关注。各国都设定了教育信息化的发展目标，在进行信息基础建设方面的措施不胜枚举，力度也都很大。英国在 1995 年 10 月，宣布了代号为"英国网络年"的五年计划，保证拨款 1.6 亿美元用于所有中小学（3.2 万所）的互联网建设。美国为了帮助贫困地区和乡村学校、图书馆跨越数字分水岭，实行了折扣补助计划，教育折扣项目（Education Rate，E-rate）是美国联邦政府专门针对数字鸿沟而启动的具有代表性的国家项目。澳大利亚 5 年内投入 12 亿澳币全面提升学校的信息化水平，鼓励学校应用信息技术优化教学和学习活动。美国教育部于 1996—2016 年分别发布了五个国家教育技术规划，从国家战略的高度全面推进信息技术在美国教育领域的应用与发展。新加坡于 1997—2015 年分别发布了四期国家教育信息化发展规划（MP1—MP4），分步推进国家教育信息化的建设与发展，为促进教育信息化快速发展，提升国家教育竞争力，新加坡教育部 1997 年发布了教育信息化第一期规划（Master Plan 1，简称 MP1），随后分别于 2003、2008 及 2015 年发布了二期、三期、四期教育信息化规划（简称 MP2、MP3、MP4）。韩国于 1996 年起，每隔 5 年发布一次教育信息化发展规划（Master Plans on ICT Use in Education），至 2014 年，韩国已颁发了 5 个国家教育信息化发展规划，全面推动信息技术在教育中的应用与发展。日本政府内阁于 2000 年设立了"IT 战略本部"，并在 2001—2009 年间发布了"e-Japan""u-Japan"及"i-Japan"战略，以此加快推进日本信息化的发展进程。2001 年颁发的"e-Japan"战略提出了构建人人能够享用 IT 技术的新兴知识社会。随着"泛在网络社会"（Ubiquitous Network Society）的提出，日本政府于 2004 年公布了新的信息化发展战略"u-Japan"战略。该战略提出了 4U（for you）发展理念，分别为：无处不在（Ubiquitous）、人人易用（Universal）、面向用户（User-oriented）、独一无二（Unique）。基于此，该战略提出了到 2010 年实现任何时间、任何地点都可畅通使用网络，新兴产业和服务不断涌现，每个人都可享用安全的信息化环境的发展目标。针对发展目标，"u-Japan"战略部署了相应的发展任务与政府行动计划。

[23] 何克抗.让信息技术对教育发展真正产生革命性影响——实现信息技术与教育的"深度融合"[J].教育信息技术,2014 (1):3-8.

[24] 孙名符,李宝臻.信息技术支持下的数学教师专业发展策略探讨 [J].电化教育研究,2009 (11):113-117.

[25] 唐松林,丁璐.论乡村教师作为乡村知识分子身份的式微 [J].湖南师范大学教育科学学报,2013,12 (1):52-56.

[26] 李森,崔友兴.新型城镇化进程中乡村教师专业发展现状调查研究——基于对川、滇、黔、渝四省市的实证分析 [J].教育研究,2015,36 (7):98-107.

[27] 肖正德,张素琪.乡村教师学习机会的现状分析及保障体系构建 [J].教育研究与实验,2011 (1):39-42.

[28] 朱沛雨.精准扶贫背景下乡村教师专业发展支持体系建设研究 [J].中国成人教育,2020 (18):82-84.

[29] 马静."互联网+"背景下乡村教师专业发展的理性思考 [J].教育观察,2021,10 (11):22-24.

[30] 唐松林.理想的寂灭与复燃:重新发现乡村教师 [J].中国教育学刊,2012 (7):28-31.

[31] 张如意,徐大真.我国教师胜任力研究的文献计量分析 [J].新疆职业教育研究,2014,5 (2):52-56.

[32] 谢小兰.乡村教师专业发展支持体系的构建 [J].中国成人教育,2019 (20):80-83.

[33] 康晓宇,田振清.信息技术背景下学习方式的转变 [J].中国教育技术装备,2010 (32):84-86.

[34] 王晓琴.信息化环境下乡村教师专业化现状调查与思考 [J].才智,2019 (8):154.

[35] 张哲,张海,王以宁.国际TPACK理论研究综述:2005—2014 [J].现代远距离教育,2015 (6):10-15.

[36] 王杰文.乡村小学教师信息化教学能力的发展 [J].湖南第一师范学院学报,2014,14 (4):10-12,57.

[37] 黄白.乡村教师队伍建设是发展乡村义务教育的基石——乡村教师专业化发展视角 [J].河池学院学报,2008 (1):79-85.

[38] 罗明东.教师专业发展与高等师范教育课程改革 [J].大学 (研究与评价),2007 (5):74-79.

[39] 肖丽萍.国内外教师专业发展的研究评述 [J].中国教育学刊,2002 (5):61-64.

[40] 李斌.国内外教师专业发展过程研究述评 [J].江苏教育学院学报 (社会科学版),2003 (4):17-20.

[41] 尧新瑜.试论教师专业化的三个向度 [J].教育理论与实践,2003 (2):44-48.

[42] 卓毅,夏江.信息技术支持下乡村教师专业化发展新途径 [J].西南师范大学学报 (自然科学版),2014 (7):75.

[43] 李红梅.城乡教育一体化下乡村教师专业发展问题研究 [J].中国成人教育,2014 (6):111.

[44] 陈伟.西方大学教师专业化 [M].北京:北京大学出版社,2008.

马来西亚政府于 1997 年率先提出"智慧学校"概念，并于第一阶段（1999—2002）完成了 88 所试点智慧学校的建设工作；第二阶段（2003—2005）将试点学校扩充至 10000 所，并为学校配备计算机实验室、信息化教学资源、校园网等；第三阶段（2006—2010）制定了智慧学校建设与评估标准（SSQS），并提出将所有学校改造成智慧校园的目标。2010 年，马来西亚政府又制定了新一轮的发展计划（2010—2020），第四阶段的主题是"强化与稳固"，主要任务是信息技术在教育领域中的创新性应用。各国十分重视教育软件和信息资源的建设，英国、美国、日本都开发了丰富的网上教育资源。各国在教师信息技术培训上既给予经费和技术上的支持，又建立配套措施加以保证，把应用信息技术的能力作为教师任职资格的条件之一，很重视师范院校学生的职前培训。美国、英国、韩国等国家为教师信息技术培训、开发在线资源都积累了较好的经验。美国、日本、英国、韩国、加拿大等国的企业及教育界引入 E-Learning 进行教育培训已有一段时间，形成了比较成熟的 E-Learning 产业。

自 20 世纪 90 年代以来，我国开始全面进行教育信息化建设，取得了可观的成绩，但与世界发达国家相比，起步较晚，有着一定差距，这种差距主要体现在技术层面上，经过半个世纪的学习吸取，这种差距在逐步缩小。在教育信息化进程中，随着各方面投入的逐年增加，我国教育城域网的建设也有了迅速发展，教育信息化环境进行了全方位的完善。经过多年的发展，我国教育信息化在培养信息技术专业人才方面取得了不菲成绩。由于很多高校均开设了信息技术类专业，因此，使得信息技术专业性知识得以不断延续和开拓发展，为我国教育信息化不断实现新的进步奠定了坚实的基础。由于我国教育信息化发展仍然存在地区性应用水平不平衡现象、信息化资源建设不合理、无法保证信息化资源的安全等问题，制约了教育信息化水平的提升。为了保证我国信息化工程项目设备的完好和使用率，确保教育信息化工程可持续发展，政府部门和研究者已经关注信息化工程项目设备的教学应用，正在进行构建信息化工程运行保障机制和支持服务体系的研究。我国《国家中长期教育改革和发展规划纲要（2010—2020）》及《教育信息化十年发展规划（2011—2020）》（简称《十年规划》）的发布，预示教育信息化的发展与应用已成为我国教育改革发展的战略选择，将在全国范围内投入更多的资源使教育信息化整体上接近国际先进水平。当前，我国教育部又发布了国家《教育信息化"十三五"规划》，全面推进我国教育信息化建设工作。在我国教育信息化快速建设与发展期间，各省市及地区也纷纷制定适合于自身发展现状的教育信息化发展规划。如：《湖北省教育信息化发展规划（2014—2020）》《广东省教育信息化发展"十二五"规划》等。制定有明确的学校信息化发展规划也逐步成为各地方教育局对学校信息化水平审核的要求之一。

为贯彻执行胡锦涛总书记在 2012 年全国教育工作会议上的讲话精神，认真

落实梁保华书记在全省教育工作会议上的具体要求，促进教育公平和城乡教育均衡发展，确保 2020 年全面实现教育现代化，根据中办国办《2006—2020 年国家信息化发展战略》和《国家中长期教育改革和发展规划纲要（2010—2020)》等国家有关文件精神，全国多省教育厅组织实施了教育信息化公共服务体系建设项目，取得了丰硕的成果，大力推进教育信息化建设进程。在 2015 年青岛信息化会议精神的引领下，教育信息化公共服务体系建设仍然是教育信息化工作重点。

教育信息化公共服务体系建设的重点在以下几个方面：

（1）教育和科研计算机网建设。建设涵盖各级各类教育的专网，将教育资源与科研资源实现整合，使这一资源网既包括教育资源又包括科研资源，实现全面化发展。实现省、市、县教育行政部门、业务机构和学校四级网络高速联通。

（2）数据库建设。建设基础数据库、教育资源库和教育信息管理数据库。基础数据库支撑公共服务平台运营所必需的公共性基础数据；教育资源库提供教育教学过程中所需的教育资源（课件、题库、多媒体教材等）数据；教育信息管理数据库存储各类教育管理信息系统所涉及的数据。

（3）教育信息化公共服务平台的建设。建设各级各类公共服务平台，平台包括管理系统、教务管理系统、精品资源、同步课堂、精品课程、总务管理系统、即时通信系统、名师讲堂、名师在线、学生体质健康标准管理信息系统、校舍管理系统等。实现教育教学以及教育管理的全程信息化。

现有的教育信息化公共服务平台在为教育机构提供公共服务，在一定程度上发挥了作用，推动了教育信息化的发展。但这些平台忽略了地域不同、用户不同、需求也不同的问题，没有从服务对象需求角度考虑提供个性化服务。

## 7.2 教育信息化技术支持服务平台界定

技术是关于某一领域有效的科学（理论和研究方法）的全部，以及在该领域为实现公共或个体目标而解决设计问题的规则的全部。技术应用于教育形成教育技术，教育技术由有形技术和无形技术构成，有形的指具体的媒体层面的，例如使用计算机技术、多媒体技术。无形的技术主要指设计层面的，例如对技术环境下的教学进行教学设计。

技术支持服务是公司为其产品用户提供的售后服务的一种形式，帮助用户诊断并解决其在使用产品过程中出现的技术问题。包括平台的安装、使用以及后续的更新等问题均可以享受技术支持服务。

教育信息化技术支持服务也是一种服务，帮助教育机构解决教育信息化建设和发展过程中的各种技术问题。如：帮助解决教育信息化设备使用维护中出现的

技术问题，帮助解决信息技术与教育教学深度融合中出现的技术问题。

教育信息化技术支持服务平台是提供教育信息化技术支持服务的软件系统。能够良好地避免用户在使用过程中的不愉快的体验，并且节约时间、优化成本，使教育信息化服务平台发挥最大的优势，促进我国教育信息化发展。

## 7.3 平台设计与开发目的

通过设计开发牡丹江教育信息化技术支持服务平台，为教育信息化服务者和服务对象提供对接接口，探索教育信息化技术支持服务的新模式，更新教育信息化的形式与模式，使教育信息化更加方便快捷可实现，为基础教育机构提供丰富的技术支持服务，为基础教育机构提供教育信息化技术支持服务。丰富基础教育教师可利用的信息化资源，例如课件资源等，为基础教育的管理者提供更加方便快捷的管理方式，实现一站式管理，一目了然，优化管理方式。设计牡丹江教育信息化技术支持服务平台的核心目标是为基础教育机构提供教育信息化建设、优质教育资源、信息技术与教育教学深度融合等方面的技术支持服务。解决牡丹江基础教育机构在推进信息化工作中遇到的实际问题，提供个性化服务，促进牡丹江教育信息化健康发展。

## 7.4 平台设计与开发思路

根据本地区的现状及对信息化了解以及发展情况，综合多种因素考虑，平台设计开发思路如下：

首先，进行"教育信息化技术支持服务平台"业务需求分析，以及相关技术平台的现状调研。主要内容包括了解教育信息化的发展状况，以及管理者、教育工作者对于教育信息化的了解程度，教育信息化发展过程中存在的主要问题，教育信息化过程中的痛点以及难点，教育信息化亟待解决的问题，教师更加需要的信息化资源等。

其次，进行"教育信息化技术支持服务平台"功能和结构设计，确定平台功能包括注册、登录、公共服务、培训服务、咨询服务、实践指导服务、资源分享、交友、后台管理。根据调研的结果，组织要进行开发的功能，并将其系统化，付诸实践。

然后，进行"教育信息化技术支持服务平台"技术开发，根据其平台的功能和结构，做好技术开发工作。

最后，进行"教育信息化技术支持服务平台"测试、推广、应用。在牡丹江地区的教育机构中开展测试、宣传。帮助教育工作者了解这一平台服务系统，

帮助教育工作者使用这一系统，在充分了解之后，在牡丹江地区推广应用这一服务平台。

# 7.5 平台设计

## 7.5.1 需求分析

（1）普通用户功能需求。普通用户需要依据自己的意愿申请和接受服务；依据自己的意愿获取培训服务、咨询服务、媒体开发服务、实践指导服务；自由分享资源和感想；安全支付费用；与专家和其他用户交流（聊天的形式）；升级，级别越高，获取服务的优先级别越高，收费服务的折扣越大。

普通用户依据申请收费服务的次数、申请免费服务的次数、分享资源和登录时间升级。普通用户分为四个级别，由第一级到第四级升级的速度越来越慢。

（2）专家用户功能需求。专家用户需要申请开通各项用户需要的免费和收费服务，免费服务开通没有条件，收费服务必须在开通免费服务一段时间，集结一定数量的好评才能申请开通；接受和处理服务对象的服务申请；与服务对象交流（聊天的形式）；将服务提供给服务对象，例如将咨询结果、开发的资源提供给服务对象；安全收取费用；自由分享资源和感想；升级，级别越高，可以收费费用的最高额度越大。

专家用户依据分享资源、免费服务的次数、获得的好评情况升级。专家用户分为三个级别，由第一级到第三级升级的速度越来越快。

（3）管理员用户功能需求。管理员用户需要对后台数据库进行维护和管理（用户、服务、资源等的管理）；提供公共服务；接受和处理公共服务申请；安全收费和抽取提成；与用户和专家交流；发布系统消息。

## 7.5.2 平台功能

依据用户需求设计教育信息化技术支持服务平台功能，确定平台功能包括注册、登录、公共服务、培训服务、咨询服务、实践指导服务、资源分享、交友、后台管理九大功能：

（1）注册：用户输入邮箱号、手机号、QQ 号等其一信息，输入所在地、学校、教龄、所教学段等教学信息完成注册。

（2）登录：用户用注册信息登录平台。

（3）公共服务：选择公共服务内容，如有疑问，则可以咨询。

（4）培训服务：分页显示开设的培训课程及课程简介，用户可以分类或搜索查找想要参加的培训。享受的培训是视频培训，以微课的形式，在学习过程中可以直接与开设培训的培训教师交流。

（5）咨询服务：分别显示提供免费咨询服务和收费服务的专家列表。可以直接填单申请服务，专家以聊天的形式直接回复。服务后要评价服务，如果是收费服务还需支付费用。

（6）实践指导服务：将自己的需求上传到平台，专家将进行深度实践指导。有需付费和免费两种可以选择。

（7）资源分享：可以分享自己的资源，也可以查找他人分享的资源。分享的资源如果被查看或下载的次数达到一定的要求，则可以获得积分，积分可以消费。

（8）交友：可以与自己感兴趣的专家进行交友互动，交流更加便捷。

（9）后台管理：查订单服务的状况，接收服务结果，支付，评价。我的好友，管理自己的好友，可以与好友聊天和分享感想、资源等。支付账户信息，积分查询、余额、收支记录、转入、提现等。个人信息管理，对自己的各类信息进行管理。

### 7.5.3 系统结构设计及页面说明

图 7-1 为教育信息化技术支持服务平台系统结构图。

7.5.3.1 普通用户功能页面

系统消息：系统发给用户的各类信息，包括服务的最新动态。系统消息页面，分页显示系统发布给该用户的消息及消息的发布时间。

培训服务页面：分页显示开设的培训课程及课程简介，用户可以分类或搜索查找想要参加的培训。如果培训课程是免费的，则直接进入参加培训；如果是收费培训课程，可以试听一节课，如果要继续学习，必须支付后才能继续进行。享受的培训是视频培训，以微课的形式，在学习过程中可以直接与开设培训的培训教师交流。

公共服务申请页面：显示公共服务介绍。有疑问，直接以聊天的形式询问，没有疑问，选择服务类型，填写相应的申请单提交。

专家咨询服务：显示申请单按钮，并分开显示提供免费咨询服务和收费服务的专家列表。可以直接填单申请服务，这种形式系统接单的专家不固定，哪个专家都可以接单，有人接单后，其他人就不可以接单了；也可以选择专家，可以直接以聊天的形式直接询问，专家以聊天的形式直接回复。服务后要评价服务，如果是收费服务还需支付。

实践指导服务：填单申请，可以选择指定专家服务，也可以不指定专家，如果不指定专家，谁都可以接单，一旦有人接单，其他人不可以再接单。

媒体开发服务：填单申请，可以选择指定专家服务，也可以不指定专家，如果不指定专家，谁都可以接单，一旦有人接单，其他人不可以再接单。

| | 系统消息 |
|---|---|
| | 培训服务页面 |
| | 公共服务申请页面 |
| | 专家咨询服务 |
| | 实践指导服务 |
| 普通用户功能页面 | 媒体开发服务 |
| | 资源分享 |
| | 服务订单列表及状态页面 |
| | 我的好友 |
| | 支付账户信息 |
| | 个人信息管理 |

| | 系统消息 |
|---|---|
| | 开通服务 |
| | 培训服务 |
| | 咨询服务 |
| | 实践指导服务 |
| 专家用户功能页面 | 媒体开发服务 |
| | 资源分享 |
| | 服务订单列表及状态页面 |
| | 我的好友 |
| | 支付账户信息 |
| | 个人信息管理 |

注册页面 — 登录页面

管理员用户功能页面

数据库维护工作　发布消息信息　公共服务订单　培训课程　资源库

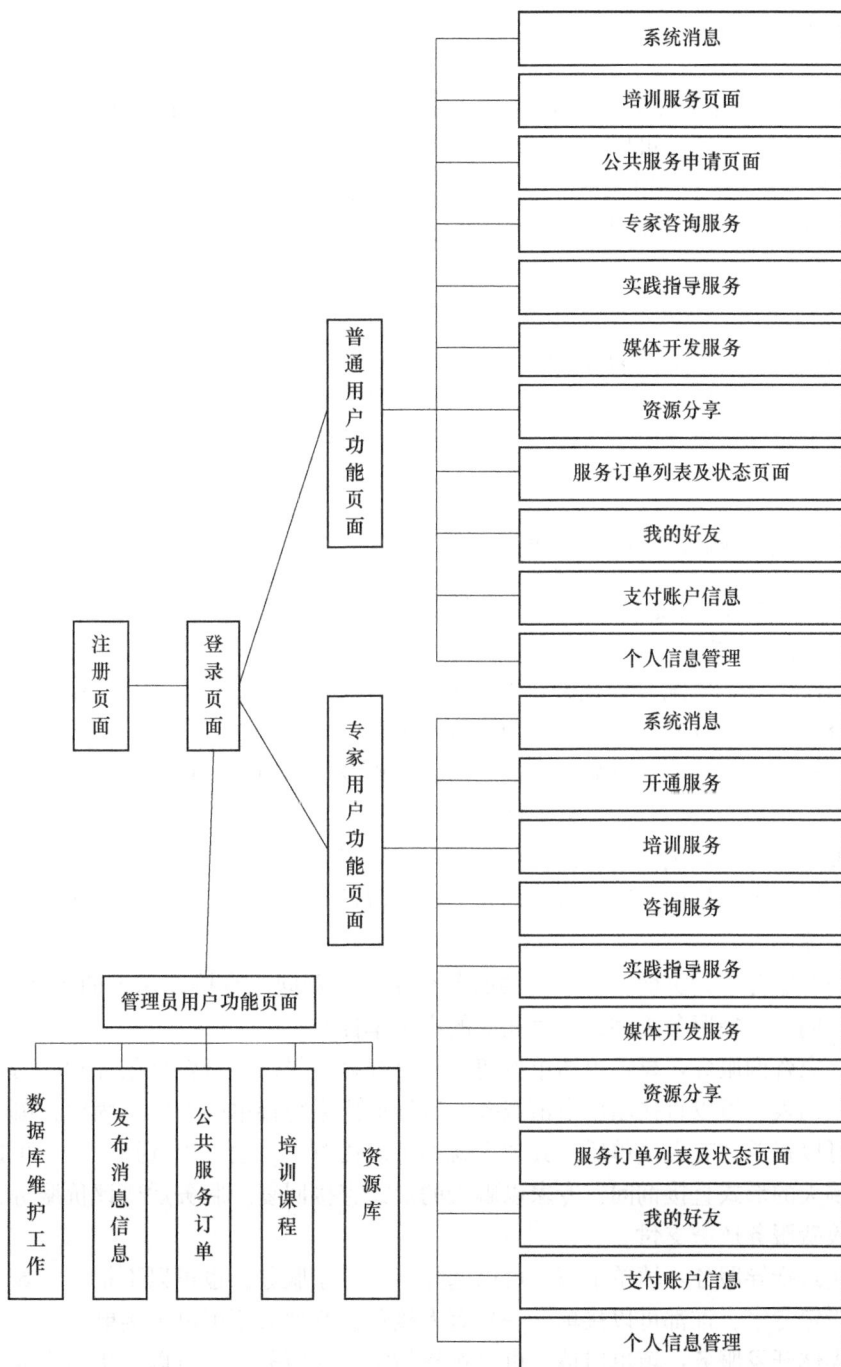

图 7-1 教育信息化技术支持服务平台系统结构

资源分享：可以分享自己的资源，也可以查找他人分享的资源。分享的资源如果被查看或下载的次数达到一定的要求，则可以获得积分，积分可以消费。

服务订单列表及状态页面：在该页面查订单服务的状况，接收服务结果，支付，评价。

我的好友：管理自己的好友，可以与好友聊天和分享感想、资源等。

支付账户信息：积分查询、余额、收支记录、转入、提现等（最好用支付宝收支）。

个人信息管理：对自己的各类信息进行管理。

### 7.5.3.2 专家用户功能页面

系统消息：系统发给用户的各类信息，包括服务的最新动态。系统消息页面分页显示系统发布给该用户的消息及消息的发布时间。

开通服务：可以开通各类服务，只有开通此类服务，首页才显示这些服务的页面。否则不显示。

培训服务：添加和管理自己开设的培训课程。添加课程时，必须撰写课程简介，课程性质是收费还是免费，收费多少。课程培训必须是微课的形式。

咨询服务：显示咨询对象清单，以及咨询对象咨询的问题，回复咨询问题并设置收费标准。在此页面能与服务对象交流。

实践指导服务：主要是处理订单信息。显示订单详细信息，包括订单服务对象信息；能以聊天的形式与服务对象沟通，将服务送至服务对象，设置收费标准。

媒体开发服务：与实践指导服务基本一致。

资源分享：可以分享自己的资源，也可以查找他人分享的资源。分享的资源如果被查看或下载的次数达到一定的要求，则可以获得积分，积分可以消费。

服务订单列表及状态页面：在该页面查订单服务的状况，接收服务结果，支付，评价。

我的好友：管理自己的好友，可以与好友聊天和分享感想、资源等。

支付账户信息：积分查询、余额、收支记录、转入、提现等。（最好是支付宝收支）

个人信息管理：对自己的各类信息进行管理。

### 7.5.3.3 管理员用户功能页面

数据库维护工作：对平台所有数据进行管理。

发布消息信息：可以给所有用户发布信息，也可以给指定用户发布信息。

公共服务订单：分类显示各类订单，包括订单服务对象信息；能以聊天的形式与服务对象沟通，将服务送至服务对象，设置收费标准。

培训课程：添加和管理培训课程。添加课程时，必须撰写课程简介、课程性

质是收费还是免费，收费多少。课程培训必须是微课的形式。

　　资源库：上传和管理资源。

# 7.6　平台开发关键技术

## 7.6.1　服务器端的动态网页技术

　　服务器端的动态网页技术有 CGI、ASP、ASP+、JSP 和 PHP，教育信息化技术支持服务平台开发选择 PHP。

　　PHP 技术是近五年来最受欢迎的小众编程语言，PHP 的存在能够直接地在服务器端进行功能编码实现相关程序的运行，对于 Web 动态应用程序的开发是非常有效的，使用的 PHP 技术的优势如下：

　　（1）PHP 使用时完全开源免费的，无须花费额外的资金进行该技术的购买。

　　（2）PHP 做到了对编程语言的精简，在开发过程中更加容易上手和实现功能的编码。

　　（3）PHP 具有非常强大的生命力，能够兼容多项网络协议，并且能够正常运行操作；避免出现较多的问题，方便设计与使用。

　　（4）PHP 的体积较小，相对地运行速度较快，对于小型项目的研发是非常有利的。

## 7.6.2　Web 语言

　　Web 语言有 HTML、DHTML 和 XML，教育信息化技术支持服务平台开发选择 HTML。

　　HTML 在非常多的程序上都有使用，尤其是在软件开发上，多数是运行在网页服务器上，用户可以直接运行 HTML 代码从而显示网页，在商业网站中能够灵活地开发出内容管理网站，非常适合中小型企业和个人操作研发。HTML 具有非常好的兼容性，能够应用于各种操作系统的服务器上。而且 HTML 的存在是完全开源的，能够从网络上直接获取。HTML 优势如下：

　　（1）免费的源代码；

　　（2）兼容性高；

　　（3）解析度准确；

　　（4）容易掌握；

　　（5）HTML 与其他语言相比，编辑简单，实用性强。

## 7.6.3　数据库技术

　　常用数据库有 Oracle、DB2、SQL Server、SyBase、Informix、MySQL、Access

等，教育信息化技术支持服务平台开发技术选择 MySQL。

MySQL 的优势如下：

（1）MySQL 在用户量的数据处理上不受任何限制，并且能够进行分表管理。

（2）MySQL 的存在对于小型项目开发所涉及的数据能够很好地进行存储和管理，保证系统数据在使用过程中的正确性和及时性。

（3）MySQL 能够针对不同的用户设立不同的用户权限，确保数据的安全性和不被篡改性、稳定性。

（4）MySQL 功能强大，能够同时处理多项业务，并且保证业务处理速度，节约时间。

（5）MySQL 中自带多种数据类型，具有十分强大的兼容性。

## 参 考 文 献

[1] 国家中长期教育改革和发展规划纲要（2010—2020 年）[M]. 北京：人民出版社，2010.

[2] 崔荣杓. 韩国乡村教育政策发展趋势及课题 [C]. 城乡教育一体化与教育制度创新国际学术研讨会，2011.

[3] 董博清，于海波. 韩国乡村教育政策及发展趋势 [C]. 城乡教育一体化与教育制度创新国际学术研讨会，2011.

[4] 教育促进乡村转型 [C]. 2017 年乡村教育国际学术研讨会，2017.

[5] 黄晓茜，程良宏. 城乡张力间的彷徨：乡村教师身份认同危机及其应对 [J]. 当代教育与文化，2019（4）：80-86.

[6] 龚宝成. 乡村教师专业发展的困境与疏解：地方性知识的视角 [J]. 课程教材·教法，2019（3）：126-130.

[7] 侯秀云. 乡村教师可持续发展的内涵与机制探析 [J]. 教师教育论坛，2019（9）：56-60.

[8] 钱芳. 地方性知识与乡村教师专业发展——教育场域的视角 [J]. 教育学术月刊，2018（10）：98-103.

[9] 王娅萍，周小波. 乡村教育振兴：重在提升乡村教师的专业发展 [J]. 重庆与世界，2018（11）：74-76.

[10] 熊华夏. 新时代乡村教师职业理想构建 [J]. 中国教育学刊，2018（11）：104.

[11] 杨光杰. 乡村中小学教师职业倦怠成因调查报告 [J]. 课程教育研究，2018（3）：199-200.

[12] 程方平. 教师保障：乡村教育振兴的基石 [J]. 教育研究，2018（7）：84-86.

[13] 刘正国. 振兴乡村教育 促进教育均衡发展 [J]. 教育论坛，2018（14）：3-4.

[14] 王敏. 乡村教师信息化素养提升的必要性及策略 [J]. 教师教育论坛，2018（8）：37-39.

[15] 杜育红. 乡村振兴战略与乡村教师队伍建设 [J]. 中国教师，2018（11）：12-14.

[16] 李昌庆. 我国乡村教师研究的 30 年文献计量可视化分析 [J]. 现代教育科学，2018（4）：132-137.

[17] 吴亮奎. 乡村教师专业生态问题的表现、成因及改变策略 [J]. 教师教育研究，2017（6）：35-40.

[18] 姚志敏. 教师专业发展的意义重建和教育变革 [J]. 教育理论与实践，2017，37（8）：26-28.

[19] 任友群. 走进新时代的中国教育信息化：《教育信息化 2.0 行动计划》解读之一 [J]. 电化教育研究，2018，39（6）：27-28，60.

[20] 杨帆，许庆豫. 教师对学校环境的感知与专业发展 [J]. 教育学报，2017，13（1）：82-92.

[21] 徐彦红. 我国大学青年教师专业发展驱动因素测度研究 [J]. 中国人力资源开发，2017（4）：139-145.

[22] 李长娟. 偏远乡村地区教师培训的实践探微与路径突破 [J]. 教学与管理，2015（12）：33-35.

[23] 何克抗. 让信息技术对教育发展真正产生革命性影响——实现信息技术与教育的"深度融合"[J]. 教育信息技术, 2014 (1): 3-8.

[24] 孙名符, 李宝臻. 信息技术支持下的数学教师专业发展策略探讨 [J]. 电化教育研究, 2009 (11): 113-117.

[25] 唐松林, 丁璐. 论乡村教师作为乡村知识分子身份的式微 [J]. 湖南师范大学教育科学学报, 2013, 12 (1): 52-56.

[26] 李森, 崔友兴. 新型城镇化进程中乡村教师专业发展现状调查研究——基于对川、滇、黔、渝四省市的实证分析 [J]. 教育研究, 2015, 36 (7): 98-107.

[27] 肖正德, 张素琪. 乡村教师学习机会的现状分析及保障体系构建 [J]. 教育研究与实验, 2011 (1): 39-42.

[28] 朱新雨. 精准扶贫背景下乡村教师专业发展支持体系建设研究 [J]. 中国成人教育, 2020 (18): 82-84.

[29] 马静. "互联网+"背景下乡村教师专业发展的理性思考 [J]. 教育观察, 2021, 10 (11): 22-24.

[30] 唐松林. 理想的寂灭与复燃: 重新发现乡村教师 [J]. 中国教育学刊, 2012 (7): 28-31.

[31] 张如意, 徐大真. 我国教师胜任力研究的文献计量分析 [J]. 新疆职业教育研究, 2014, 5 (2): 52-56.

[32] 谢小兰. 乡村教师专业发展支持体系的构建 [J]. 中国成人教育, 2019 (20): 80-83.

[33] 康晓宇, 田振清. 信息技术背景下学习方式的转变 [J]. 中国教育技术装备, 2010 (32): 84-86.

[34] 王晓琴. 信息化环境下乡村教师专业化现状调查与思考 [J]. 才智, 2019 (8): 154.

[35] 张哲, 张海, 王以宁. 国际 TPACK 理论研究综述: 2005—2014 [J]. 现代远距离教育, 2015 (6): 10-15.

[36] 王杰文. 乡村小学教师信息化教学能力的发展 [J]. 湖南第一师范学院学报, 2014, 14 (4): 10-12, 57.

[37] 黄白. 乡村教师队伍建设是发展乡村义务教育的基石——乡村教师专业化发展视角 [J]. 河池学院学报, 2008 (1): 79-85.

[38] 罗明东. 教师专业发展与高等师范教育课程改革 [J]. 大学 (研究与评价), 2007 (5): 74-79.

[39] 肖丽萍. 国内外教师专业发展的研究评述 [J]. 中国教育学刊, 2002 (5): 61-64.

[40] 李斌. 国内外教师专业发展过程研究述评 [J]. 江苏教育学院学报 (社会科学版), 2003 (4): 17-20.

[41] 尧新瑜. 试论教师专业化的三个向度 [J]. 教育理论与实践, 2003 (2): 44-48.

[42] 卓毅, 夏江. 信息技术支持下乡村教师专业化发展新途径 [J]. 西南师范大学学报 (自然科学版), 2014 (7): 75.

[43] 李红梅. 城乡教育一体化下乡村教师专业发展问题研究 [J]. 中国成人教育, 2014 (6): 111.

[44] 陈伟. 西方大学教师专业化 [M]. 北京: 北京大学出版社, 2008.

[45] 叶澜，白益民．教师角色与教师发展新探 [M]．北京：教育科学出版社，2001：226.

[46] 崔允漷．校本课程开发理论与实践 [M]．北京：教育科学出版社，2000.

[47] 钟启泉．为了中华民族的复兴——为了每个学生的发展 [M]．上海：华东师范大学出版社，2001.

[48] 裴娣娜．教学论 [M]．北京：教育科学出版社，2007.

[49] 钟启泉．现代教学论发展 [M]．北京：教育科学出版社，1988.

[50] 何克抗，吴娟．信息技术与课程整合 [M]．北京：高等教育出版社，2007.

[51] 冯玲玉．现代教育技术——信息技术走进新课程 [M]．北京：北京大学出版社，2011.

[52] 王琦．信息技术环境下的外语教学研究 [M]．北京：中国社会科学出版社，2006.

[53] 谢幼如，李克东．教育技术学研究方法基础 [M]．北京：高等教育出版社，2006.

[54] 李艺．信息技术课程与教学 [M]．北京：高等教育出版社，2005.

[55] 王光生．信息技术环境下基于问题解决的数学教学设计研究 [M]．北京：科学出版社，2011.

[56] 教育部师范教育司．教师专业化的理论与实践（修订版） [M]．北京：人民教育出版社，2003.

[57] 王建军．课程变革与教师专业发展 [M]．成都：四川教育出版社，2004：75.

[58] 黄甫全．新课程中的教师角色与教师培训 [M]．北京：人民教育出版社，2003：107.

[59] 邵宝祥，王金保．中小学教师继续教育基本模式的理论与实践 [M]．北京：北京教育出版社，1999：95.

[60] 朱旭东．建构与新时代相匹配的教师教育体系 [N]．光明日报，2018-09-27.

[61] 佛朝辉．提振乡村教师队伍重在增强岗位吸引力 [N]．中国教育报，2012-11-29.

[62] 李双．乡村小学教师专业发展的现状、问题与对策研究 [D]．南昌：东华理工大学，2019.

[63] 刘文芳．信息技术支持下的小学数学问题导向式教学策略研究 [D]．济南：山东师范大学，2015.

[64] 王光雄．乡村教师专业发展支持路径研究 [D]．重庆：西南大学，2018.

[65] 李瑞．乡村教师专业发展路径的效能研究 [D]．重庆：西南大学，2019.

[66] 董锦明．边境民族地区乡村教师的教育信念及其形成研究 [D]．昆明：云南师范大学，2020.

[67] 李宁．乡村教师生活待遇政策执行研究 [D]．长春：东北师范大学，2019.

[68] 赵阳．民族地区乡村教师的文化适宜性教学研究 [D]．昆明：云南师范大学，2020.

[69] 张哲．促进师范生教育技术能力发展的教学模式研究 [D]．济南：山东师范大学，2018.

[70] 刘丹丹．乡村教师发展的力量研究 [D]．长沙：湖南大学，2016.

[71] 陈薇．TPACK 视角下小学数学教师专业发展的研究 [D]．南京：南京师范大学，2018.

[72] 曹帅．整合技术的自我效能与 TPACK 水平的关系研究 [D]．长春：东北师范大学，2016.

[73] 狄芳．TPACK 框架下职前教师信息化教学能力的培养研究 [D]．银川：宁夏大学，2013.

[74] 王文峰. 微课项目促进教师专业发展的应用研究 [D]. 南昌：南昌大学，2016.

[75] 马娜. 英语专业师范生信息化教学能力培养的内容体系研究 [D]. 兰州：西北师范大学，2013.

[76] 彭婷. 乡村中学信息技术与英语教学整合策略的研究与实践 [D]. 重庆：西南大学，2020.

[77] 文吉秋. 乡村小学优秀教师专业成长路径的个案研究 [D]. 贵阳：贵州师范大学，2018.

[78] 郝雅琪. 基于 TPACK 模型的职前教师信息化教学能力培养研究 [D]. 西安：陕西师范大学，2014.

[79] 石烨. 民族地区乡村中小学数学教师专业成长现状及支持体系研究 [D]. 兰州：西北师范大学，2020.

[80] 詹艺. 培养师范生"整合技术的学科教学知识"（TPACK）的研究 [D]. 上海：华东师范大学，2011.

[81] 周学妮. 基于 TPACK 视角的《信息化教学》学习活动设计 [D]. 兰州：西北师范大学，2014.

[82] 史云. 信息技术背景下初中化学教师专业发展策略研究 [D]. 苏州：苏州大学，2016.

[83] 李霞. 智慧教育环境下小学教师 TPACK 水平现状与提升对策研究 [D]. 湘潭：湖南科技大学，2020.

[84] 张天明. 乡村中小学教育信息化建设与效果研究 [D]. 武汉：华中师范大学，2013.

[85] 孟紫薇. 乡村小学女教师专业发展问题研究 [D]. 哈尔滨：哈尔滨师范大学，2020.

[86] 王学英. 乡村编制外教师专业发展调查研究 [D]. 天津：天津师范大学，2017.

[87] 黄婷婷. 乡村教师专业发展的困境与出路 [D]. 岳阳：湖南理工学院，2018.

[88] 周本东. 乡村小学教师专业发展阻碍性因素研究 [D]. 上海：华东师范大学，2008.

[89] 章传东. 区域性教师专业发展的问题研究 [D]. 武汉：华中师范大学，2008.

[90] 张文杰. 乡村小学骨干教师领导力研究 [D]. 桂林：广西师范大学，2019.

[91] 赵思. 社会性别视角下乡村女教师专业发展现状的实证研究 [D]. 金华：浙江师范大学，2014.

[92] 康琼. 乡村教师教学胜任力实证研究 [D]. 南昌：江西师范大学，2019.

[93] 黄露. 兰州大学青年教师信息化教学能力发展研究 [D]. 兰州：兰州大学，2015.

[94] 邵钰. TPACK 视域下中小学教师信息技术能力混合式培训研究 [D]. 上海：上海外国语大学，2019.

[95] 李德永. 微课在高中信息技术课堂中设计与应用的个案研究 [D]. 昆明：云南师范大学，2016.

[96] 武书宁. 乡村中学教师信息化教学能力发展研究 [D]. 大连：辽宁师范大学，2014.

[97] 费宝莉. 面向乡村教师的网络培训平台的设计与开发 [D]. 武汉：华中师范大学，2012.

[98] 王博. 城镇化进程中西部乡村地区青年男教师生存状态的实证研究 [D]. 大连：辽宁师范大学，2017.

[99] 严荣琴. 初中成熟期教师专业发展的问题与对策研究 [D]. 上海：华东师范大

学, 2017.

［100］ 邓石军. 乡村初中教师职业认同现状研究 ［D］. 长沙：湖南师范大学, 2010.

［101］ 张彦美. 网络环境下教师学习共同体的构建研究 ［D］. 济南：山东师范大学, 2009.

［102］ Ministry of Education, Training and Youth Affairs. Teacher for the 21st Century：Making the difference Australian Commonweath Government ［D］. 2000：1-7.

［103］ Hoyle E. Professionalization and deprofessionalization in education ［C］. Eric Hoyle & Jacquetta Megarry（Eds）, World Yearbook of Education 1980：Professional development of teacher. London：Talor & Francis, Inc. , 1980：42.